我的人生哲学

马云献给年轻人的12堂人生智慧课

张燕◎编著

北京联合出版公司
Beijing United Publishing Co.,Ltd.

图书在版编目（CIP）数据

我的人生哲学：马云献给年轻人的12堂人生智慧课

/张燕编著．—北京：北京联合出版公司，2013.10（2022.6重印）

ISBN 978−7−5502−2059−1

Ⅰ．①我…Ⅱ．①张…Ⅲ．①马云－传记Ⅳ．

①K825.38

中国版本图书馆CIP数据核字（2013）第248234号

我的人生哲学：马云献给年轻人的12堂人生智慧课

编 著：张 燕
责任编辑：徐秀琴
装帧设计：刘红刚

北京联合出版公司出版

（北京市西城区德外大街83号楼9层　　100088）

嘉业印刷（天津）有限公司　　新华书店经销

字数：225千字　　700mm×990mm　1/16　　印张：18.5

2013年10月第1版　　2022年6月第23次印刷

ISBN 978−7−5502−2059−1

定价：39.80元

前　　言

　　他身形瘦小，长相奇特，数学成绩奇差，高考两次落榜，跌跌撞撞考进大学，却不肯安于现状，一个偶然的机会接触了电脑，了解了互联网，便毅然辞职下海，创办了中国第一个商业网站——中国黄页。他是一个电脑盲，却缔造出了中国电子商务的神话。他被全球赞誉，被认为最有可能成为中国的比尔·盖茨。

　　2000年被美国亚洲商业协会评为"年度商业领袖"；

　　2005年被评为"2004年度中央电视台年度经济人物"；

　　2005年被世界经济论坛评为"全球未来100位领袖"之一；

　　2006年入围25位中国最具影响力的"企业领袖"；

　　……

　　一路高唱凯歌，以无敌于天下之势纵横网络世界，却在鲜花与掌声最多的时刻，掩饰自己的辉煌，悄然褪下戎装，宣称要停止工作，去享受生活。一时间掀起众声哗然，众人不理解的背后，更多的是敬佩与仰慕。

　　这位不按常理出牌的先生便是马云。马云行事一向自我，在互联网这个江湖世界中，他的招式出神入化、变幻莫测，从阿里巴巴的电子商务到淘宝网，从B2B到C2C，马云的商业运作模式总是让人摸不着头脑。

　　他激情创业，同时务实行事。他称要让商人来决定需要什么样的电子商务。他不只为赚钱而工作，更愿为更多人能赚到钱而努力。他知人善用，看重能力。他说公司只要普通人，因为他要让阿里巴巴这个由普通人组成的团队，做不普通、不平凡的事情。他不为得到融资而降低身段，他在公司上市后越发低调。

马云的一言一行，带给了我们太多的感悟和启迪。马云的身上有着太多值得我们回味和思考的东西。马云却并不认为自己能够以身示范，教育旁人。他说："现在外面有很多写阿里巴巴如何成功、如何不错的书，说实在的，没有一本我看过的。我觉得将来我要想写书，就写一本阿里巴巴的1001个错误，我们犯的错误非常多，这些是我想跟创业者和准备创业的人共勉的。"

中央电视台《赢在中国》总制片人王利芬女士曾经感慨地说："在马云身上，有一点是一般人做不到的，那就是他没有一点虚荣心，他不怕没面子，能十分坦然地面对自己不太成功的过去，连自己的长相也在他自嘲之列……他台上台下都是一个人，真实地表达自己的不足，也真实地表达自己的才华。我很难想象什么人能将马云忽悠起来，也很难想象什么人能把马云的自信打下去让他自卑。"

《我的人生哲学》这本书，将马云的风云历程真实详尽地记录下来，从中可以解读马云独特的人生智慧、成败感悟、创业心得、企业管理等。读者可以从书中读到马云身上许多值得借鉴的地方。

《我的人生哲学》这本书，也许不能直接为我们带来生活上的改变、工作上的提升，却能从许多方面给予我们一个提醒、一个忠告，让我们在现实迷茫中记起曾经的梦想，让我们在残酷生活中执着前行。

翻开这本书，看看马云说过的话，想想马云经历过的挫折，让马云独有的人生哲学帮助我们坚持梦想，追求成功。

目录
Contents

1

附　录

第一章

成长哲学：
对冬天要预先准备和坚持

男人的胸怀是被冤枉撑大的，受的冤枉越多，胸怀越大。一次次失败的积累，只要不把我打死，还会再来过。眼下的困境不是最重要的，关键是心存理想，把握自己的未来，看到事物积极的一面，改变自己。

该出手时就出手

马云：If not now，when？If not me，who？如果不是现在，是什么时候？如果不是我，那么是谁呢？

马云从小酷爱阅读武侠小说，在那个行侠仗义的世界里，可以仗剑走江湖，快意恩仇。马云将武侠世界中的侠气带到了现实生活中，从小就"侠骨仁心"，遇到不平事就一定要站出来。

这和马云的出身有关系。在马云小时候，人们对家庭出身是很在乎的。不幸的是，马云的爷爷早年做过保长，后来就被划归到"黑五类"中，马云一家人没少受欺负。有一次，马云的爷爷在忍无可忍的情况下，稍做了反抗，就被欺负他的人训斥道："只许你老老实实，不许你乱说乱动！"

在马云的小学课本里，就有这样一句一模一样的话。学到那篇课文的时候，马云希望老师千万不要念到那句话，可是，老师最终还是念到了那句话。当老师念出那句话的时候，一个顽皮的男孩子因为当时在马云家见过马云爷爷被训斥的那一幕，所以他扭头冲马云做了一个鬼脸。其他孩子也听说了这件事，见到那个男孩子冲马云做鬼脸，不约而同地捂嘴笑了起来。

内心敏感、自尊心很强的小马云，在同学们异样的目光中，感到十分愤怒，他抓起桌上的语文课本，朝那个"挑事"的男同学砸过去。那个男同学也不甘示弱，把自己的书包向马云扔过来，将马云的脑袋砸出了一个血窟窿。

虽然落了下风，可马云一点也不畏怯。马云不爱打架，但从不畏惧打架。虽然马云身形瘦弱，但只要别人欺负了他，惹恼了他，不管对方多么高大，马云都会第一时间冲上去与其一较高低。

因为打架，马云不但多次受伤，还常受到学校的处分，受到父母的责骂，但马云却不肯"悔改"，他不但为自己而战，大多数时候，更是为朋友而打架。有一次，因为帮朋友打架，马云的身上竟然缝了13针之多。

"三岁看大，七岁看老"，当时的亲朋好友对马云的前途都不抱希望，认为他将来也不过就是一个打架的小混混罢了。谁也不会想到，在未来的中国，乃至全世界，马云成为了家喻户晓的知名人物。

人们只看到了马云功课不好、总是打架的缺点，却忽视了他身上最值得尊重的一种品质——勇气。

勇气是一种敢于面对现实、战胜恐惧的有力武器，是克服失败、争取胜利的最佳武器。因为勇气，马云在被人欺负、被不公正对待的时候，能够勇敢接受；因为勇气，在该出手的时候，马云决不退缩。成功总是青睐有勇气并保持勇气的人，所以，马云头顶的光环，并非偶然得之。

● 马云的人生哲学

"我从小很瘦小，但是很会打架。"成年后的马云，回想起儿时往事时，如此总结道。人最可恨的就是胆小窝囊地过一辈子，马云自小就不肯这样走完自己的一生，他的勇气是与生俱来的，并且在生活的磨砺下愈来愈强大。

苏格拉底说："让那些试图改变世界的人先改变自己。"马云却是改变了世界，不改变自己。

　　而正是因为勇气，令马云一直前行，从不妥协。勇气是一种无畏的力量，一个永不丧失勇气的人是永远不会被打败的，因为他坚信风雨过后就是阳光。在现实生活中，一个人如果缺乏了勇气，就无法面对人生的压力与挑战。

　　一位父亲为自己的儿子操碎了心，他的儿子已经20多岁了，但是一点男子汉气概都没有，这让他的父亲为儿子今后的独立生活担忧。为了帮助儿子树立起男人的雄风，父亲将儿子送到一位著名的禅师那里，他希望禅师能够帮助儿子找到男子汉气概。

　　禅师听了父亲的请求，只说了一句话："我可以帮助你，但你需要将他留在我这里半年，而且这半年里，你不许来看他。"

　　父亲点头答应，然后便转身离去了。

　　半年很快过去。

　　父亲如约前来接儿子回家，禅师让父亲先看一场拳击比赛。父亲惊讶地看到赛场上站着的正是自己的儿子。他满心以为儿子会表现得英勇无比，将对手打倒在地，可没想到，几个回合下来，儿子不断被击倒，又不断爬起来，再次被击倒。

　　比赛结束后，禅师问父亲对儿子的表现是否满意。父亲摇头，认为儿子这样不经打，真是太丢脸了。可是禅师却说："你只看到了表面的输赢，难道你没有看到你儿子倒下去立刻又站起来的勇气吗？这种勇气才是真正的男子汉气概！"

　　就像这位打不倒的青年一样，马云也是不能被轻易打倒的，无论是命运还是他人。小时候的马云功课很差，唯独英语却很棒。这得益于他的一位初中地理老师。那位老师有一次在课堂上说起自己经历的一件事情：一次在西湖边上，几个外国游客向她问路，她用流利的英语为这几个外国人指明了路线，还介绍了杭州的景点，外国游客连连向她道谢。这位地理老师总结说："你们不但要学好地理，更要学好英语，不然当有外国人问你的时候，答不上来，多给中国人丢脸。"

说者无心，听者有意。马云将老师这段不经意的"闲话"放在了心上，他从自己的零用钱里拿出6毛钱，去小卖部买了个小喇叭，开始奋发苦练英语。马云每天坚持听英文广播，去西湖边老外多的地方，和那些外国人对话练习口语。

马云"厚着脸皮"找老外对话，一点也不怕别人笑话自己的英语不好，他只有一个念头：只要给我说英语的机会，别人怎么说都不重要。正是凭着这股勇气和日复一日坚持的毅力，马云的英语水平突飞猛进。在初中的时候，他就已经能够骑着自行车带着外国游客跑遍杭州城了。

经常出去做导游，和老外对话，不仅让马云的英语水平见长，更让他在很小的年纪就接触了不同的世界观、人生观。据马云后来回忆，"在和这些外国人互动的过程中，我发现外国人的想法和我受到的教育有很大不同，让我了解到外面还有另一个完全不同的世界"。

获得成功的人，如果在一开始面对挑战或者失败时就因为恐惧而退却，放弃再次尝试的机会，那就不可能有成功之神的青睐。如果马云不是在一次次被人欺负中全力反击，捍卫尊严，就无法练就他坚强的心性。如果马云不是一次次地苦练英语，与外国人交流，他就无法为日后的事业埋下种子。

失败，不是停滞的理由。不甘平凡，挑战自我，下定决心，在该出手时就铁了心去做，你可能会面对与之前所想完全不同的局面。无论人生走到哪一种境地，只要你还有勇气，那就是成功的一大资本。

可以怀疑自己，但不要怀疑信念

马云：我是经常怀疑自己的，我怀疑自己但不怀疑信念。因为信念和自己有时候是不一样的。我怀疑自己这个事做得对不对，而对我的信念、我的目标从来没有怀疑过。阿里巴巴成立时说要让天下没有难做的生意，这是我们的信念。这个信念没有错，但是我做得对不对，是不是按照这个路数做的？我不断怀疑自己，然后不断地考问自己。

马云自上小学开始，就对数学头疼不已，他的数学成绩十分糟糕，严重拖了他总成绩的后腿。在初中毕业升学考试那年，马云知道自己数学不好，肯定考不上好高中，就报了一个二流高中，但依然落榜。

补习了一次后，他勉强读了高中；可参加高考的时候，因为数学只考了1分，与大学无缘。马云当时落榜后，觉得自己根本不是读书学习上大学的料，就准备去做个临时工以补贴家用。他当过秘书，还做过很多零碎的杂活，后来通过父亲的关系，为《山海经》《东海》《江南》等杂志社送书。

18岁的马云，踩着三轮车帮杂志社把书送到火车站或者其他的发货渠道。每天卖苦力换取的报酬很微薄。如果马云一直过这样的日子，未来的他会成为什么样的人呢？一个小贩，还是一个蹬车工？

命运因为一次偶然的机会发生改变。一次，马云来到浙江舞蹈家协会，为协会主席抄写文件时，意外读到了路遥的《人生》。这本书的出现，为当时迷茫的马云点亮了一盏明灯。小说的主人公高加林对理想的执着追求令马云为之震撼，他被主人公的精神所折服，决心要为自己的理想搏一搏。

于是，马云开始认真准备第二次高考。

这一次，幸运之神依旧没有关照马云，他的数学只考了19分，马云第二次名落孙山。本就对马云考大学不抱希望的父母，也彻底死心了。可没想到，马云并未因此灰心丧气，他决定再一次参加高考。

家人都劝马云放弃这个念头，安心找份工作糊口。那段日子，马云每天骑着一辆破自行车穿梭在杭州的大街小巷，打发时间。当时一部从日本引进的电视剧《排球女将》非常火爆，剧中的主角小鹿纯子凭着永不言败的精神，激励了整整一代人。

马云也十分喜欢小鹿纯子，从小鹿纯子身上，马云再次汲取力量，不顾家人反对，备战第三次高考。在这次高考的前三天，一位姓余的老师对马云说："马云，你的数学成绩那么差，如果你的数学能考及格，我的'余'字就倒着写。"

老师的断言让马云很不高兴，他在考数学的那天早上，一直背10个基本的数学公式。考试的时候，马云就把这10个公式一个一个往试题里套。考完以后，马云自觉应该能及格，成绩下来后，发现是79分（那时的数学满分是120分），及格了。

马云倒是很满意了，考出了有史以来的数学最高分。最后，马云以低于本科线5分的成绩，进入了杭州师范学院的专科。当时由于杭州师范学院的英语专业刚刚升本科，没能够招满学生，为了完成招生计划，外语系的领导们推出了让部分成绩优秀的专科生调配进外语本科的政策。

马云就这样误打误撞地进入了外语系本科专业，捡了一个小小的便宜。也不知道那位姓余的老师是真的瞧不上马云，还是为了激励马云才说出那样的话。不过，马云对别人的质疑和否定倒是一点也不介意。

一个人只有希望自己成为什么样的人，他才有可能成为什么样的人。正如马云所言，这是信念。"什么是信念？'信'是感恩、信仰、敬畏。很多东西你不知道，但是你敬畏它。我和我的团队充满着感恩。10年以前我说感恩的时候，像是喊口号一样，现在我是真的觉得，我们怎么会有那么好的运气？我真觉得冥冥之中有人在帮我们。很多人问我运气从哪里来，我只能说，如果你有感恩之心，运气就会来；如果你有敬畏之心，鬼神就会避开，这是我的理解。"

● 马云的人生哲学

著名主持人杨澜写过这样一篇文章，名为《搏一搏才有机会》。

对成功，我们的定义很狭窄，往往感觉付出太多，收获太少。

歌德曾说："每个人都想成功，但没一个人想到成长。"成功是向某个目标前进的过程，是在表达自己对人生的态度。成功在人生当中只有一两个点，它是外在，由别人去评论；成长是个持续的过程，是内在，在内心愉悦地存在。说起成功，每个人都担心失败，而成长是自己的，虽缓慢，但充满自信。

每个成功都是困境的开始，人要想着怎样走出困境。人要想做独特的自己，就不要太容易受伤，脸皮要厚点。有时，人并不喜欢自己工作的环境，环境给人相当大的压迫感。这时，你一方面要寻求突破，另一方面，心里要清楚你要什么。

……

很多人问我："你为什么能采访各国总统等大人物，我就不能？"

其实，你要相信积累。首先，你要让你的报道稍微有点不同。就那么一点不同，或许后面的情形就不一样了。我刚开始采访时，托很多人才约到一个证监会主席，还要出场费，我心里很郁闷。但三四年后，节目做得好，底气足了，别人争着来上我的节目。

我不管什么采访，所有功课都自己来消化。你要相信积累的力量，还有，就是诚意、善意的力量，在你能力范围内，善意地对别人。有一种力量叫爱，当你能为别人寻找自我、表达自我提供帮助时，你的价值也会得到体现。人要学会自己成长，把成长作为人生目标去完成，就离成功不远了。

很多记者采访我时，往往会说："你很有心计啊，在中央电视台最辉煌时选择去读书，后来又到凤凰卫视，这一切都是你安排好的吗？"我说："没有啊，我哪有心计？"当时，我在中央电视台是一名当红主持人，大型活动都由我去主持。可一件小事，却让我感觉到我身处的环境极其不安全。一年春节联欢晚会共有六名主持，多遍彩排后，导演组突然决定不用其中一个主持大姐，但没人通知她。那天，大姐兴冲冲地拿着礼服到化妆间，化妆师却说没她的名字。那个大姐黯然神伤地走了。我当时坐在一旁，似乎看到自己的未来就是这样。我心想：今天，如果没有机遇和环境的平台，有多少成功算是你努力的结果？选择离开是因为恐惧，因为命运不在自己掌握中。从那一刻起，我就觉得自己首先得站稳脚跟，不要沉迷在鲜花和掌声中，要去寻找成长，去读书。我的成长并不是精心安排的，只是跟随心里最真切的声音。年轻时不去搏一搏，什么时候还有机会？

杨澜之所以能够拥有这样成功的事业，是因为她永远都知道自己想要的是什么，这就是信念。

人可以怀疑自己，但不要怀疑信念。怀疑自己，可以改进自身，不断进取；但如果怀疑信念，则会让你对自己所走的人生道路不再执着。如果马云屈服于第二次高考的失败，或者被余老师的话打败，那今天就没有阿里巴巴，没有那个自信满满的马云了。

坚定信念，哪怕是在严冬，也不能因为畏惧严寒而停下前行的脚步，正如杨澜在文中所说的，"搏一搏才有机会"。

学会用左手温暖右手

马云：没有人是完美的，社会不可能完美，因为社会是由所有不完美的人组成的。你的职责就是比别人多勤奋一点、多努力一点、多有一点理想，世界才会好起来。我就是这么走过来的。之所以能走到今天，唯一的理由是我比同龄人更加乐观，更加会找乐子，更加懂得用左手温暖右手，相信明天会更好。

分众传媒董事长兼CEO江南春因为一篇获奖作文被保送到华东师范大学；盛大网络CEO陈天桥因为被评为"上海市优秀标兵"，提前从复旦大学经济系毕业。比起他们的好运气和轻松，马云能够进入大学，可以用"来之不易"四个字形容。

进入大学的马云开始了一段"如鱼得水"的逍遥日子，早先打下的英语功底，令他不用费力学习，也能够轻松应付学业，从而有很多时间做其他的事情。马云将很大一部分精力用来参加各种学生社团。

在大学三年级的时候，马云当选为杭州师范学院的学生会主席，不久之后，他又被选为杭州市学联主席，可谓是大学里的风云人物。在纯净的象牙塔中，马云安稳惬意地度过了四年大学时光。

1988年，马云不但顺利从学校毕业，还被分配到杭州电子科技大学当老师。当年杭州师范学院500名毕业生里，马云是唯一一个去高校任教的。这让他的同学们都羡慕不已，因为大家几乎清一色地被分配到各自家乡的中学去当老师。

马云在接到派遣证后，学院的院长亲自找到他，语重心长地对他嘱咐道："马云，这个机会可是来之不易，我希望你要懂得珍惜。你扛着我们杭州师范学院的牌子，可不能给砸了，至少5年，这个牌子不能倒。"

当时正逢改革开放，很多脑子活络的人纷纷下海经商。马云头脑也很活跃，院长是怕他随波逐流，在改革的浪潮中迷失了自己。

马云自然懂得院长的苦心，虽然身边的很多同学和朋友，出国的出国，经商的经商，但马云为了和院长的约定，老老实实待在学校教了5年的书。马云任教的大学是一所以理工科为主的院校，在商务贸易、外语等学科上师资力量缺乏，马云的到来，无疑是为这一块的教学填补了空白。

擅长英语的马云，对国际贸易等方面也有着深入的研究，所以，马云就成为了英语和国际贸易专业的讲师。任教不久后，马云还去杭州的一些夜校兼职做讲师。这期间，他结识了一大批做外贸生意的老板，不但丰富了外贸知识，还为日后的人脉拓展打下了基础。

马云的课讲得十分精彩，每逢他上课，教室内外都挤满了学生，在马云的带动下，一向不敢开口、英语很差的学生也能够满嘴英文了。马云对此是十分骄傲的，他说："我研究过李阳的疯狂英语，要是我加入进来，风头会盖过他，我的秘籍是真能叫人脱口讲外语。"

那段教书育人的日子，是马云厚积薄发的基础。他不但累积了人脉，沉淀了心性，还结下了日后创业的好伙伴。

阿里巴巴最初跟着马云创业的17个元老，有几个就是他的学生和同事，诸如周宝宝、韩敏、周悦红、戴珊、彭蕾等人。在杭州电子科技大学做老师的那几年，奠定了阿里巴巴日后最核心、最忠诚的创业团队。

许多年后，马云放言：天下没人能挖走我的团队！

这份底气，便是来源于当年杭州西子湖畔，惺惺相惜的朋友们给予他的力量和信心！

● 马云的人生哲学

稻盛和夫说："人生不是一场物质的盛宴，而是一次灵魂的修炼，使它在谢幕之时比开幕之初要高尚一点。"

在这个充满诱惑的时代，人人都渴望成功，希望能够一觉醒来就成为富翁，能够不用为金钱发愁。当物质的提升成为一个人的主要动力时，灵魂便往往会跟不上前行的脚步，而马云却能够在浮躁的社会中，沉住气做好每一天的工作，不但能做好，而且快乐，在枯燥的工作中发现乐趣。

网上有这样一段话："小狗问妈妈，幸福在哪里？被告知幸福在它的尾巴上。小狗拼命地想咬住尾巴，可是怎么也咬不到，就哭着说自己抓不住幸福。妈妈告诉它，只要它一直往前走，幸福就会一直跟着它。"其实，生活也是这样的。只要你一直往前走，幸福就会跟着你。

在大学教书期间，马云的商业才能就已经显现出来了。那时人们的工资普遍不高，大学老师一般都住在教师宿舍里。而马云却出乎所有人的意料，东拼西凑借钱，买下了一套离学校不远的房子。

那套房子在当时看来，面积不小，价值不菲，可以算是一笔巨大的财富了。可是，过了几年，在周围的人都能够住进这样的房子时，马云又把那套房子卖了，在西湖区文华路买了一套接近200平方米的房子，这也就是日后阿里巴巴的创业基地——湖畔花园。

不但买了房子，马云还和大学女友张瑛结了婚，组建了幸福家庭。在有人忙着赚钱奋斗，为拥有更多金钱和更高地位忙碌时，马云紧紧抓住了身边的幸福，他乐观地前行，不放过手边的每一点幸福。

用左手温暖右手，这并不是一句空谈。能够懂得活在当下，享受幸福的人，必然能够大步前行，拥有明天的美好。

成功不是你做了多少，而是你做了什么

马云：明白自己有什么，明白自己要什么，明白自己该放弃什么。

理想不是今天说一说，明天就抛到脑后的空话。很多年轻人总是说自己有多么宏伟的理想，可一到实践的时候，就缩头缩脑，不敢实施。马云是一个理想主义者，他不会为了现实安稳的生活，就停下追逐理想的脚步。

在担任大学老师的那几年里，马云凭借出色的工作能力，在1995年的时候，被评为杭州十大杰出青年教师之一。

如果马云继续按照这样的道路走下去，他一定会在高校的天地大有作为的。但就在马云的事业稳步上升的关键时期，他却向校长提出了辞职，要出去创业，成立一个翻译社。其实这个想法，马云早就有了，不过是因为与校长的5年之约还没到，所以，马云没有付诸行动。

当时的社会，英语人才是很稀缺的，很多老板找马云做他们的翻译，马云一个人根本应付不过来。这时，他就想到了身边的同事，尤其是一些退休在家的老教师，马云将这些老教师组织起来，做起了翻译工作。

从学校辞职后，马云专心经营起了翻译社——海博翻译社，这是杭州第一家专业的翻译社，马云可以说是这个领域的第一人。虽然翻译社成立了，但经营起来困难重重，开张的第一个月，翻译社的收入是700元，而房租是2000多元，入不敷出的现状令翻译社的员工动摇了。

但马云毫不畏惧，他一个人背着大麻袋跑到义乌去进了很多货回来，用这些小买卖的收入维持翻译社的运营。

翻译社的运营就一直是在马云这样的努力下进行的。除了卖小商品，马云还做过医药和医疗器械的销售，四处推销产品，很是辛苦。终于，马云的努力没有白费，海博翻译社从最初的入不敷出，发展到后来的大幅度盈利。

眼看着翻译社步入了正轨，马云就放手给翻译社里的其他工作人员打理了。海博翻译社一直延续至今，成为了一家不错的企业，如马云当年所愿，已经成为杭州最大的翻译机构。"我当时认为一定会有需求，应该能成功。"多年之后，马云轻描淡写地将当年这段创业经历总结出来。

海博翻译社的现任社长张红回顾马云当初创业的情景，感慨万千："当大家都还没想到这个行业的时候，当大家都还没有看到这个商机的时候，马云首先想到了，他的想法是具有前瞻性的。那时我们杭州没有翻译社，我们是第一家独立存在的这样一个公司，大家都不看好，而且一开始也不赚钱，但马云坚持下来了，没有放弃。所以，我很佩服马云，他说的话会让你振奋，没有希望的东西在他看来也是充满生机，他能带给身边的人生活的激情。"

● 马云的人生哲学

每个人都渴望成功，可人生如棋，变幻莫测，谁也不知道在奋斗的路上，什么时候才能走到成功的彼岸。这其中大部分人都坚信勤能补拙，坚信辛勤的汗水能够浇灌出成功的花朵。但马云并不这样认为。他说："世界上很多非常聪明并且受过高等教育的人无法成功，就是因为他们从小就受到了错误的教育，他们养成了勤劳的恶习。很多人都记得爱因斯坦说的那句话吧：天才就是99%的汗水加上1%的灵感。但这句话是不正确的，他们被这句话误导了一生。勤勤恳恳地奋斗，最终却碌碌无为。"

成功不是你做了多少，而是你做了什么。

有一位勤奋刻苦的高中生，面对繁重的课程，一度苦恼不已，为了能够考上理想的大学，他选择了一个看似最保险的办法：将课本上的一字一句都背下来。这是一件很耗费精力的事情，这位高中生花费了很多时间，认认真真地去完成这件事情。

一次摸底考试后，他觉得自己应该考得不错，因为每道题目他都答得很满，把书本上的内容都照搬了上去。

可是，没想到，成绩发下来后，他也只是考进了前10名，这个成绩与他所想的成绩还有一定的距离。而得第1名的那位同学，平时看起来并不是很用功，每道题答得也并不是很满，甚至几道大的论述题，他只是列了一二三点而已。

这位同学想不通，为什么自己把书本上的内容都填上了，得分却还不如第1名同学高。这时，老师的一句话点醒了他："同学们，记得答题的时候，将关键的点答出来就可以了，不需要把有的没的都写上，既耽误你的答题时间，又没有什么效果。"

这位同学在这之后改进了学习方法，不再是大把抓，而是选取重点，层次分明地学习，果然在高考中取得了好成绩。

由此可见，有的时候，并不是做得越多越好，而是要做正确有效的事情。

对于海博翻译社的起起伏伏，马云曾这样归结道："经营翻译社的过程让我明白成功者至少需要具备两种品质：一是大胆执着的性格；二是对市场敏锐的嗅觉。"

如果马云仅仅是凭着一腔热情，盲目前行，海博翻译社也不会发展到现如今的规模。做事既要有执着于目标的勇气，又要懂得灵活变通。有时候对自己的目标要认真努力地追求，但同时也要学会变通。

看世界上那些真正成功的人，有多少是埋头苦干出来的呢？很多人正是因为不想每日苦干，才想出了成功之道，走出了普通人没走的道路。

马云在雅虎的演讲中说的这段话，可能会让人有所启迪。

世界上最富有的人——比尔·盖茨，是个程序员，懒得读书，他就退学了。他又懒得记那些复杂的DOS命令，于是，他就编了个图形的界面程序，叫什么来着？我忘了，懒得记这些东西。于是，全世界的电脑都长着相同的脸，而他也成了世界首富。

世界上最值钱的品牌——可口可乐，它的老板更懒，尽管中国的茶文化

15

历史悠久，巴西的咖啡香味浓郁，但他实在太懒了，弄点糖精加上凉水，装瓶就卖。于是全世界有人的地方，大家都在喝那种像血一样的液体。

世界上最好的足球运动员——罗纳尔多，他在场上连动都懒得动，就在对方的门前站着，等球砸到他的时候，踢一脚，就成了全世界身价最高的运动员了。有的人说，他带球的速度惊人，那是废话，别人一场跑90分钟，他就跑15秒，当然要快些了。

世界上最厉害的餐饮企业——麦当劳，它的老板也是懒得出奇，懒得学习法国大餐的精美，懒得掌握中餐的复杂技巧，弄两片破面包夹块牛肉就卖，结果全世界都能看到那个M的标志。必胜客的老板，懒得把馅饼的馅装进去，直接撒在发面饼上边就卖，结果大家管那叫比萨，比10个馅饼还贵。

还有更聪明的懒人：

懒得爬楼，于是他们发明了电梯；

懒得走路，于是他们制造出汽车、火车和飞机；

懒得一个一个地杀人，于是他们发明了原子弹；

懒得每次去计算，于是他们发明了数学公式；

懒得出去听音乐会，于是他们发明了唱片、磁带和CD。

回到我们的工作中，看看你公司里每天最早来最晚走，一天像发条一样忙个不停的人，他是不是工资最低的？那个每天游手好闲，没事就发呆的家伙，是不是工资最高的？据说还有不少公司的股票呢！

我以上所举的例子，只是想说明一个问题，这个世界实际上是靠懒人来支撑的。世界如此精彩，都是拜懒人所赐。现在你应该知道你不成功的主要原因了吧！

懒不是傻懒，如果你想少干，就要想出懒的方法。要懒出风格，懒出境界。像我从小就懒，连长肉都懒得长，这就是境界。

第二章

坚持哲学：
今天很残酷，明天更残酷，后天会很美好

我觉得最大的经验就是千万不要放弃，要勇往直前；而且要不断地创新和突破，突破自己，直到找到一个方向为止。我觉得还有更重要的一点，我们今天面对将来的信心是来自我们前五年的残酷经验。

今天很残酷，明天更残酷，后天会很美好，但绝大多数人都死在明天晚上，却见不到后天的太阳，所以我们干什么都要坚持！

放弃就是最大的失败

马云：冬天寒冷的时候，我们提出的口号是："坚持到底就是胜利。"只要我们活着，就有希望。

将互联网作为自己的事业目标，源于马云的一次美国之行。1995年年初的时候，杭州市政府正在修杭州通往安徽阜阳的高速公路。这是政府招商引资的一个项目，当时一家美国的投资公司参与了这个项目，虽然双方很快达成了一致，杭州政府也开始动工，但工程进行了一年多之后，美国这家投资公司却迟迟没有按期支付合同金。

杭州方面决定派人再去和美国这家公司沟通一下。为了能够确保沟通顺畅，让美国这家公司尽早支付合同金，有人提议，让海博翻译社的老板马云出面，完成这次任务。当时的马云刚刚开始创业，虽然业务开展得并不是很多，但名声在外，很多政界、商界的人物都听说过他。

就这样，马云前往美国去做翻译和协调的工作，可令他没想到的是，本以为是一次简单的工作之旅，却差点成了"有去无回"的惊悚历险。马云后来提起这事儿："简直就是一部典型的美式风格的好莱坞大片，特别是后来我到了美国被黑社会追杀，我的箱子现在还在好莱坞呢。"

到了洛杉矶之后，美国这家公司绝口不提合同的事情，而是派人带着马云四处吃喝玩乐。马云被安排在一座富丽堂皇的别墅里住着，美国公司派了专人负责照顾马云的起居饮食，但马云是肩负着杭州政府派给他的任务来的，所以对这些诱惑并没表现出什么兴趣。

照顾马云的人看出马云心不在焉的样子，又提议马云去尝试刺激的玩意儿。征得马云同意后，他们带着马云到了拉斯维加斯赌场。

赌场里到处都是一掷千金的大亨和赌徒，马云不愿赌博，但抱着"既来之，则安之"的心态，就玩了玩赌场里的老虎机，权当过过瘾。

从赌场回来后，马云渐渐感觉有点不对劲——美国的公司无意与他谈合同的事情。直到在马云的一再追问下，美国公司才向马云摊牌：他们要马云和他们一起合作，欺骗中国方面诈取钱财。

原来是一家骗子公司。

等马云恍然大悟的时候，为时已晚。身处异地的马云被软禁了起来，如果不答应合作，就会被干掉。

僵持了几天之后，马云假意答应合作，这才换取了自由。为了能够回国，马云借口要回国考察一些其他的项目。那时的中国，互联网还是个陌生的名词，但马云在美国这些日子，多多少少对这个高科技名词有了些了解，所以，他对那个美国公司的老板谈起了要在中国发展互联网行业，就这样，马云被"放行"了。

在机场，马云没钱买机票。正一筹莫展的时候，他看到了候机厅里的老虎机。他把全部身家——25美分都投了进去，终于在最后一次赢得了600美元。抱着这600美元，马云看到了回国的希望。

但就在他排队买票的时候，心里渐渐感到不是滋味起来。带着杭州人民的希望来到美国，却这样狼狈地回去，实在太不甘心了。马云越想越窝火，他干脆走出买票的队伍，重新思考起下一步的计划来。

忽然之间，他脑海中闪现出他为了脱身而找的借口。互联网这个新奇的事物，马云知晓得甚少，但他在国内的时候，曾听一个外教同事提过自己的女婿在西雅图和人合伙搞互联网。

既然来了，就不能轻易回去。

马云扛起行李，踏上了前往西雅图的路程。虽然互联网是一个陌生的概念，但马云凭着天生敏锐的嗅觉，知道这一定是能够给他带来改变与转机的事物。

● 马云的人生哲学

成功之路总是艰难的，一路上总会遇到这样或者那样的挫折与坎坷，只有排除万难走下去才有成功的机会；而因为害怕挫折，早早放弃的人，注定看不到成功的影子。牛顿说过："胜利者往往是从坚持最后5分钟的时间中得来成功的。"

学校里组织了一场长跑比赛，很多学生都报名参加了。小刘是长跑特长生，他赢得了不少比赛，所以，这一次大家都认为冠军还会是他的。

但是没想到，比赛的前一天，小刘踢球时扭伤了脚，不得不放弃比赛。比赛当天，小刘坐在观众席上观看比赛。

众多选手当中一个不起眼的男生，吸引了他的注意力。

那个男生瘦瘦小小的，从开始跑的时候，就一直落在后面。因为天气炎热，中途不断有选手退赛，站到赛道的两边休息。那个小个子的男生虽然跑在最后，可能因为太累了，中途还摔了一跤，膝盖擦出了血，但他并没有放弃比赛，而是用矿泉水冲了冲伤口，继续跑。

体力不支，再加上摔跤受了伤，那个男生越跑越慢，已经比第一名落后好几圈了，随着前几名的产生，跑在后面的同学纷纷退出比赛，到场下休息去了。只有那个小个子男生慢慢地跑完了。小刘忍不住好奇：他这么坚持跑完全程，是为了什么？

小刘去问那个小个子男生："你已经受伤了，而且还落后了那么多，根本赢不到名次，为什么还要跑呢？"

男生擦擦汗，笑着说："在我看来，能够坚持跑完就是赢了。"

"赢了谁了？"

"赢了我自己。"

男生的话让小刘思考良久，一个人首先要赢过自己，才能有资格去赢别人。做任何事情都和比赛一样，成功与失败的定义并不绝对。小个子男生虽然在比赛中失败了，但他战胜了自己，这对他来说，算是成功了。小刘赢了那么多次比赛，但因为伤痛，放弃了比赛，放弃了拼搏的机会，这对他来说，就是失败。

放弃就是最大的失败。马云自己也说过："我不知道如何定义成功，但我知道什么是失败，那就是——放弃。"

如果马云当年从美国回到杭州，而不是去西雅图，那也就不会有今天的阿里巴巴；如果马云当年在高考失利的打击下，埋头做一名普通工人，而不是一而再、再而三地去考大学，那也就不会有今天的马云。

在人生的道路上，我们可以流泪、流汗，可以停下脚步，甚至可以掉头往回走一段，但只要不放弃，就会有看到曙光的那一刻。

司马迁如果在遭受宫刑后不再写作，那《史记》也就不会在历史中流传下来，成为传世之作。正是因为他没有放弃，所以才取得了巨大的成就。他的成功，最主要的就是身处绝境，依然不放弃追寻理想。

许多人才华横溢，却往往因为抵抗不住外界的压力而与成功失之交臂。

面对失败和困境，放弃就好像魔鬼的咒语，会令你坠入失败的深渊。抵抗放弃的信心越强，成功的概率也就越大。

非专注无以作为

马云：很多年轻人是晚上想千条路，早上起来走原路，而中国人的创业，不是因为你有出色的理想、梦想、想法，而是你是不是愿意为此付出一切代价，全力以赴地去做它，一直到证明它是对的。

人生有无限多个解。站在不同的角度去看，生命就有不同的意义，人们从中得到的感悟也不尽相同。所以说，人生即是选择。你是选择做一个自强自立的人，还是选择做一个安分守己的人，或是选择做一个依附于别人的人，这些都是由你最初确立的目标决定的。

马云选择将互联网带入中国，成为他下一个事业，这个目标确立后，他便不顾其他人的看法与意见，认认真真开展起了互联网的运营。他说："刚开始做互联网，能不能成功我也没信心。只是我觉得做一件事，无论失败与成功，总要试一试，闯一闯，不行你还可以转头；但是你如果不做，总走老路子，就永远不可能有新的发展。"

到了西雅图之后，马云找到了那个外教的女婿所在的公司，那家公司非常小，大概只有5个员工。在小小的办公室里，马云看到几个年轻人在电脑前做着他完全不懂的事情，仿佛进入了另一个世界。

那个外教的女婿叫作Sam。Sam待马云很热情，他对马云简单介绍了一下电脑的使用，还让马云在搜索栏里输入想搜索的关键词，就可以出现他想看到的内容，马云尝试着输入了"beer"，结果真的出现了美国啤酒、日本啤酒和德国啤酒等内容，但唯独没有中国的。马云又尝试着输入了"Chinese"，结果屏幕上显示出：no data（没有数据）。

没有搜索出中国的相关内容，让马云开始想要在中国建立一个公司，专门做互联网。他首先想到的就是将他在杭州的海博翻译社放到互联网上，让更多的人知道。当他对Sam表达这个想法时，Sam不假思索地同意了。

按照马云描述的要求，Sam和他公司的几位同事通过几个小时的努力，做出了海博翻译社的一个网页。那个网页在现在看来十分简陋，上面只是简单介绍了一下海博翻译社的情况，写了价钱和联系电话，但在当时的马云看来，简直是大开眼界。

这个网页被挂到网上后，马云并没有太在意，当时的他还没有完全意识到互联网的魔力。网页是上午9点半做好的，马云在网页做好后，就在西雅图四处闲逛起来，等他晚上回来的时候，等待他的是5封E-mail。

看着那些要和自己合作谈生意的邮件，直觉告诉他，互联网定将改变世界。马云随即闪出一个念头：他要回国创业，做一个网站，把国内企业资料搜集起来放到网上，向全世界发布，将生意做向全世界。

回国的当晚，马云就找来了24个朋友聊这事儿，这24个人都是马云在夜校教书时的学生，他们都是做外贸出身，马云觉得他们能够了解这其中的商机，但没想到，马云费了一番口舌之后，24个人里只有1个人说可以试一试。

冷静了一夜之后，马云还是决定做互联网，去实现自己的梦想。马云当时做的那个网站，就是后来的中国黄页（Chinapages）。

● 马云的人生哲学

虽然马云后来说他走上创业之路是稀里糊涂的，就好像盲人骑在瞎眼的老虎上面，根本不明白将来会怎么样。但是马云坚信，互联网将会对人类社会有很大的贡献。他将投注很大的精力来做这件事。

有一个专注的心态很重要。现实生活中，很多人创业或者做事之所以失败，就是因为他们朝三暮四，无法一心一意地做自己想做的事情。人要有专注的精神，如果目标天天更换，那到最后只会是竹篮打水一场空。

在中国传统文化中，专注精神一直被推崇。荀子在《劝学》中讲道："故不积跬步，无以至千里；不积小流，无以成江海。骐骥一跃，不能十步；驽马十驾，功在不舍。锲而舍之，朽木不折；锲而不舍，金石可镂。"

一位在业界很知名的企业家在退休之际，举办了一个晚会。在晚会上，有人要他讲讲成功的诀窍。这位企业家叫人搬来了一个吊在木头架子上的大铁球摆在大厅中央，然后两位工作人员抬出了一个大铁锤，放在了铁球旁边。

这位企业家问："谁能让这个大铁球晃动起来？"

晚会上有几个年轻人，上前抬起铁锤，去敲打那个吊着的铁球，可是他们用尽全身力气，敲打了好几下，那个铁球还是纹丝不动。后来，又有几个身强力壮的年轻人用大铁锤敲打那个铁球，铁球仍一动不动。

看着这些毫无办法的年轻人，企业家不慌不忙地从口袋里掏出一个小锤子，不紧不慢地敲起了铁球，一下，两下，三下……

10分钟、半小时、1个小时过去了，企业家还在不紧不慢地敲打着铁球，围观的人们已经坐不住了，渐渐开始骚动起来，忽然一个孩子指着铁球喊了起来："铁球动了。"人们仔细看着，铁球果然在企业家的小锤子打击下，以很小的幅度摆动了起来。原来这就是企业家要告诉人们的成功秘诀：想要有所成就，就必须有足够的专注力和不为外物所动的毅力。

天无绝人之路，任何事情都会有解决的办法。这就要看是否能够在困难面前不放弃，专注于解决问题之道了。当马云想要创办网站遭到众人的反对时，如果他不去坚持，不去想办法做这件事，而是转头寻找新的目标，他也就很难成功。

诚如马云自己所说："看见10只兔子，你到底抓哪一只？有些人一会儿抓这只兔子，一会儿抓那只兔子，最后可能一只也抓不住。"

在成功的路上，对目标的专注是非常必要的。有人羡慕爱因斯坦取得的万众瞩目的成就，却忽略了他每天工作十几个小时的艰辛；有人羡慕奥运冠军头顶的光环，却没看到训练时他们吃的苦有多少。

如果不是专注的力量，不是对目标如此执着，他们是不会站在令人羡慕的舞台上，被众人所仰视的。所以，千万不要羡慕旁人得到了多少，而要看自己在为目标奋斗的道路上，付出了多少。非专注无以作为，非努力无以得到。

像坚持初恋一样坚持理想

马云：初恋是最美好的，每个人第一次恋爱最容易记住，每个人初次创业的时候理想是最好的，但是走着走着就找不到这条路在哪里了。其实你的第一个梦想同样是最美好的东西。2001年网络泡沫破灭时，那三十几家公司，我记得现在全部关门了，只有我们一家还活着。我们是坚持初恋的人，我们是坚持梦想的人，所以才能走到今天。

巴顿将军说过："要无畏、无畏、无畏。记住，从现在起直至胜利或牺牲，我们要永远无畏。"在理想面前，马云抱着无畏的精神，创办了中国黄页。虽然当时无人支持，但他还是四处借债，加上压箱底的积蓄，用2万多块钱，创办起了这个网站。

网站创办以后，马云就开始每天出门推销他的网站，说服那些企业心甘情愿付钱把资料放到他的网站上去。

可大部分人根本不知道马云所讲的互联网是什么东西，所以，马云张嘴推销自己的网站时，人们都用异样的目光看着他，他的一言一行就像天方夜谭，大家觉得这个小个子太不靠谱了，简直是满嘴跑火车。

忆起当年的岁月，马云不无感慨地说道："那时候真可以说是惨不忍睹啊，就跟骗子似的。我们当时跟所有人都说，有这么一个东西，然后如何如何做。"

马云先从朋友开始劝说起，因为多年的信任基础，一些朋友也就真的将自己的企业资料放在了马云的黄页上。当然，这其中历经的艰辛是不言而喻的，但是不管怎么样，马云一步步将业务做起来了。

而且，一些与黄页有合作的企业，也真的通过黄页收到了切实的利益，这就进一步为马云增添了信誉。打下了良好的基础后，马云的腰杆开始挺起来了，他的黄页越做越大，越做越好了。1995年8月，中国电信开始在上海做了，马云也紧随其后，开始跟着做，在全国一个城市一个城市地拓展业务。

马云顶着"骗子"的称号四处奔波，到处跟人聊网络，谈客户。他那时候认为："互联网是影响人类未来生活30年的3000米长跑，你必须跑得像兔子一样快，又要像乌龟一样耐跑。"

终于，在成功发布了北京国安足球俱乐部等中国第一批互联网主页后，中国黄页开始被越来越多的人知晓和关注，到了1997年年底的时候，中国黄页的营业额做到了700万元。马云的互联网之旅已经越走越畅通了。

但是好景不长，随着大环境的不断变化，人们对互联网越来越了解，开始出现了很多和马云抢生意的人。从美国麻省理工学院博士毕业的张朝阳回国后，在导师的资助下创办了一家"爱特信"公司。随后，有"中国互联网先驱"之称的瀛海威出场了，紧接着中国万网也开通了。

面对竞争越来越激烈的市场，马云开始考虑北上去寻找更大的发展机遇。马云放出豪言："我们打不死他们，不过他们也打不死我们。"

● 马云的人生哲学

在一次演讲中，马云慷慨激昂地说道："有了一个理想之后，我觉得，最重要的是给自己一个承诺，承诺自己要把这件事情做出来。很多创业者呢，都想想这个条件不够，那个条件没有，这个条件也不具备。该怎么办？我觉得创业者最重要的是创造条件，如果机会都成熟的话，一定轮不到我们。所以呢，一般大家都觉得这是个好机会。一般大家都觉得机会成熟的时候，我认为往往不是你的机会。你坚信事情能够做起来的时候，给自己一个承诺，说你准备干5年，你准备干10年、20年，把它干出来，我相信你就会走得很久。"

"你可以失败，但是你不能失去做人的执着。"这是马云坚信的一条人生信念。不管你确立的目标是什么，不管要去实现这个目标有多么艰难，一旦踏上追寻理想之路，就要有强烈的意愿坚持下去。就好像坚持一份美好的初恋一样,抱着百分之百的热爱去面对挑战,克服难题。

马云在外界压力与日俱增的情况下,坚持做中国黄页,投入百分之百的精力在黄页的发展上。

就像一则故事中讲的。

深山之中有两块石头,甲石头对乙石头说:"我们这样千年万年待在这深山老林之中,太没有意思了,不如去外面闯一闯、看一看吧。"

乙石头非常不情愿,它留恋山中悠闲的时光,害怕出去遇到困难。在甲石头的一再劝说下,乙石头还是不肯出去,它还劝甲石头和自己一起留在山里。

但甲石头终究没有为了一时的安稳,放弃自己的理想,它随着山中溪流翻滚下山,历经了大自然的风霜与磨砺。很多年过去了,甲石头历经艰难险阻,成为了罕见的珍品,被人们收藏在博物馆里。而害怕受苦的乙石头,在一日昏昏沉沉中,被工程队的施工人员挖出来,扔到车上,拿去做了修房子的石头。乙石头非常后悔当初没有听甲石头的话,跟随它一起下山,不然今天躺在展柜里的也可能是自己。

同样的两块石头,一块被世人瞻仰,一块被打碎做成了墙砖。两块石头的不同选择,折射出了不同人生的不同结局。

马云就像第一块石头,不甘平庸,不怕面对挫折,为了实现自我的人生价值,可以冲破任何艰难险阻。理想的光芒不要被现实的尘埃所遮蔽,当理想还未实现的时候,要保持一种为了理想奋斗不息的良好心态。

这是给自己的态度,也是对理想所负的责任。在阿里巴巴做大做强之后,马云回忆创业时的艰难,说道:"因为七八年前阿里巴巴没有名气,我们没有品牌,没有现金,人们也不一定相信电子商务。那个时候非常难招聘员工。我们开玩笑说,街上只要会走路的人,只要不是残疾得太重,我们都招回来了。但是经过了五六年，我们这些人居然都很有钱，大家都有成就感了。为什么？我觉得就是因为相信我们是平凡的人，相信我们在一起能做成功一些事情。所以我觉得，创业者给自己一个梦想，给自己一个承诺，给自己一份坚持是极其关键的。"

"人永远不要忘记自己第一天的理想，你的梦想是世界上最伟大的事情。"马云这样告诉自己，也将这股正能量传递给旁人。

痛苦地坚持，快乐地死去

马云：永远不要跟别人比幸运，我从来没想过我比别人幸运，我也许比他们更有毅力，在最困难的时候，他们熬不住了，我可以多熬一秒钟、两秒钟。

到了北京之后，马云意识到了事态远比他想的更严峻。面对严峻的大环境，马云打算先从媒体宣传着手。他带了一些文章来到北京，刊登在一些报纸上，为中国黄页造势，还召开了几场新闻发布会，可惜效果都不是很好，作用不大。

1997年之后，北京的互联网开始火起来，大批外企涌入，可是对马云这样没资历、没资金的人来说，在北京搏出一片天地实在太困难了。所以，思量再三，马云回到了杭州，开始筹划他的下一步发展目标。

可祸不单行，中国黄页陷入了困境之中。当时的杭州电信发展得很快，大有与中国黄页一争高下的态势。杭州电信的注册资本有3个多亿，而马云的中国黄页注册资本仅仅2万块钱。

　　杭州电信资金雄厚，还有政府资源，相比之下，马云的中国黄页就显得势单力薄，不堪一击了。杭州电信为了分割中国黄页的市场，还做了一个与中国黄页名字很相近的网页，叫作chinesepage.com，这让马云更加被动了。为了使中国黄页走出困境，马云选择拉靠山，来增强中国黄页的生存力。

　　经过深思熟虑后，马云决定和杭州电信合作，杭州电信占70%的股份，中国黄页仅有30%的股份。合作没多久后，双方就闹出了意见，马云和杭州电信方面的很多意见达不成一致，但杭州电信占的股份多，马云没有什么话语权。

　　久而久之，马云觉得很压抑，他不得不和杭州电信分道扬镳，提出辞职。马云要离开中国黄页是一件大事，很多跟着他创业的员工都想要跟随他一起辞职，但马云从实际利益出发，劝他们留下，毕竟再次出去打拼是件既辛苦又有风险的事情，但依然有几个好兄弟誓要跟随马云出走。

　　离开了重组后的中国黄页，马云接受了外经贸部的邀请，再次北上，带着跟随他辞职的员工加入了外经贸部。那时候马云任外经贸部所属中国国际电子商务中心（EDI）的信息部总经理，他受邀进京就是为EDI这个政府机构做网站。但在此进程中，马云却和政府部门的理念发生了冲突。

　　EDI需要马云创建一个内网，可是马云却认为在这个时代内网已经非常不合时宜，他强烈要求将网站建立在互联网上。然而最终的方案并不由马云来决定，马云也不得不听从政府官员的安排，建立了一个内网。不过这个内网最终的运营效益与马云所预想到的几乎一模一样，萧条得很。

　　第二次进京创业时，马云的团队总共有12个人，他们分工合作，通常都是一个人包揽几个领域。楼文胜管策划文案，谢世煌管财务，孙彤宇管网站的建设和推广业务，彭蕾和张英管行政工作，技术方面则由吴咏铭和周越红负责。

那时候的他们住在潘家园外经贸部的集体宿舍里，条件比较艰苦，尤其是在江南生活惯了的才子佳人们，更是不适应北京的生活。每天上下班挤公交车，早出晚归，生活中似乎连阳光都见不着。

然而，就是这样艰苦的工作和生活环境，团队的成员还是能够自寻其乐，几乎干什么都在一起，像一大家子人似的。周末的时候，他们一行人就到一家常去的东北饺子馆吃饭，每次都点小鸡炖蘑菇，有说有笑，十分欢乐。楼文胜来兴致的时候还会给大家弹上一曲吉他。

马云对员工的自身素质很有要求，他经常告诫他们说："你们必须提高自己，否则就会被这个社会所淘汰。"为了给员工充电，他还在晚上下班以后办起了"英语班"，帮助大家一起学英语。

虽然辛苦，但凭着一身本领，马云和他的团队很快在北京再次做出成绩，这是值得他骄傲的事情。但随之而来的问题是，马云发现自己现在和在杭州一样，同样不够自由，不能够完全施展拳脚，在政府的编制里，很多想法是他无法实现的。

更重要的是，马云意识到中国的网络形势正在发生变化，如果继续耗在这个地方，那很可能会错过很重要的机会。在一番挣扎与犹豫后，马云决定再度离开北京，回到杭州。

他将团队成员约到一起，告诉了他们自己的决定，并为他们分析了去留的利弊，让他们自行决定。"我打算回杭州了，你们可以留在部里，留在北京，会有不错的收入。如果想跳槽，我也可以推荐你们去新浪、雅虎这些大公司。反正我是决定回杭州了，你们要是跟我回家二次创业，工资只有500元，不许打车，办公地点就在我家，你们可以在我家附近租房子住。我给你们三天时间考虑。"

虽然在马云说了这一番话后，大家你争我吵地说了半天，都不理解马云的决定，但团队的成员慎重考虑后，还是决定跟随马云回去。虽然北上创业受挫，但马云收获了值得他一生珍惜的情感。

其实在那年过半的时候，马云也相继收到了各大网站的高薪聘请，比如担任雅虎中国的总经理，或者是加盟新浪，但马云都毫不犹豫地拒绝了。因为在他的心里，还有一棵更大的树等着他去栽。

就这样，马云背负着众人的明天，返回了杭州，背水一战，开始重新创建他的理想大厦。

离开北京之前，马云带着他的团队去了一趟长城，在长城上，大家心情都很低落，尤其是马云，付出了那么多的努力，最后还是要空手而归。但他并不气馁，坚信自己所要做的互联网的方向是正确的，他决定收拾心情，再次起航！

● **马云的人生哲学**

"什么叫坚强？经历许多磨难、委屈、不爽，你才知道什么叫坚强。什么叫职责？比别人多勤奋一点，多努力一点，多一点理想，这就是你的职责。"马云所言正是他离开北京后的所感。

不是每个人都会成功的，但是有人会成功。谁会成功？马云认为勤奋、执着、完善自己、完善社会的人会成功。马云说："我不是一个推崇成功学的人，我不喜欢看成功学，我只看别人怎么失败，从别人的失败中反思什么事情我不该做，也会从别人的成功里反思他为什么成功，我要学他的成功还是学他的精神。所以没有什么抱怨的，坦荡地看自己。"

所以，在北上创业连连受挫之后，马云并没有自怨自艾，放弃自己最初的理想和目标，反而更加坚持自我，坚持理想。

"我们来到这个世间，不是来创业的，不是来做事业的，我们是来体验生活的。"马云将这些都看作是人生经历的一部分，他坚持自己的目标，但并不为急于实现目标而迷茫了自己的心性和态度。

一位成功的推销员有着丰富的推销经验，人们惊讶于几乎没有他推销不出去的东西。问其经验，这位推销员说道："我只不过是多吃了几次闭门羹。"

面对一次又一次的失败，这位推销员想的不是面子上挂不住，也不是打退堂鼓，而是从每一次失败中找到经验教训，然后从头再来。在做推销员的过程中，被拒绝是痛苦的，但每向前走一步，都离成功更近一步的体验是快乐的。

即便是被拒绝，也是有所收获的。既然选定了目标，就注定要付出辛苦，与其感慨不如意，不如坦然接受。当然，并不是每个人都像马云这样想。

在马云离开中国黄页时，带走的12个人里，有一个叫作李芸的。李芸曾经是马云的第一位秘书，此前还是马云在夜校教英语课时的学生。后来李芸进入了中国黄页，除了是马云的私人秘书之外，她还管理着公司的人事和财务。她在中国黄页一干就是两年，可以说李芸对马云还是十分忠心的。

当马云一行人于1997年11月离开桐庐准备北上进京打拼时，李芸也是其中的一分子。那时候的她已经结婚了，可还是义无反顾地跟着马云去了北京。然而，李芸很快就感觉到异地生活可能会对日后的婚姻生活造成不太好的影响，所以在北京待了一个月后，她离开马云的团队又返回了杭州的家，在一家化妆品公司上班。后来马云回到杭州创业，曾邀请李芸回来，但因为种种原因，李芸拒绝了。

人一生的命运基本上取决于在每个岔路口所作出的选择，选择的正确与否，很可能会决定日后的生存环境和生活质量。

那些年，跟随他和放弃他的人，多年以后的命运截然不同。

与马云一起痛苦坚持的，坚定目标的，最后收获的是当初自己没想到的。离开马云的，虽然获得了安稳，但谁又能保证，他们在多年后看到阿里巴巴的崛起时，心里会不会感慨，如果当初自己多一点坚持，情况会完全不同。

目标是人生的指南针，一个人在最初给自己定下高目标，并倾尽全力要完成时，即便他最终没能完成目标，但他收获的也一定比只看到眼前的人多。有很多人，他们每天辛勤工作，却也只能糊口。有些人不安分守己，人生起起落落，看起来生活过得不踏实，却因为内藏着坚定的目标，而最终能走得更高更远。

第三章

创业哲学：
光脚的永远不怕穿鞋的

作为一个创业者，首先要给自己一个梦想。我的梦想是建立自己的电子商务公司。人没有梦想，没有一点浪漫主义精神，是不会成功的。所以我想告诉大家，创业，做企业，其实很简单。一个强烈的欲望——你想做什么事情，你想改变什么事情。你想清楚之后，要永远坚持这一点。创业要找最合适的人，不一定要找最成功的人。

一定要坚信自己在做什么

马云：创业永远挑选最容易做、最喜欢做的事情去做，创业不是赚钱的方式，创业是快乐的一种表达，如果喜欢，则没有抱怨的理由。

"我们要办的是一家电子商务公司，我们的目标有三个：第一，我们要建立一家生存102年的公司；第二，我们要建立一家为中国中小企业服务的电子商务公司；第三，我们要建立世界上最大的电子商务公司，要进入全球网站排名前10名。"

这番豪言壮语是马云在回到杭州沉寂了一段时间后，再次创业时，在员工的誓师大会上发表的。

1999年2月，在杭州的湖畔花园，当年马云当大学老师时购买的小区住宅里，重整旗鼓的马云和他的17位创业团队成员召开了第一次全体会议。马云对那一次的会议过程做了录像。录像中，马云手舞足蹈地对大家讲演他内心的想法。而那17位成员，有的站着，有的坐着，都在侧耳认真地倾听。

"从现在起，我们要做一件伟大的事情。我们的B2B将为互联网服务模式带来一次革命！黑暗之中一起摸索，一起喊！我喊叫着往前冲的时候，你们都不要慌了。你们拿着大刀，一直往前冲，十几个人往前冲，有什么好慌的！"

留着长发的马云激动万分、慷慨激昂："你们现在可以出去找工作，可以一个月拿3500元的工资，但是3年后你还要去为这样的收入找工作；而我们现在每个月只拿500元的工资，一旦我们的公司成功，就可以永远不为经济担心了！"

马云选择了做电子商务，并不是一时的头脑发热，那时候的中国市场正是互联网最疯狂的时候，新浪和搜狐并驾齐驱，风生水起，还有许多互联网公司也如雨后春笋般地冒出来。

选择进入这个"烧钱"的行业，马云并不是跟风，也不是盲目眼热，他在参加各种商贸会的时候，就听欧美人谈论他们自己的电子商务，听他们讲亚马逊，讲eBay，他觉得亚洲也应当有一套自己成熟的电子商务模式。但什么样的模式才是亚洲的电子商务模式呢？马云有着自己的想法。

马云要做的电子商务并不是和大企业做生意，而是服务于中小企业。用马云自己的话来说，那就是"只抓虾米"。大企业实力雄厚，有自己专门的渠道，能做得起铺天盖地的广告，但中小企业并没有这样的能力，所以更需要互联网。

在互联网上，中小企业能够被更多地关注到，而与此同时，中小企业支付的费用也是非常少的。

马云想做的就是这样的互联网，这样的电子商务。他认为："中小企业好比沙滩上的一颗颗小石子，通过互联网可以把这些石子全部粘起来，用混凝土粘起来的石子威力无穷，可以和大石头抗衡。"

互联网的平台就是给了中小企业这样一个以小搏大、以慢搏快的机会。

确定了自己要做的事业是什么，也坚信自己要做的这件事情是正确的，但那时摆在马云和他的团队面前一个重要的现实问题就是：缺钱！

当时，马云是不主张大家向亲朋好友借钱的，万一创业失败，不能让别人替自己埋单，于是他带头掏腰包，大家纷纷将各自口袋里的钱掏出来，凑了50万元，这就是阿里巴巴的第一笔创业基金。

资金有限，马云租不起写字楼，就只能将公司安在湖畔花园的那套住宅里，他和员工每天窝在那个小屋子里，熬十七八个小时，设计网页，讨论创意，修改方案。邻居们常常用好奇的眼光打量着这群不知道在忙碌着什么的人，他们不知道，就是这群人，将在不久的将来，改变中国的互联网世界。

● 马云的人生哲学

铁下心来做电子商务的马云，经过艰苦的奋斗，终于找到了属于自己的那一片蓝天，找到了实现自己理想的道路。古今中外，但凡成功的人，必然是怀有一颗目标明确、方向明晰的心，所付出的努力是理性而清晰的，坚信自己在做什么，并且坚信自己是正确的。这就是马云成功的基础，也是很多人成功的基础。

泰国盘谷银行的董事长陈弼臣是金融大亨，但他的成功一不是靠继承父业，二不是靠飞来横财，他拥有的一切都是靠白手起家，自己奋斗得来的。陈弼臣的父亲是泰国曼谷某商业机构的一名普通工作人员，陈弼臣从小就被父亲送到中国来接受教育，但是在他17岁的时候，因为父亲负担不起他的学费，他不得不退学回国。

回到曼谷后，陈弼臣开始为了生计做各种工作，他做过小贩、搬运工、服务员还有厨师等。通过不断努力，他在一家建筑公司不断升职，做到了部门经理。后来在朋友的帮助下，他又创办了一家五金木材行，自己经营。

通过努力，陈弼臣生意越做越好，随后又接连开了三家公司，做一些木材、五金等方面的生意。虽然当时正值日本占领泰国、民族处于危难之际，但陈弼臣一边抗日，一边做生意，生意一直都做得不错。

到了1944年年底，他同10个泰国商人一起合资创办了盘谷银行。银行很小，只有二十几个员工。银行开业后，经营得并不顺利，常常受到排挤。陈弼臣经常面对的客户是那些被外国大银行拒之门外的华裔小商人，陈弼臣会对他们提供帮助。对此，陈弼臣是这样认为的："在亚洲开银行是做生意，不是只做金融。当我判断一笔生意能不能做时，我只观察顾客本人，不在意他的背景。"

因为和亚洲各地的华人有了生意往来，陈弼臣的银行渐渐与华人商业团体建立了广泛的联系，这样盘谷银行的很多出口业务就做起来了。因为打下了这个基础，盘谷银行才渐渐发展壮大。在多年的努力下，陈弼臣跨入了亚洲大富翁之列。

陈弼臣的成功同马云的成功有着异曲同工之处，他们二人都是从一穷二白开始，通过个人的奋斗积累，慢慢创业成功的。他们都经历了艰难的时刻，但因为相信自己所做的事情，所以迎来了胜利的那一刻。

在阿里巴巴最初成立的那几年，由于没有找到合适的赢利模式，公司运作得不甚理想，不但没有收入，还背负着庞大的运营费用。2001年，世界经济出现危机，互联网行业出现泡沫，很多公司一夜之间纷纷倒闭，就连那些行业中的老大公司，例如新浪、网易等也是处境艰难。

就在这样艰难的环境中，马云也依旧相信自己的想法，光脚的不怕穿鞋的。2002年，马云在大环境最为不好的时候，将阿里巴巴当年的发展主题定位为"活着"，他希望公司的员工和他一起为了理想坚持下去，熬过寒冬。到了年底的时候，公司出现了转机，阿里巴巴实现了盈利。

成功并不是因为你比别人更聪明，比别人付出更多的努力，关键在于你要坚信自己能做成功。

"阿里巴巴从成立以来一直备受质疑，从8年前我做阿里巴巴的时候一路被骂过来，那时人们都说这个东西不可能做成。不过没关系，我不怕骂，在中国反正别人也骂不过我。我也不在乎别人怎么骂，因为我永远坚信这句话，'你说的都是对的，别人都认同你了，那还轮得到你吗？你一定要坚信自己在做什么'。

"我坚信互联网会影响中国、改变中国，我坚信中国可以发展电子商务，我也相信电子商务要发展，必须先让客户富起来。如果客户不富起来，阿里巴巴就是一个虚幻的东西。我希望阿里巴巴为中国的网商、中小企业创造非常多的百万富翁、千万富翁。"

拥有持久的激情才可以赚钱

马云：年轻人都有激情，但年轻人的激情来得快去得更快，持续不断的激情才最有价值。你可以失去一个项目，丢掉一个客户，但你不能失去做人的追求。失败了再来，这就是激情。有些人创业时期是很有激情的，但他们的激情来得快，去得也快。所以，我希望你们的激情能保持3年，保持一辈子。激情是不能受伤害的。

激情是成功的原动力，成功者永远都是充满激情的。没有激情作为动力，事业上是很难起步的。美国作家爱默生说："有史以来，没有任何一项伟大的事业不是因为热忱而成功的。"

人生如果没有激情，生命就会没有色彩。一个人如果没有激情，那他做任何事情都不会有足够的动力。只有在激情的推动下，个人的才华和潜能才能被更多地激发出来，才能演绎出更精彩的人生。

马云是个很有激情的人，走到哪里，他都是一副精力充沛、激情四射的样子。他在激励大家努力为梦想奋斗时说："电子商务是一个新的领域，我们最重要的是永远为你所做的事情保持激情。做电子商务不容易，今天有这么多人在，我非常高兴。从事网络的人，尤其是这几年活下来的人，经历的事情太多……"

他还说："短暂的激情是不值钱的，只有持久的激情才是赚钱的。"

正是靠着这份为了理想永不熄灭的激情，马云完成了一件又一件看似不可能完成的事情。他提出在2003年，阿里巴巴全年要赢利1亿元。当时的互联网业内，谁也不敢夸这样的海口，但马云敢，他不但敢说，还敢做，年底的时候，这个看似不可能完成的目标完成了。

2004年，马云夸下更大的海口，他说要每天实现赢利100万元。在年底的时候，这个目标又完成了。

到了2005年，马云说阿里巴巴每天缴纳税款要达到100万元……

每一次的言论，都将马云和阿里巴巴推到风口浪尖上，每一个目标的提出，都招致各种反对和质疑的声音。人们都说马云是狂人，是个狂热的梦想家，但马云其实是个怀有激情的理想主义创业者。

之所以能够将这一个个看似不可能的目标实现，马云靠的不只是一腔激情和空洞的想法。他有胆识，有见识，更重要的是他有着对自己所做事业的前瞻性。马云在建设阿里巴巴初期的时候，认为B2B不应该是Business To Business，而应该是Businessman To Businessman。

马云想起离开北京前去登长城时的情景，他回忆说："我们在长城上发现一件很有意思的事情，每块砖头上都写着'张三王五到此一游，李四到此留念'，这是中国最早的BBS。中国人很喜欢BBS，不懂技术的人，用起来最方便、最能接受的方式就是BBS，所以我们从BBS开始入手。阿里巴巴实际上最早就是一个BBS，把每个人想买想卖的东西放在上面。做BBS又要创新，我当时跟我们的技术人员讲每一条贴上去之前都要检查、分类，他们认为这个好像违背了互联网精神。互联网精神就是你应该是彻底自由的，爱贴什么贴什么。我觉得不应该爱贴什么贴什么，你必须创新，每一条贴上去之前都要检查，分列上去。"

这就是马云认为的亚洲独创的电子商务模式，他认为阿里巴巴应该为中小企业免费登信息，并且永久免费。他的这个理念在团队中遭到了不小的反对，但马云不肯妥协，他要求必须按照他的想法来，马云还提出了自己设想的网页设计。

团队成员认为这种简单、丑陋的设计方案不合主流，但是马云却坚持己见，他认为阿里巴巴的用户都是不怎么会上网的商人，甚至很多人对电脑一窍不通，所以网站一定要简单，弄得太花哨太复杂反而适得其反。因为意见不统一，马云和团队成员发生了激烈的争吵，甚至有人拍着桌子同马云吵，但是马云仍不改初衷，他始终认为方便用户才是对的，自己的思考也是对的。

后来，马云在新加坡参加亚洲电子商务大会，意识到亚洲真正从事电子商务的网站微乎其微，他感到机会来了，于是通过电子邮件要求技术人员立即完成BBS的设计。让他没有想到的是，他们还是不同意。马云发怒了，他真想立刻飞回去，猛拍那些技术人员的脑袋。他抓起长途电话，尖声大叫："你们立刻、现在、马上去做！立刻！现在！马上！"

在马云的强硬坚持下，这个事情还是以暂时执行他的方案而告终。而最终的事实也证明，马云的这个想法为阿里巴巴带来了很好的开局。如果没有澎湃的激情支撑，马云很可能在遭到众多反对声时就退缩不前了。但就是靠着激情的支撑，马云就好像一个神奇的造梦者，将梦想变成了现实。

● 马云的人生哲学

一位美国部长在参观微软时，问比尔·盖茨："你们这里的每一个员工都这样快乐、勤奋，你们这样的企业文化是如何创造的？"比尔·盖茨回答："我们雇用员工的前提之一，就是他必须对软件开发具有百分之百的激情。"

激情总是与梦想伴随，当一个人保持着高度的激情去实现梦想时，这份动力的能量会是巨大的。激情是一种可贵的品质，拥有这种品质的人，无论做什么事情，都能取得不俗的成就。

一个上了一天班、十分疲惫的中年人走在下班回家的路上，他盘算着这个月的工资，应当如何去支付房贷、购买口粮、付孩子的学费等，他越想越烦躁，觉得工作没有意思，生活没有意思，就连人生也失去了光彩。

突然，在一个路口处，他看到了一个摆地摊的年轻人，那个年轻人正在眉飞色舞地为过往的行人介绍自己的商品。中年人被年轻人身上的活力吸引了，他驻足在一旁，看着年轻人不放过每一个推销自己商品的机会。

但是，过了很长时间，都没有人肯停下脚步来看一看年轻人的商品。这个中年人终于忍不住了，他走上前去问："都没有顾客买你的东西，你还这样费力推销，不是白费工夫吗？"

年轻人扬了扬眉毛，笑着说："我并不是为了赚钱才做这份工作，我喜欢卖东西，我很享受在卖东西过程中的愉悦感。"

中年人不以为然地说："你这不过是三分钟热度罢了，赚不到钱，生活都成了问题的时候，我看你还有什么愉悦感。"

年轻人摇摇头："只要我一直保持热忱，就不会觉得枯燥。虽然我现在是没有赚到钱，但只要我保持着激情坚持下去，总有一天，大家会看到我的商品；可如果我现在就放弃，那我的商品就永远不会卖出去。"

后来，中年人每天都能看到这个年轻人在路口卖他的商品，从一开始的无人问津，到后来的人来人往，这个年轻人的生意越来越好。直到有一天，中年人看到那个年轻人不再出现在那个路口，他想到底还是坚持不住了吧，打退堂鼓了。

可没想到，过了一个月，在路口的一家商铺里，他再一次见到了那个年轻人。原来年轻人攒够了钱，租下了这个店铺，开始当老板了。

中年人看到年轻人依然保持着激情在店里忙碌，他想到自己曾经也是一个满怀梦想、充满激情的年轻人，只不过他的激情在生活的磨蚀中已经消失殆尽了。他越来越机械地应付生活，而不是与生活同行。

一位外国军官在自己的办公室里挂了这样一幅座右铭："你有信仰就年轻，疑惑就年老；有自信就年轻，畏惧就年老；有希望就年轻，绝望就年老。岁月刻蚀的不过是你的皮肤，但如果失去了热忱，你的灵魂就不再年轻。"

马云拥有永远年轻的灵魂，所以他能创造一个又一个奇迹，刷新一项又一项纪录。马云并不因此而停止前进的脚步，在马云看来这些都不算什么，他要的永远不是现在，而是未来。马云说希望到他60岁的时候，还能和现在这帮做阿里巴巴的老家伙站在桥边，听新闻媒体报道说：阿里巴巴今年又创造了什么奇迹，员工的分红又涨了多少，股票继续往上涨……

"那时候的感觉才叫真正成功。"马云如是说。

激情决定一个人的思想和行为，在通往成功的道路上，有很多的痛苦和挫折，如果没有激情在心中燃烧，会如那个中年人一样，理想之光逐渐熄灭。虽然很多时候，残酷的现实会让我们备感无奈，但也正是这份残酷，让激情更显可贵。人可以没有物质财富，但精神财富不能缺失，激情就是重要的精神财富，有了这笔财富，可以扫除更多的障碍，在人生的道路上走得更远、更扎实。

请创业者不要低下高贵的头

马云：对所有创业者来说，永远告诉自己一句话：从创业的第一天起，你每天要面对的是困难和失败，而不是成功。我最困难的时候还没有到，但有一天一定会到。困难不能躲避，不能让别人替你去扛。9年的创业经验告诉我，任何困难都必须自己去面对。创业者就要去面对困难。

2003年，阿里巴巴的股东孙正义召集了所有他投资公司的经营者开会，每个经营者会有5分钟来陈述自己公司的现状，大家纷纷开口，众说纷纭，马云是大会上最后一个陈述者。当他说完之后，孙正义感慨："马云，你是唯一一个3年前对我说什么，现在还是对我说什么的人。"

孙正义是软银集团的董事长兼总裁，在投资界是赫赫有名的人物。孙正义决定投资阿里巴巴之前，和马云有过一次意外的"邂逅"。

1999年夏，在北京奔忙着找投资的马云接到了来自摩根士丹利亚洲公司投资分析师古塔的一个电话，古塔向马云询问了阿里巴巴的一些情况。几个星期后，古塔给马云来了封电子邮件，让他去一座大厦和一位投资人谈谈。

这位神秘的投资人就是大名鼎鼎的孙正义。那天，孙正义约见了好几个人，他们都是来找孙正义投资的。因为时间有限，孙正义给他们每人20分钟的时间来阐述。轮到马云的时候，他作了6分钟的演讲后，孙正义就打断了他，表示出了想要为他投资的意向。

孙正义问马云需要多少钱，马云却回答自己不缺钱。在此之前，马云的确是拉到了一笔投资——来自高盛集团的"天使基金"为阿里巴巴投资了500万美元。500万美元的投资看起来数目不小，但做互联网需要的融资数目之大是难以想象的，马云虽然不缺钱，但他的钱还是不够用的。

看到马云居然这样回答自己，孙正义显得有些吃惊，他问马云既然不缺钱，那为什么要来找他。

马云的回答现在看来有些孩子气，他说"又不是我要来找你，是别人叫我来见你的"。

与孙正义的第一次见面就发生了这样戏剧性的一幕，但由此也可以看出马云作为一个商人，骨子里透出的傲气和谨慎。很多商人为了拉投资，本着有奶就是娘的念头，打破了自己的底线，而这正是马云所不能接受的。

马云认为投资者除了能带来资金以外，还能带来更多的非资金的要素，例如进一步的风险投资和更多的资源等。找投资，并不仅仅是为了钱，更是为了阿里巴巴日后健康的发展。马云对投资的要求很严苛，虽然他需要投资者的钱，但他也不是所有投资者的钱都接受，他要择优而选。

不为钱折腰的马云吸引了孙正义，孙正义要求马云去日本和他作进一步的详谈。20多天后，马云与孙正义在日本再次相见。二人省去寒暄，直入主题，谈起了融资的各项事宜。

孙正义提出要给阿里巴巴投资3000万美元，占30%的股份，马云思考了五六分钟，点头同意了。仅仅用了几分钟的时间，马云就拉到了软银3000万美元的投资，从此成了一个神话，成为了所有人可望而不可即的目标。

如果仅仅是为了拉投资，为了让投资商投钱，那马云也许现在还在四处找投资。马云的成功恰恰是因为他不肯低下高贵的头，与其说他是用能力与创意征服了投资者，不如说他是用高傲征服了所有人。

● 马云的人生哲学

马云一直在试图告诉创业者们一件事：虽然创业之路充满艰辛，但也不要为了实现梦想，而降低自己做人的品质。已故的苹果公司创始人史蒂夫·乔布斯是一个难得的IT界人才，他20岁的时候开始创业，将苹果电脑公司发展壮大，从几个员工的小规模，扩展到了员工几千人、市值超过20亿美元的大公司。

但让人意想不到的是，在乔布斯30岁的时候，他居然被自己的公司炒了鱿鱼，一时间变得一无所有，10年的心血都化为泡影。他自己回忆时曾这样说道："就这样，曾经是我整个成年生活重心的东西一夜之间就不见了，令我一时愕然，走投无路。随后几个月，我实在不知道要干什么好。我成为了公众一个非常负面的示范，我甚至想要离开硅谷。"

但乔布斯并未离开，也并未从此一蹶不振，失去了公司的乔布斯依旧从事他热爱的事业，在之后的几年时间里，他开了一家叫作NeXT的公司和一家叫作Pixai的公司。这两家公司成绩都不菲，Pixai制作出了世界上第一部完全由电脑制作的动画电影《玩具总动员》。之后不久，这家公司就被苹果公司买下了，而也正因为如此，乔布斯在兜兜转转了一圈之后，又回到了苹果公司，而NeXT发展的技术还成为了苹果电脑后来复兴的核心。

　　放弃是很容易的，难的是在困境中不断坚持下去。乔布斯说过："我敢肯定，如果苹果电脑公司没有开除我，就不会发生这样的事情。这服药虽然很苦，可是它成为了苹果电脑公司——这个'病人'起死回生的神药。"

　　一个人既然选择了创业这条路，那就要一直在这条路上走下去，所谓的失败与成功不要看得太重，应当看重的是在创业过程中获得的乐与痛。马云感言："最重要的是不能放弃，从挫折中站起来是需要花很大力气的。要记住，英雄在失败中体现，真正的将军在撤退中体现。"

　　对这些年来创业道路上的困难、挫折，马云说："每次打击，只要你扛过来了，就会变得更加坚强。我又想，通常期望越高，失望就越大，所以我总是想明天肯定会倒霉，一定会有更倒霉的事情发生，那么明天真的有打击来了，我就不会害怕了。你除了重重地打击我，又能怎样？来吧，我都扛得住。抗打击能力强了，真正的信心也就有了。"

　　创业失败可以改变一个人的命运，也许变得更好，也许变得更坏，但那又有什么关系呢？乔布斯在10年心血化为乌有的时候，命运对他足够残酷，但是当他继续前行，绝不低头地坚持再创业时，命运又对他展开了最好的一面。

　　马云在离开中国黄页的时候，心里何尝不是在滴血，但当他创立阿里巴巴小有成果时，命运又向他展示了温情的一面。"我现在最欣赏两句话，一句是第二次世界大战时丘吉尔先生对遭受重创的英国公众讲的话：'Never never never give up!'（永不放弃！）另一句就是：'满怀信心地上路，远胜过到达目的地。'"

　　这是马云激励创业者的话，也是他对自己的勉励。失败了从头再来未必是坏事，一时的成功也未必是最终的成就，既然选择了创业，那就一辈子都要创业，不管结果怎样，创业者都不要低下高贵的头。

小聪明不如傻坚持

马云：第一次创业的时候，你想做什么，到底要做什么？不要受外界影响，你自己确定你今天就是要做这个事情。

"我想告诉大家，创业，做企业，其实很简单。一个强烈的欲望，就是说你想做什么事情，你想改变什么事情。你想清楚之后，要永远坚持这一点。我一直认为人一辈子都在创业。以前深圳有一个口号叫作'二次创业'，我不太同意这个，同一批领导是没有办法二次创业的，因为从第一天创业开始你就一直在创业。"

马云认为创业者既然选择了创业这条道路，就必须一直坚持下去。孙正义正是看到了马云在这方面的决心与毅力，才毅然投资给他。在阿里巴巴发展的这些年里，马云在1999年创建阿里巴巴时所确立的目标就一直没有变过。

一个人树立目标容易，坚持这个目标不变是很难的。马云恰是那迎难而上的少数人中的一个。马云很早就认为中国加入WTO是早晚的事情，中国的企业不应该只在国内发展业务，而更应该将目光投向国际，走向全世界。马云希望阿里巴巴能够成为连接国内外企业的一个平台，帮助国内企业出口，帮助国外企业进入中国。

但中国企业那么多，应该帮助哪些国内企业走出国门呢？马云认为中小企业和民营企业是应当帮助的对象。他一开始是这样想的，而且也是这样做的，在互联网拼了多年，融资了几千万美元后，这个目标依然没有动摇。

可以说，阿里巴巴能够走到今天这样的地步，与马云"打不死就坚持下去"的精神息息相关。

孙正义欣赏马云这样的态度。很多商人善于投机，钻空子，这种看起来聪明的做法，其实背后危机四伏。而马云看似傻傻地坚守，背后所蕴藏的却是极大的能量，积聚起来，一旦厚积薄发，不可估量。所以，在2004年，孙正义再次为阿里巴巴投资，而在这一年，马云也完成了互联网史上非常巨大的一次融资——8200万美元。

这笔巨大资金的投资方包括软银、富达创业投资部、GGV、TDF风险投资有限公司。这次融资是由软银牵头，孙正义当时表示对这一次的追加投资十分高兴。他说："这一次的投资与软银公司一贯坚持的寻找能占领市场领先地位的企业投资策略是一样的。"看得出来，孙正义对马云和阿里巴巴的前景是十分看好的。

之前，马云不肯接受孙正义3000万美元的投资，可几年后，却接受了8200万美元的投资，马云认为这是符合公司长久持续迅猛发展的要求的。马云依然坚持他最初设定的目标，为中小企业服务，他还预言，中国电子商务的产业格局将在未来几年发生巨变——"网商"将成为焦点。

"互联网将由'网民'和'网友'时代进入'网商'时代。阿里巴巴有一个使命，那就是要把互联网带入网商时代。"马云此话一出，自然又是激起千层浪，但不论外界舆论如何喧嚣，马云只是做好自己要做并一直坚持在做的事情。

付出终有所回报，阿里巴巴完成了从"烧钱"到"赚钱"的蜕变，马云的坚持终于迎来了曙光，他所创建的电子商务模式是正确的。一时之间，各种效仿、抄袭阿里巴巴的网站在网络上纷纷出现，但阿里巴巴却保持着"一直被模仿，从未被超越"的纪录。

之后，马云的日子好过起来，他从默默无闻走到了闪光灯下。可是，在他荣耀的当下，谁能想到他之前几年是如何坚持和打拼过来的？其间的酸甜苦辣，也只有马云和一直坚守在他身边的创业团队能够体会。

● 马云的人生哲学

暂时的失败并不能代表永远的失利，一时的成功也不表示永远都能一帆风顺；只有坚持理想，坚持目标，并坚定地走下去，才能获得人生最大的成功。马云坦言："有人觉得我牛，6分钟说服了孙正义，其实是他说服了我。见孙正义之前，我在硅谷至少被拒绝了40次。"

一个农村小女孩，读小学的时候，成绩很一般，属于中游水平，初中也一直成绩平平，没有什么特长，也没有什么特殊的才艺。这样的成绩想要考上高中是不可能的，但如果想离开农村，过完全不一样的生活，这个女孩只有努力考上高中。

她开始了艰苦的学习，在别的学生回家探亲或者周末玩耍时，她都在伏案学习。她的基础不好，想要考上重点高中是很吃力的，但就凭着她吃苦、不放松的劲头，居然考上了重点高中。高中的学习压力更大，学生们都很优秀，她的成绩排在后面，虽然肯吃苦，但老师说她考重点大学估计不可能，考虑报个本市的大学吧。

高考结束之后，她再次出人意料地考入了外省一所大学，她成了村子里唯一一个去外面读大学的人。大学期间，她依旧刻苦学习，在同学们谈恋爱、逛街的时候，她泡在图书馆、教室里学英语、攻专业。在大四的时候，同学们开始忙忙碌碌地投简历、找工作，她已经被保送上了本校的研究生。

在多年后的同学聚会上，大家看到当年犹如丑小鸭的她已经在美国一家公司任总经理，成功蜕变为白天鹅了。她一步一步向前走，心无旁骛。她的成功源自坚持，这种坚持可能在当时看来有些傻，但当别人弃拙求巧地寻找成功捷径时，她只一味地安守自己的本分，一步一个脚印地坚持，正是这种看似愚蠢的坚持，让她获得了机遇。

就像马云一直强调的"专心做一件事"一样，这个女孩也是如此专心，确定了目标，就不管10年还是20年，一直坚定地去实现。如何能够坚持"专心做一件事"呢？马云在中央电视台经济频道举办的2005中国经济年度人物评选创新论坛上发表的一番演讲，可以让我们从中了解一二。

"2005年以后阿里巴巴什么样子我不知道，但是在未来的3~5年，我们仍然会围绕电子商务发展我们的公司，我觉得我们绝对不能离开这个中心。10年的创业经验告诉我，我们永远不能追求时尚，不能因为什么东西起来了就跟着起来。

"我觉得我们不要起个大早赶个晚集，我不会因为Google和百度的股票上涨，就也想做什么。就像四五年前我不相信短信会改变互联网，也不相信游戏会改变生活，我不希望我的儿子玩游戏，我也不想别人的儿子玩游戏。我坚信电子商务会影响中国经济，中国正因为缺乏诚信体系，缺乏网络基础的建设，所以它会有一个蛙跳式的发展。

"那时候，很多人说阿里巴巴如果能成功，无疑就是把一艘万吨轮（船）抬到喜马拉雅山上面。我跟我的同事说我们的任务是：把这艘万吨轮（船）从山顶抬到山脚下。别人怎么说，（是）没办法的事。你自己要明白，你要去哪里。"

马云认为的成功是一种坚持的成功，毫无疑问，如果没有坚持，即便看起来已经获得的成功也会消失。阿里巴巴发展壮大后，马云常告诫员工，不要被外界的赞美冲昏头脑："因为我们要做102年。有一天如果你上了什么封面，你就把自己当作上了一个娱乐杂志一样。不要认为那是成功，成功是很短暂的，背后所付出的代价是很大很大的。"

我们是教人钓鱼，而不是给人鱼

马云：在中国做电子商务的人必须站起来走路，而不能老是手拉着手，老是手拉着手就要完蛋。我们跟市场的关系是手够得着，我们与用户的关系是要他们自己站起来走。帮助需要帮助的人，他才会感谢你的帮助。电子商务最大的受益者应该是商人，我们该赚钱是因为我们提供了工具，但让我们做工具的人发了大财，而使用工具的人还糊里糊涂，这是不正常的。

2004年6月，马云举办了一场网商大会，1000多名中国网商纷纷来到西子湖畔，一起交流经验，分享资源。这是由中国电子商务协会和阿里巴巴公司主办的首届中国网商大会，马云认为这次大会召开的意义非凡："只有应用电子商务的企业成功了，电子商务产业的春天才会真正来临。"

这一次会议不仅为网商的生存和发展以及中国互联网事业指明了方向，还能为同行提供互相学习的机会。马云认为这是大会召开的主要目的。虽然网络时代正在日趋成熟，但这一次网商大会的盛况，还是令很多人始料未及。雅虎的杨致远对于大会的隆重感到十分惊讶："我第一次听人说网商，没有想到企业除了在互联网上做广告外，还在上面做生意，这在美国是没有的。在中国的中小企业这里，互联网成为交易的工具，这让我想不到。"

不论当时的人们被这一次的网商大会冲击多少，马云已经笃定地认为，中小企业的商人已经成为了网商的中坚力量，他们将会成为中国商业社会中非常重要的一股力量，他们的发展态势将会在很大程度上影响中国经济的发展。

电子商务能够极大地拓展中小企业的业绩，他们的销售额很大一部分就是通过网上交易取得的。马云说："今天要在网上发财，概率并不是很大，但今天的网络可以为大家省下很多成本。"

不但能省下成本，还能营造广泛的知名度。在网商大会之后，国外的许多巨头也开始关注中国的互联网发展，他们看到了中国电子商务的崛起与良好的发展前景，这为网商们的业务拓展与品牌打造添加了乐观的一笔。

沃尔玛、三星、安捷伦科技等国际大买家通过阿里巴巴加紧了在中国采购的步伐。马云当初定下的为中小企业服务的目标圆满实现，网商多是一些资金少、资源少的小商家或者个人。他们虽然没有很多资本，但也满怀创业的壮志，阿里巴巴为他们的创业无疑是添了一把火。

在第一届网商大会上，马云隆重揭晓了"2004年中国十大网商"。这十个网商是通过投票评选出来的，马云郑重其事地将他们的名字公布出来，让他们的努力被所有人都看到，也让其他网商或者想做网商的人有了奋斗的目标。

"经常有人问我：'马云你怎么预测3年以后，怎么预测未来？你怎么看待未来电子商务、未来的形势？'我想预测未来最好的办法就是创造它，说到做到，坚守承诺！"马云的确是坚守着自己做电子商务的承诺，阿里巴巴上的网商多达数千万家，网上外贸金额有数百亿元，而且还在不断上涨。

马云通过不断完善与发展阿里巴巴，为这些网商营造了一个良好的营业氛围。古语有云："授人以鱼不如授人以渔。"马云所做的这项事业的伟大之处就在于，他对阿里巴巴上的那些商户所给的帮助是长期的，可提升的，而不仅仅是短期的。

● 马云的人生哲学

2006年7月，杭州市政府、中国电子商务协会和阿里巴巴联合宣布：首届中国网商节定址杭州，面向全球开放。这一举动的主旨是为了"搭建一个全球互联网业界展示、交流的平台，展示网商实力，拓展网络消费群"。

马云表示，希望将来能够固定开展网商节，希望全球的网商都能来杭州寻找合作伙伴，寻找合作机会。这样做的结果自然不言而喻，对于网商们来说，一定是一次很好的难得的机会。

好的方法是成功的一半，与其分享别人递来的现成果实，不如学习别人栽种果树的方法，使自己也获得丰收。

在一个县城里有两个相邻的村子，这两个村子都比较贫困，村民们没什么收入，每年只能靠农作物换取收入，很是微薄。后来，县里拨款扶持这两个村子，分给这两个村子的款是一样的，可是，一年以后，一个村子已经不再需要县里的救济款扶持，而另一个村子还依然贫困。

脱贫村子的领导在接到这笔救济款后，没有直接发给村民，而是号召村干部们一起开了个会，用这笔钱承包了附近的几个山头，种植果树，每家每户都根据自己的能力，分到了几亩果园。果树种上后，他们又开始去外面寻找投资，在村里建厂，进行水果加工，建了一条水果生产线。

一年之后，果树大丰收，还清了银行的贷款后，每户村民都有不少盈余。此外，他们还有了赖以生存的果园，果树带给他们的收益，比以往种田的收入高得多，而且村里建的厂子，他们还可以入股，生活渐渐富裕起来。不出几年，这个村就成了县里的富裕村。

　　至于那个依旧贫困的村子，当初在拿到县里拨下的救济款后，村子的领导没有想到如何利用这笔钱帮助村民脱贫，而是将钱分到了每户村民手里，村民们拿到这笔钱，有的买了生活用品，有的买了种子、化肥，很快，这笔钱就用完了。他们等着来年，县里再给他们发新的救济款。

　　两个原本差距不大的村子，就这样拉开了距离。真正帮助别人，不是只要给他吃的食物就行了，而是要教给他获取食物的技能。如果想要摆脱贫困，获得财富，真正有效的办法不是获得金钱，而是掌握赚钱的技能。马云是深深明白这其中的道理的，所以，阿里巴巴的目标就是要改变全球生意人做生意的方式，将全球网民带入网商时代，使阿里巴巴成为一个钓鱼的工具，而不仅仅是鱼。

第四章

机会哲学：
看不清的机会才是真正的机会

如果一个方案有90%的人说"好"的话，我一定要把它扔到垃圾桶里去。因为这么多人说好的方案，必然有很多人在做了，机会肯定不会是我们的了。霉运当头时，要跳出来看，放弃不等于用头撞墙，搞不过就绕一下。学会放弃，才可能成功。

心态决定姿态，姿态决定状态

马云：我有一个理想，关于淘宝网的，希望在我离开这个世界之前，我能看到淘宝网一年的交易额突破10万亿人民币。10万亿是什么概念？2006年全中国零售总额加起来是7.6万亿，10万亿是很艰难的一个数字，但是我想如果我们努力，还是做得到的。

1992年，星巴克股票正式在纳斯达克上市了，霍华德·舒尔茨告诉全世界："我是一个梦想者。"马云也是一个梦想者，他的梦想舞台很大，在全世界的舞台上。马云的梦想总是很大，大得让旁人认为他是在吹牛，说大话。

阿里巴巴还处于发展初期时，每天的营业额不过十几万元，但马云却一再立下壮志，要将每天的营业额提升到百万元。这种"雄心"吓坏了外面的人，也吓倒了公司里的人，阿里巴巴的两位高层领导对马云的志向持怀疑态度。他们和马云打赌，马云是无法完成这个目标的，赌注是1万块钱。

结果到了年底，马云就将这钱收入囊中，那两位高层自然是愿赌服输，不过也是输得心服口服。他们看到了马云的魄力与成功，也看到了自己跟随马云的希望和未来。马云的野心不仅仅如此，他的目光是瞄准全世界的。

当年的马云认为互联网的核心企业和技术都在西方，能向互联网投资的主流资金也都在西方，所以，要想发展壮大阿里巴巴，首先要搞定外国人。马云为了实现阿里巴巴走向世界的目标，他在一开始就将阿里巴巴的总部设在了香港——这个具有国际化色彩的都市。这样既能更好地与世界接轨，又能让全世界都知道，阿里巴巴是中国人创办的企业。

为了能够为阿里巴巴谋求更多的发展机会，马云开始往世界各地跑，他在美国建立技术基地，在伦敦开设分公司，在德国演讲……

忙碌的马云为了营销阿里巴巴，在1999年~2000年，几乎跑遍了地球的每一个角落。他参加各种商业论坛，在论坛上发表演讲，发挥自己的口才优势，宣传阿里巴巴的企业文化、发展方向等。

很快，功夫不负有心人，马云的努力得到了回报。马云和阿里巴巴的名声在欧美地区火爆起来，大家都知道东方有个小个子男人，常常挥舞着拳头，神情激动地喊："B2B模式最终将改变全球几千万商人的生意模式。"马云开始被一些世界重量级的杂志和报纸关注。

看到这些小成就，马云越发坚定自己的营销方式，他开始到欧美一些名校去演讲，他说："沃顿、哈佛的MBA5年后就是大公司的高层，在他们脑子里播下阿里巴巴的种子，5年后就发芽长大了。"

马云的演讲很受欢迎，每场都是人满为患。也许是当年做过老师的缘故，马云在这些学校演讲时，学生们对"马老师"的演讲很是肯定。马云在哈佛演讲时，有个人问了马云一个问题："马云先生，在你开始演讲之前，能否先谈谈在你简历里面没有提到过的事情呢？"马云风趣地回答："10年前我申请过三次哈佛，被你们拒绝了，你们看都不看就拒绝掉了我的申请。"学生们被逗得哈哈大笑。

不卑不亢、急中生智、风趣幽默就是"马氏演讲"的特色。马云在哈佛做完演讲，之后有35个哈佛MBA的毕业生陆续投奔阿里巴巴。

人们不可以选择自己的出身，但可以通过后天的努力改变自己。很多人总是在埋怨自己的机会太少，无法成就伟大的事业，殊不知机会都是需要争取的。如果你想等着天上掉下一个大馅饼，那机会就永远无法来到你面前；如果你肯四处寻找，那满世界都会有你通往成功之门的钥匙。

● 马云的人生哲学

很多刚刚进入社会的年轻人都满腔热情，想要一展宏图，在社会这所大学校里交出满意的答卷。可看到别人涨薪、跳槽、出国，就开始怨天尤人，怪自己没生在好家庭，怪自己运气不好，没遇到伯乐，等等。

好的机会是人人渴望的，但如果自己的心不够强大，即便是再好的机会，也会白白从眼前溜走。

英国报纸上曾经刊登过一张两个人的合照，一个是英国查尔斯王子，另一个是穷困潦倒的流浪汉。这张照片的背后有着一个发人深省的故事。

那位流浪汉并非一出生就是如此穷困。在一个严冬，查尔斯王子前往伦敦的贫民区慰问住在那里的人们，这时，一个流浪汉走了过来，称自己是查尔斯王子的同学。他冲查尔斯王子高喊："我们曾经是同学，在一所学校读书，你不记得我了吗？"

王子仔细辨认眼前这位男子，可实在想不起自己什么时候有过这样一个同学，便问他："你叫什么名字？"

那位流浪汉说自己叫克鲁伯·哈鲁多，可是王子还是想不起来他是谁。直到这位流浪汉说："在山丘小屋的高等小学，我们还彼此取笑对方的大耳朵。"这下，查尔斯王子终于想起他是谁了，这位流浪汉的确是自己的同学。可这位同学出身金融世家，怎么会沦落到住贫民窟的地步呢？原来克鲁伯·哈鲁多成年后当了一名作家，但他的感情生活并不如意，经历了两段失败的婚姻后，他对生活失去了信心，开始酗酒，不再工作，渐渐没有了生活来源，从一名作家变成了流浪汉。

本可以有大好前途的克鲁伯·哈鲁多在自暴自弃中毁了自己。他并不缺乏机会，几乎是含着金钥匙出生的，却因为消极的心态输掉了自己的一生。心态决定姿态，从放弃正面心态的那一天起，克鲁伯·哈鲁多就选择了低姿态生活，他不求上进，整日虚度时光，所以才使得自己成为了一个贫困的人。

马云的出身平凡普通，甚至年少时还有些坎坷，青年时期创业也屡屡遇到挫折，如果他也像克鲁伯·哈鲁多那样自怨自艾，也就不会有今日的阿里巴巴。所以说，机会不是等来的，而是争取来的。成功学的始祖拿破仑·希尔说过，一个人能否成功，关键在于他的心态。成功的人心态总是积极的，而失败的人总是一副消极的样子。

马云在一次演讲中说道："阿里巴巴投入了大量的广告在海外，我们要真正把中国出口商的品牌打到海外去。如果阿里巴巴的客户不赚钱，阿里巴巴也不能赚钱。……我一个一个地做起来，然后一点点去完善这个制度，这是我心里想做的，是我们这帮人真心想做的事情。所以不管周围多少人说我们不好，我都不理，我只是按照内心的想法去做。今天我们形成了一个良性循环，有50万专业的买家知道我们的产品——我经常坐在飞机上，和旁边的人聊天时递上阿里巴巴的名片。"

选择用什么样的心态去面对人生，你的人生状态就是什么样子的。马云的心态总是积极的，这不仅激发了他更多的潜能，还吸引了更多的正能量，帮助他获得了更高的成就。

一个男人的才华往往与容貌成反比

马云：在这个世界上，只要有梦想，只要不断努力，只要不断学习，不管你长得如何，不管这样，还是那样，一个男人的才华往往与容貌是成反比的。

相貌是父母给的，自出生之日就已经注定。马云长得不好看，但他并不被相貌的美丑所困扰，而是不断提高思想，增长知识，一步一步走向了成功。

高考落榜后，马云一度四处找工作谋生。有一天，他在一位表弟的陪同下，去西湖边一家宾馆应聘，想做个端盘子的服务生。

可是没想到，陪同马云一起去的表弟被聘用了，他被拒绝了。老板的理由是马云的表弟长得人高马大，英俊帅气，而马云长得又矮又瘦，小身子，小脑袋，太丑了。

马云没想到自己的长相不好也成了错误，但马云并未因为长相不好而被人拒绝就灰心丧气。在经过若干年的努力奋斗后，马云成为了中国大陆第一个登上《福布斯》杂志的本土企业家。《福布斯》杂志描述他为"深凹的颧骨，扭曲的头发，淘气的露齿笑，5英尺高、100磅重的顽童模样"。

而那位英俊的表弟至今还在一家饭店的洗衣班里，做一名普通的洗衣工。后来，马云在接受采访时说：一个男人的才华往往与容貌成反比。

这句话脍炙人口，广为流传，似乎很是为容貌不出众的男人们出了一口气。俗话说：人不可貌相，海水不可斗量。一个人的才华能力与容貌是没有什么必然联系的，如果马云不是有着永不放弃的精神和坚持不懈的努力，他也不会取得万众瞩目的成就。

马云上了福布斯榜后，曾经在中国内地掀起一阵福布斯风波，有人崇敬马云，欣赏马云，也有人说他是花重金买来的虚名……

不管旁人怎么说，马云的光芒已经是无可遮盖的了。那一期的《福布斯》杂志，除了把马云搬上封面以外，还从全球25类1000多家电子交易市场中选出做得最好的B2B企业，马云的阿里巴巴被评为综合类B2B网站第一名。

这个长相奇特的男人用自己的实力证明了自己的才华。马云在参加中央电视台的节目《对话》时，《对话》的主持人和马云开玩笑道："你说'一个男人的才华往往与自己的容貌成反比'，当时这句话一说出来，我看到很多人低下了头，我猜他们肯定在埋怨，自己的父母亲怎么把自己生得那么英俊。"

马云接过话茬，毫不谦虚地说道："对，现在已经不太有人说自己长得有多么帅了。我这次刚从欧洲回来，在欧洲有人好像也看见这个东西，然后所有人都说'你觉得我长得丑不丑'。"

马云说以前一直知道自己长得不好看，可也没觉得很丑，直到有一次在香港的大街上闲逛时，他无意中从地摊上发现自己上了杂志封面，看了封面上的那张照片后，才恍然大悟，原来自己那么丑啊。

后来，主持人请马云准确评价一下自己的才华和容貌的关系时，马云认真地说："反正我一直觉得我自己给很多人很多信心，长得丑没关系，你可以不断地完善自己，不断地去学习。一般来说，长得漂亮的人本钱多了，不愿意作学习上的投资。所以像我们这样的人没办法，只能多努力一点。"

正是因为马云的努力，所以，阿里巴巴才会越来越强大，连续7次被《福布斯》杂志评为全球最佳B2B网站。

● 马云的人生哲学

美国战略大师加里·哈默尔在《竞争大未来》（*Competing for the Future*）一书中宣称：“当下正是改写游戏规则的天赐良机。”即便如此，有谁会像先知般预测到改写中国乃至世界互联网游戏规则的是这位其貌不扬的马云？

但当“外貌与智慧成了反比”，小个子有了大智慧后，浓缩的也就是精华了。于是，他——马云，成为了全球电子商务的领跑者。马云在参加一档名为《在路上》的节目录制时，谈了他对很多事情的看法。主持人问他：“请问您对自己的外表哪一点不满意？”马云答道：“年轻的时候我挺不满意，现在我都挺满意的。”

人的相貌并不是决定一切的基础。很多年轻人将自己的应聘失败、事业不顺利归结为自己相貌平平，扔进人堆里认不出来。其实长相是次要的，甚至可以说是无关紧要的，当你充满自信、满怀斗志的时候，自然会吸引别人的目光。马云在《在路上》这一节目中，是这样鼓励年轻人的：

20年以后的中国，流行的长相是跟我一样。但是我跟你讲，绝大部分的人把自己的能力看得过高，总是埋怨别人有问题、世界有问题、规则有问题、体制有问题，从来没想过自己能力有问题，更没有想过自己责任有问题。80后、90后也好，我们这个年代的人也好，都有过这样的事情。你们总觉得自己挺厉害，凭什么自己没有机会，他有机会？凭什么马云有机会，你们没有机会？凭什么？

世界本来就是不公平的，怎么可能公平？你出生在农村，盖茨的孩子出生在盖茨家里面，你能比吗？但是有一点是公平的，比尔•盖茨一天24小时，你一天也是24小时。这24小时有3个8小时，这8小时你在路上走、在挤公共汽车的时候，根本不知道自己在干什么，这时候需要好的朋友。还有8小时你睡在床上不知道干什么，这个时候你需要有一张好的床，床上有一个好的人。还有一个8小时你知道自己在干什么，那就是工作。假如你工作是不开心的，你做的事情是你不爽的，你可以换，千万别做这份你讨厌的工作。我觉得这些人是没有意思的，娶了个老婆，天天骂老婆又不离婚，什么意思？对不对？

所以我想每个人要清楚，世界不公平，你如果想改变它，第一不可能，第二去从政，也不可能。只是人可以不一样，出生的条件不一样，但人是可以幸福的，幸福是自己去找的。我走过有民工的城市，这些民工是创业者，不是打工者，我尊重他们；到城市里打工就是创业者，对我来说二者没有区别，只是我走了这条路，他们走了那条路。每次走过工棚都能听见他们的笑声，我进去发现他们在打牌，两三块钱的赌注，每个人都很开心。

从每个人身上找到各种机会

马云：我觉得影响我的人挺多的，在不同阶段有不同的人影响我。金庸肯定影响过我，《阿甘正传》里面简单的阿甘也影响过我，还有父母、老师，再就是前几天李嘉诚的那句话让我心里很有共鸣。这个世界上，没有一个人能真正改变你，重要的是，你能从每个人身上找到各种机会，不断学习，从而反过来影响别人。

马云善于总结教训，他曾说："在阿里巴巴成立最初，我曾很自豪地认为我们是梁山泊的108个好汉，现在我们要做的就是把梁山好汉变成斯巴达克方阵，把游击队变成正规军。实践证明，阵法比招法更重要。互联网要赚钱，还要3年，我做到40岁就要退休，然后回到学校里去教书，讲的内容就是关于'阿里巴巴的1001个错误'。"

在互联网低迷的那段日子，马云为了寻找互联网振兴的出路，召开了"西湖论剑"大会，号召互联网人士共同应对。第一届"西湖论剑"大会成功举办后，每年都会在西湖边举办这样一场大会。

2001年10月21日，第二届"西湖论剑"再次拉开序幕。这一次与会的有老成员，也有新成员，大家探讨的是互联网企业应当何去何从。马云在这一届的"西湖论剑"会议上发表了自己的看法，认为互联网最大的特征就是变化，但对于这几年来说，还是应该守为好，守是最好的变化。

这之后每一年的"西湖论剑"大会，都会有关于互联网该如何发展等新的议题出来。参加大会的人越来越多，马云在与他们的交流中，每次都能吸收很多对自己有利的信息。他认为这就像武侠世界中高手们切磋武功一样，通过交流切磋，彼此增进功力，加强对自身不足的认识。

2003年，马云投资1亿元创办淘宝网，B2B的老大要做C2C的老大。这个消息一传出，犹如在互联网世界投下了一颗重磅炸弹，人们都为马云的这一行为感到震惊，但马云却坚持要这样做。

通过这些年的探索和与同行业的交流，马云更加认为当初自己想的是正确的，阿里巴巴是为商人服务的公司，淘宝网的诞生，更是为个人交易提供了良好的平台。淘宝网的成立明确地告诉人们，在这个平台上，每个人都可以实现自己的商人梦想。马云就是要占有互联网用户中最有发展潜力的优势。

在2004年的"西湖论剑"会议上，主题定为"天下"，对互联网的发展这一热门话题进行了探讨。从第一届会议召开的小心翼翼，到而今的规模盛大，马云牵头的"西湖论剑"已经成为了互联网行业不可缺少的一个交流大会。

机会面前人人平等，那就要看谁能把握住成功。马云从不认为自己是幸运的，他将自己的成功归结为："每次成功都可能导致你的失败，每次失败好好接受教训，也许就会走向成功。"

● 马云的人生哲学

"三人行，必有我师焉。"这是孔子的话。每个人身上都有值得他人学习的地方，马云为人谦虚好学，也很灵敏，他能取人所长，补己所短。愚者错失机会，智者善抓机会。机会从来不会主动投入哪个人的怀抱，只有善于寻找机会的人，才能捕到稍纵即逝的机会。

美国一家石油公司破产后，所有员工都失业了，大家纷纷各谋出路，找新的工作。但当时经济环境不好，很多公司都在裁员，新工作很不好找，许多员工找了很久工作，依然是一无所获。

其中一位叫作乔治的员工，他自从公司破产后，就一直处于待业状态，生活状态很不好，他觉得生活真是不公平，让自己没有工作可做。一天，就在他和一个朋友四处找工作无果的时候，一则墙上的小广告吸引了他的目光。

广告上写着一个男人发现美国北部一座城市有石油，征一名同伴一同前往开发石油。乔治想要去试一试，但他那位朋友却觉得这是一则骗人的广告，不想去。乔治想就算是假的，也当作是去旅行散心了。

于是，乔治联系了广告上的那个人。很快，他就随那个人出发了。乔治主要是帮助那个人扛行李和打下手。结果，在那座城市里真的发现了丰富的石油，而乔治因为有在石油公司工作的经验，帮了那个人不少忙。

他们两个人做了精心的策划，不但开创了新的事业，还取得了巨大的财富。当乔治衣锦还乡的时候，他那位朋友还在四处找工作。当他看到乔治，并听说了乔治的故事后，十分后悔自己当初错过了机会。

不善于捕捉机会的人，永远与好运气、好机遇失之交臂。看起来是自己运气不佳，但其实是因为不善寻找机会。罗丹说："生活不缺少美，而是缺少发现美的眼睛。"机会也同样如此，生活中到处充满机会，就看你有没有一双发现机会的眼睛。

马云在谈到自己从事的电子商务事业最初不被人看好和重视时，他说道："有时候不被人看好是一种福气，正是因为没人看好，大家都没有杀进来，不然好的东西就不可能轮到我了。"

"机不可失，时不再来"，把握时机对于企业有着非常重要的意义。市场竞争已经使各行各业的利润空间越来越小，只有把握难得的机会，尽量争取最大化的利润，才是企业得以生存和发展的途径。

张春是一家IT公司的老板，经过几年的努力，他的公司办得有声有色，但一次决策的失误，令他的公司走了下坡路。为了挽救公司，张春想了很多办法，但都见效甚微。就在大家以为张春的公司会倒闭时，却没想到竟然有一家大投资公司注资，投了一大笔钱给张春的公司，公司起死回生了。

原来，不放过任何一个机会的张春，在参加一次同学聚会时，将自己的困境告诉了一个做投资的老同学。那位同学穿针引线，将张春介绍给了一家大投资公司。张春正是抓住了这次机会，才得以翻身。

在现实生活中，我们很多人在面临危机时会束手无策，完全陷于被动之中，其实，危机完全可以转化为一种挑战，并能取得意想不到的结果。抓住了机会，成功就是这么简单。可以毫不夸张地说，一个机遇，可以使一个人在一夜之间发生改变。而这个机会，就隐藏在很多你意想不到的地方，聪明的人不放过从每个人身上找机会的可能。抓住机遇，加上努力，那么你就可以取得成功了。一个好的机遇等于成功的一半，抓住潜藏在你身边的每一个机会吧！

选择什么时候出手很重要

马云：适时出击很重要。我练过太极拳，太极拳要求专注，别看绕来绕去，其实瞄准的目标都只是一个点，而且要选择适时出击。所以在金庸小说里，我特别欣赏黄药师出场的描写。所有人都不怎么在意这个老头，没有防他，而黄药师却突然一招将我认为最能打的人扔到河里。所以选择什么时候出手很重要。

机遇的选择是很重要的，有的人因为抓住了机遇，从而柳暗花明；有的人因为放任机遇溜走，从而陷入困境。机不可失，时不再来，人生中很多机会只有一次，抓住了就能令人生大放异彩，抓不住人生只能黯然失色。

2005年8月11日，杨致远给雅虎的中国全体员工发了一封电子邮件："今天上午，我们宣布与阿里巴巴结成战略合作伙伴……这是雅虎激动人心的一刻，我希望你们能够看到前方巨大的机会，成为这个成功团队中的一员。"

　　至此，盛传已久的雅虎与阿里巴巴并购终于得到了证实，阿里巴巴和雅虎在北京宣布签署合作协议，阿里巴巴收购了雅虎中国全部资产，同时得到了雅虎10亿美元的投资，阿里巴巴还获得雅虎品牌在中国的无限期使用权。

　　在发布会上，马云幽默地来了一个开场白："阿里巴巴和雅虎谈了7年的'恋爱'后，于11日中国的'情人节'这一天结婚了。"阿里巴巴收购雅虎中国不是一朝决定的事情，运作了很久。

　　作为美国数一数二的网络航母，雅虎进入中国后，却一直是水土不服，表现得不怎么理想。从1999年到2005年这7年间，雅虎尝试了很多办法，但都没有什么太大的起色。最后，杨致远为了雅虎的发展，决定将资产盘给阿里巴巴，保留雅虎品牌的同时，放手让阿里巴巴全面掌握经营。

　　杨致远和马云的这个举动，令当时很多人充满疑惑。马云称是阿里巴巴收购了雅虎，但雅虎却投资给阿里巴巴10亿美元。雅虎获得了阿里巴巴40%的经济收益和35%的投票权。大家都在质疑这到底是谁收购了谁。

　　作为这次收购的核心人物，马云没有逃避，在新闻发布会上，他宣布："雅虎成为阿里巴巴重要的战略投资者之一，从股份上看，雅虎占1席、软银1席、阿里巴巴2席，所以这个公司还在阿里巴巴的领导下，我继续担任CEO。"

　　关于阿里巴巴和雅虎到底是谁收购了谁，那些虚虚实实的消息并不重要，重要的是马云这一次出手，将阿里巴巴推上了互联网行业老大的位置。雅虎10亿美元的投资，令阿里巴巴公司的价值达到了28亿美元，快要接近上市后被放大的百度市值。

　　而且与雅虎合并后，阿里巴巴在国内的互联网行业里来说，已经是无人可敌了，阿里巴巴拥有了如此全面和强势的互联网业务。阿里巴巴几乎成了所有互联网公司的敌手。不仅如此，马云又在当年10月份宣布淘宝网将以10亿元人民币再免费3年，打算用免费的营销策略来赢得更多的用户。

通过这一次的联合，阿里巴巴在马云的带领下，意气风发地向互联网巅峰前行，势不可当。马云对抓住这一次机会表示："这是个非常难得的机会，不抓住会终身遗憾，何况我已经等了7年！"

机会只有一次，稍纵即逝。因此，马云在最恰当的时候，抓住了机会出手，为阿里巴巴带来了巨大的经济效益。

● 马云的人生哲学

罗曼·罗兰说："如果有人错过机会，多半不是机会没有到来，而是因为等待机会者没有看见机会到来，而且机会过来时，没有一伸手就抓住它。"

两个猎人前往深山打猎，他们看到一只酣睡的老虎，猎人甲掏出猎枪就开始瞄准，准备射杀，猎人乙却说要用弓箭去射，因为猎人甲的枪法不准。两个猎人为了争论应该用猎枪还是用弓箭而耽误了时间。

老虎被他们的吵闹声打扰到，睁开了眼睛，看到这两个猎人在离自己不远处的地方，便纵身离去。两个猎人这时看到老虎跑了，才慌忙拿起猎枪和弓箭，向老虎进攻，但可惜老虎已经跑远了，他们白忙了一遭。

本来，在老虎酣睡之际将老虎打死，是最好的时机，但因为两个猎人没有把握住机会，才白白错失了这个机会。人生就是这样，选择一个恰当的时机出手很重要。经常听到有人感慨：我当时真应该怎样怎样，我那时候怎么就没有怎样怎样。这些悔之晚矣的话说了也没有用，人生没有后悔药吃，有些机会一旦错过了，就抓不住了。所以，为了不让自己后悔，应该抓住机会。

　　一位才华横溢的诗人到了适婚的年纪，城里的很多人家都希望把女儿嫁给他，提亲的人都快要把他家的门槛踩烂了。可是，他的眼光很高，一个姑娘也看不上。一天，一位老翁登门，说他有三个女儿，个个美貌，德才兼备，三个女儿都很仰慕诗人的才华，希望能够与诗人结识。

　　诗人推辞不过，便去到老翁家里。老翁的三个女儿果然都很出色，她们与诗人畅谈诗书，个个都很博学。三个女儿都希望能够嫁给诗人做妻子，诗人也很喜欢这三位姑娘，但他只能娶其中的一位，这让他很苦恼。

　　回到家后，诗人仔细分析三个姑娘的优点和缺点，希望能和最完美的一位姑娘结婚。一周过去了，一个月过去了，诗人始终没有作出决定。终于，一年过去了，年纪稍大的大姐无法再等待下去，便嫁人了。

　　得知大姐嫁人的消息，诗人十分后悔，他回想起来，其实，大姐是三姐妹中最完美的一个女人。为了不让自己继续后悔，他决定在剩下的两个姑娘中选出最好的一位来。又一年过去了，二姐也嫁人了，就剩三妹了。

　　但诗人还在想会不会遇到比三妹更好的姑娘，就这样，三妹也出嫁了。城里与诗人年龄适合的姑娘一个个都出嫁了，诗人始终没有找到适合自己的妻子。眼看年纪越来越大了，诗人只好随便接受了一个年纪比他大，也没有什么共同语言的女子做妻子。

　　这位诗人本来有更好的选择，就因为他一味等待，错过了最佳的出手机会，才使得自己没有好姻缘。一个人的失败总是源于他看不清机会，他总在想机会总是会有的，等一等也不要紧。就这样，错过机会导致了他失败，他总在等下一次机会，这样，永远也等不来机会。所以，在遇到一个合适的时机时，就立刻迎头去做，那样就很可能获得成功。

有时候死扛下去总是有机会的

马云：你现在在跑马拉松，路边有很多牛奶、汽水。你是边喝边跑，喝饱再跑，还是喝一口，只要能跑就跑下去？

2005年6月，马云参加中央电视台经济频道《对话》节目，在节目现场，他与主持人畅谈了阿里巴巴的发展历程。

主持人："我们再和马云先生一块来回顾一下更久远的历史。有些话不知道你还记不记得，我们再来看一句马云先生说过的话。这句话已很久了，那是互联网处于冬天的时代，马云先生说'互联网的冬天再延长一年'。当很多人都唯恐避之不及的时候，都希望互联网的冬天越短越好的时候，你为什么会说出这样的一句话？"

马云："第一，我想我们运气比较好，我们先比别人判断出了冬天会到来。所以在形势最好的时候进行了改革，千万不能弄到形势不好的时候改革。下雨天你再修屋顶，麻烦一定大了，所以阳光灿烂的时候你要去借雨伞、修屋顶。我记得我们比别人先动了一下，果然到后来互联网冬天到了，所有投资者开始收的时候，我们突然发现自己还有2000多万美元。在这个时候，你会发现，你的竞争者，你去跟他拼，谁能活着，谁能专注，谁就能赢。不管有多累多苦，哪怕就是半跪在地上，你也得给我站在那儿，哪怕整个互联网公司都死光了，就只剩下我们。所以2002年我在整个公司员工大会上说，今年的主题词就是'活着'，所有人都得活着。如果我们活着，还有人站在那边的时候，我们就得坚持下去，冬天长一点，它会倒下去的。"

主持人："但这样活着，是以一种什么样的方式活着？我们来看看旁边的这个题板。这句话也是你的名言。刚才也提了一个头，'如果是所有的公司都死去，只要我们还跪着，其实那就是一种活法'。可是这样的活法跟风清扬那样的大侠风范不太像。如果是大侠的话，常常是宁可站着死，绝不跪着生。为什么在这样的时刻，你还希望互联网的冬天能够长一点，然后以这样的一种方式来过冬？"

马云："其实我说的跪是指你站不住了，你给我跪在那里，不要躺下，不要倒，是这个意思。但是所谓冬天长一点，春天才会美好，细菌都死光了，边上的声音都会静下来，这时候我还站着，我就会成为所有投资者最喜欢的人，也会成为整个互联网界最喜欢的人。所以我们那时候是自己给自己安慰。我们在2002年的关键词就是坚持到底，就是胜利。"

● 马云的人生哲学

机会就是一个又一个绝境逢生之后的奖赏，在追寻成功的道路上，有人失败了，有人成功了，同样的机会，却有不同的结果。

美国西部一度是人们淘金的热门之地，很多人不远万里前往那里，希望能淘到黄金，发大财。有一个年轻人也跑到西部，想要淘金。但当他走到一条大河边时，被湍急的河水挡住了去路。

在河边还有很多滞留的淘金人，看着又宽又急的河水，人们唉声叹气，觉得无法过河。一些人觉得过河无望，便打道回府，放弃淘金。这个年轻人虽然看到过不去的河流也很着急，但他转念一想，既然这么多人都想过河去淘金，那自己何不在这里摆渡，将那些淘金人送到对岸，这样也能淘到财富。

果然，络绎不绝的淘金人坐年轻人的船到了对岸，而这个年轻人就通过摆渡的方式，赚取到了他人生的第一桶金。过了一段时间之后，摆渡的生意开始渐渐冷清下来，这个年轻人继续西行去淘金。

来到西部之后，他同其他人一样，买了工具开始淘金，但进行得并不顺利，因为先到的人不让他挖。他们狠狠地揍他，警告他不要侵犯他们的地盘。

这个年轻人屡次被人赶走，眼看身上所带的积蓄要花光了，年轻人不想这样灰溜溜地回去，他要寻找扭转困境的机会。他发现西部缺水，来西部淘金的人都要忍受缺水带来的不便利。

于是，他开始卖水。这一次，他的生意很快就做得红火起来，这让一些人开始眼红，有人开始效仿他，和他抢生意。甚至还有一些人仗着人多势众，不让年轻人在那里卖水，将他的水车砸烂。

调整好失落的情绪，年轻人依旧要留在西部，他一定要出人头地才肯回去。这一次，他将目光锁定在了淘金人的裤子上。因为淘金工作辛苦，淘金人的裤子很容易磨破，如果能做出一条结实耐磨的裤子，那一定很受欢迎。

他将四周散落的废弃帐篷洗干净，缝制出了一条裤子，这条裤子十分结实牢固，果然在西部大受欢迎。而后还流传开来，全美国甚至全世界的人都爱上了这种裤子，这个年轻人终于成功了。

这位死扛到底不服输的年轻人就是鼎鼎大名的"牛仔大王"李维斯，他设计的牛仔裤经过改良之后，创立了著名的品牌Levi's，至今在全世界70多个国家销量稳居第一位。

李维斯在经历了一个又一个挫折后，依旧不放弃希望。前往西部淘金的人千千万万，但李维斯只有一个，那些淘金者最后都默默无闻，消失在历史的洪流中，只有李维斯被世人所知晓。

法国著名化学家巴斯德有句名言："告诉你使我达到目标的奥秘吧，我唯一的力量就是我的坚持精神。"有人说，成功与失败最终取决于意志的较量。凡有惊人成就的人，他们的意志力总是十分顽强的。

目标是看不见、摸不着的，有时候它可能伸手可得，有时候它可能遥遥无期，总也看不到尽头。很多人不是被困难打败，而是被这毫无希望的坚持打败。马云之所以能成功，是因为他相信，扛过去就有机会。

2008年时，他宣布阿里巴巴要度过一个艰难的年份，"大家可能觉得2008年是一个好年，是中国奥运年。但根据我们对整个世界经济和中国经济的判断，阿里巴巴在2008年是老鼠年，我们的战略是'深挖洞、广积粮、不称霸'；我们2008年将做强、做深、不做大；我们不会往横向规模扩展。2008年是夯实的一年，要把业务做扎实，把客户服务做扎实，阿里巴巴发展史上逢单出击、逢双练功。2008年我们不应该把自己弄得非常响，我们要低调行事。2008年要准备好过冬。由于美国次贷危机以及整个世界、中国的问题，互联网可能面临另外一个冬天的到来。2007年初B2B本来不准备上市，但是年中加速上市，因为我们预感到冬天要到来。从战略储备上来讲，我们已经准备好了过冬的物资，但是我希望所有的员工要进行过冬的心态、毅力和能力的培养。我不是危言耸听，这次冬天会很长久。但是冬天后活下来的人就有机会赢。阿里巴巴要变成last man standing，这是我们的意志和毅力"。

只要再坚持一会儿，再扛一会儿，眼前就会豁然开朗。机会总是伴随着夜色之后的黎明曙光而来，度过黑夜，还怕见不到光明吗？

第五章

经营哲学：
赚钱模式越多越说明你没有模式

我对我们的模式会赚钱这一点深信不疑，亚马孙河是世界上流量最大的河，喜马拉雅山是世界上最高的山，阿里巴巴是世界上最有价值的宝藏。一个好的企业靠输血是活不久的，关键要自己造血。阿里巴巴现有的服务是免费的，将来也永远不会收费。将来我们推出新的服务，我们会收费，你觉得不好，就别付费，就这么简单。我们有一个原则，免费不等于劣质。我们的服务要做到比收费的网站还要好。

名人招牌制造吸引力

马云：我们知道当时可以敲几个锣，就可以围那么多人，锣都敲得好，戏还能演不好？敲锣都敲出花来了。

借助名人带来的效应作势，宣传自己，是一个很有用的办法。很多公司请名人做自己产品的代言人，很多广告也是邀请名人加盟，这是因为名人声望大，能够为默默无闻的小企业造势，带来高度关注。马云也很知晓名人效应对企业带来的推动力，不过，他所请的名人并不是互联网行业内的名人，而是一位令人意想不到的名人。

在2000年的时候，互联网出现泡沫危机。马云仔细分析了当时的局势，想要找出互联网下一步发展的趋势。一闪念间，他想到要将互联网行业中的领头人请来杭州，办一场西湖论剑。

所谓"西湖论剑"，就是邀请IT界的知名人士来到西子湖畔，共商发展大计。例如搜狐的张朝阳、新浪的王志东、网易的丁磊等人都在马云邀请的名单上，但当时的阿里巴巴还只是一家名不见经传的小公司，马云本人的号召力也不够，如何能够顺利请到这些IT界的名人呢？

马云出的是奇招，他要请金庸主持这场"西湖论剑"。金庸是无人不知、无人不晓的武侠作家，他的作品令无数人为之倾倒着迷。马云也不例外，他从小就是金庸迷，这一次的"西湖论剑"也是从金庸的武侠小说中得到的灵感。

可仅凭自己是金庸的粉丝，金庸就能答应来参加这一次会议吗？当时有不少人对马云提出了疑义。马云自己对此也是没什么把握，但他思前想后，决定还是要试一试，赌一把再说，更何况此前马云和金庸有过一面之缘。

马云是在香港与金庸结识的。马云将阿里巴巴总部设在香港后，他自己也会去香港上班。在香港的一次记者招待会上，有记者问马云最崇拜的偶像是谁，马云如实回答是金庸。那位热心的记者说自己有位朋友认识金庸，可以帮马云联系，让他与金庸见上一面。

听起来像是玩笑话，但几天之后，那位记者真的办成了这件事，在一家名叫"庸记酒家"的酒店里，马云见到了他的偶像金庸。他和金庸相谈甚欢，一谈就是3个多小时，马云侃侃而谈，金庸对他也是十分欣赏。当时阿里巴巴的市场部副总裁Porter跟马云说："看上去不是你崇拜金庸，倒像是金庸崇拜你。"最后，金庸还写了幅字赠送给了马云——"神交已久，一见如故"。

有了这份机缘，马云想请金庸来帮他主持"西湖论剑"，也算是有了一点铺垫。而对于马云的盛情邀请，金庸也是欣然答应。有了金庸的招牌，马云筹划的"西湖论剑"立刻声名大振，吸引来了网易CEO丁磊、北京时代珠峰科技有限公司（my8848网）董事长王峻涛、搜狐董事局主席兼CEO张朝阳、新浪总裁兼CEO王志东。

在2000年9月10日，五家网站掌门人以"新千年、新经济、新网侠"为主题，展开了精彩的讨论。

能够与这四大门户网站一同"论剑"，不能不说马云拉金庸做招牌这步棋走得妙。在此之前，阿里巴巴和马云还未被人们熟知，甚至被忽视。

后来马云曾回忆说："1999年、2000年、2001年，大家很少在中国市场听到阿里巴巴的名字，我们的基本活动是在欧洲和美国。我们在欧洲和美国作了很多演讲。我记得最惨的一次演讲是2000年，我们在德国组织的，1500个座位结果只来了3个人，我感到很丢脸，但是我还是发表了演讲。"

但是金庸的到来，吸引了上百家媒体的眼球，他们追随金庸，一起聚集在杭州，阿里巴巴和马云也在大众面前高度曝光。可以说，金庸的到来，给马云和他的阿里巴巴做了一次免费的大面积宣传。

● 马云的人生哲学

名人效应是名人的出现所能带来的人们的注意、扩大影响的效应。很多人会因为名人的号召力而关注那些与名人"绑定"在一起的事或者人，这样，那些原本不出名的事或者人就间接地被大众所熟悉。这样，也就达到了名人招牌的作用。

古时候有一个卖马的人，带着他的千里马在市场上待了好几天，可不管他怎么吆喝，他的马就是无人问津。这个人想了一个办法，请来当地一个有名的相马伯乐，他对伯乐说："明日请你到我的马前观望一阵，和我说几句话就可以了。"这位伯乐答应了。

第二日，这位伯乐来到市场，在那匹无人问津的马前认真打量了一番，还不时露出赞赏之色，随后他与马主人交谈了几句，就离开了。这时，本来冷清的摊前围上来一堆人，纷纷询问这匹马的价钱，最后，这匹马以高价卖出。

这就是名人带来的强大效应，人们怀着对名人的信任，自然也会接受名人推荐的商品。

有一则笑话：一个出版商有一批卖不出去的图书，堆积在库房，看着滞销的书，出版商很是苦恼。这时，有人给他出了一个主意，给总统送一本书，让总统提提意见。

于是，这位出版商就带着书去找总统，但总统非常忙，根本没工夫看这本书，便敷衍地回了一句："这本书不错。"

这位出版商回来后，便大做广告，说这是一本总统称赞的书，很快，他的这批书被买光了。总统得知后很是不满，恰好过了段时间，这位书商带着他的又一本书来找总统，总统便对他说："这本书糟糕透了。"

这位出版商便打着这是一本被总统厌恶的书的广告，很快又将书卖光了。当他第三次来找总统的时候，总统吸取了前两次的教训，不作任何答复。出版商便打出了这样的广告："令总统难以下结论的书。"结果，这批书再次被抢购一空。

借助名人的势头，将滞销的图书变成畅销书，这就是借名人的名气来提升自己的名气。人们对名人的信息总是会感到好奇，只要和名人扯上关系，人们都会忍不住打听一番，所以说名人效应是很能为企业增加名气的。

名人虽然是块好招牌，也得会用才行，如果用得不恰当，也会砸了自己的招牌。所以，利用名人效应，要谨慎思量，三思而后行。在选择名人代言时，要考虑到以下几点：

一、与所代言的品牌气质是否相得益彰。名人是公众人物，能够让产品在无形中被消费者接受，但如果选择了与产品个性不相符的名人，只会为消费者增添"笑料"，消费者是不会买账的。

二、要选择健康向上的名人。现在是个信息大爆炸的时代，很多人会一夜之间出名，许多商家为了博得消费者的眼球，会请一些十分出名但名声却并不很好的人来代言，这样的产品，消费者也不会喜欢。

三、不选择代言很多产品的名人。名人名气大，商家自然是趋之若鹜地找他们代言。如果找一个代言了多种产品的名人，那自己家的产品也就不会那么鲜明地被消费者记住，这样一来，请名人代言的效果反倒被削弱了很多。

做生意不能凭关系、凭小聪明

马云：我们坚信一点，新经济也好，旧经济也好，有一样东西永远不会改变，那就是为客户提供实实在在的服务。没有有价值的服务，网站是不可能持续发展的。

《赢在中国》第一赛季晋级篇第六场。

选手：翟羽，男，1981年出生，本科，商业管理专业。

参赛项目：龙腾P2P媒体点播系统，利用龙腾P2P技术改进原有设备与网络带宽，改造和扩容原有运营商的视频点播系统。

翟羽："我是一个B2B的坚决拥护者，我在B2B行业做了很多事情，虽然不是很有名。我是B2B运营商的发起者，目前在做媒体规则。跟王志东和高红宾交流的时候，我发现他们跟我做的一样，现在产品做完了，没开始推。我发现这个东西非常有商机，因为我没有那么多资金和人力去调查，我发现我碰巧做对了这个市场。"

马云："你在2002年和2003年创办启明时代这个公司，为什么不做了，当时的想法是怎么样的？"

翟羽："当时那个公司是我离开惠普之后的第一个创业公司。当时没有生意，本来我有一个合伙人，要拿40万元，其中10万元开一个公司的，可他的钱没有到位。当时我谈了一个108万元的项目，但108万元的项目只给我5000元的项目预付款，问我做不做，我就做了。利用惠普的名誉，用我公司的远期指标拿过来，这样倒来倒去，把生意做成了。做好了后我又做了两个单。合伙人又把钱拿过来了。做这两个单的过程当中，赚的钱他给我买了两辆车，我就没有钱了。说明我对财务观念和经营理念、股东股权不懂，我只是一个赚钱者，虽然能赚钱，但经营上是一个傻瓜。后来我不跟他合作，结果他欠了6万元钱，我应分到几十万元，但也没分到。后来我就出国了，去学商业管理了，因为我觉得这方面被人骗得太惨了，回来准备再搞一次，看我能不能行。"

马云："在澳大利亚读了两年书，你又成立了一个公司？"

翟羽："对。"

马云："那个公司怎么样？"

翟羽："读书的时候没有成立公司。读书时没有钱，最少的时候口袋里就剩10块钱，跟同学借，家里又给我寄钱。早上上课，下午也上课，晚上陪老婆逛街。我想快点毕业，想快点走，我实在支付不起那么高的费用。临毕业3个月时，我发现了一个商机，家长把孩子送出国之后，孩子能毕业的概率太小了，但他们都喜欢拿一个毕业证回去跟父母交代，我发现了一个能很好地拿到学位的办法，代理一个学位在线，我就从这当中赚钱。很快我积累了原始资金，我就逃回来了，成立了现在的公司。"

熊晓鸽："卖假文凭？"

翟羽："不是假文凭，那是有备案的。"

马云："你第一家公司没干好，你就去学商业，到了澳大利亚之后你支付不起那笔费用。你去之前知道有多少学费吗？"

翟羽："知道有多少学费，我认为当时还能付得起，但去了之后发现完全不是想象的那样，花钱太快了，远不是我的消费能力可以承受的。"

马云："吴总问了你N多问题，你有关系，你有技术，技术是你开发的还是别人开发的？"

翟羽："团队。"

马云："你懂吗？"

翟羽："我懂。"

马云："你该有的都有了，什么东西你没有？"

翟羽："钱是肯定没有的，我曾经跟了田园老师很久，他非常支持我，最后他给了我一句话，他说：'没有一个在商场中有名望、有地位的真正的企业家来推荐你的话，也许你就不会成功。'"

马云："翟羽，我觉得你非常聪明，我给你一些建议，这世界上最不可靠的东西就是关系。因为没有钱、没有团队的时候要靠关系。我想我们这些人都一样，尤其是我，我没有关系，也没有钱，我是一点点起来的。我相信关系特别不可靠，做生意不能凭关系，做生意不能凭小聪明，做生意最重要的是你明白客户需要什么，实实在在地创造价值，坚持下去。再强调一下，这世界上最不可靠的东西就是关系。"

● 马云的人生哲学

做生意，不能靠忽悠、靠关系，这些都是虚的，终有一天会坍塌。只有靠实力、靠诚信去做生意，生意才能越做越大。马云认为一个真正的商人和一个优秀的企业家，他们的事业能够成功，并不在于他们经营了多少厉害的关系，打通了多少人脉，而是踏踏实实地努力和勤勤恳恳地经营。

同样是经商，有的就可以成为百年老字号，一代一代传承下来，有的只能是昙花一现，很快就关门大吉。这其中的原因，还是在于品牌的质量与商家的德行。马云很重视经商的诚信与信誉，小商靠智，大商靠德。

一条街上有两家鞋店，一家店主姓张，一家店主姓李，镇上的人买鞋，基本都是在这两家店买。这两家店离得不远，为了拉拢客人，常常会各自出招，吸引客源。

有一天，李家鞋店进了一批款式新颖的鞋子，放在门口便宜出售，吸引了很多顾客前来购买，抢去了张家鞋店很多生意。张家看在眼里，急在心里。为了让顾客来自己家买鞋，张家搞了打折促销的活动，果然，挽回了一些客流。

李家不甘示弱，很快也降低了价格，卖的价格比张家的还要低。两家鞋店一再降价，最后已经完全是赔本赚吆喝了。但两家为了击垮对方，谁也不肯退出这场价格战，很快，因为资金短缺，李家的鞋店关门了。

这条街上就只有张家一家鞋店了，本以为可以高枕无忧了，没想到张家的鞋店每天都很冷清，没有多少顾客。原来，在打价格战的时候，为了节省成本，张家的鞋店进了一批质量很差的鞋子。顾客把鞋子买回去，没穿多久就坏了，渐渐地，张家的鞋店失去了信誉，没人再相信他们家鞋子的质量了。没过多久，张家的鞋店也倒闭了。

耍小聪明，或者动歪脑筋，都无法令生意做大。做生意想要留住顾客，最主要的还是要质量过硬，令顾客信得过。从顾客的利益出发，诚信经营，生意才能越做越好。马云对此很是认同："我们花了两年的时间打地基，我们要盖什么样的楼，图纸没有公布过，但有些人已经在评论我们的房子怎么不好。有些公司的房子很好看，但地基不稳，一有大风就倒了。"

经营生意就像盖房子，如果地基不稳，即便盖出多么漂亮的摩天大楼，也会有坍塌的一天。想要生意像坚固的房子一样坚不可摧，那就要做到以下几点：

第一，与客户坦诚相待。

有的商家为了赚取更多的利润，常会隐瞒一些对自己不利的信息，欺瞒客户，在客户发现后，不但不承认错误，还一味狡辩，想办法遮掩。这样的商家都是不会长久的。挖空心思耍小聪明只会短时间盈利，最后还是会被市场淘汰的。

第二，做好自己。

市场竞争很激烈，想要在其中站稳脚跟，最根本的一件事情就是做好自己，完善自己，让自己越来越强大，自然不怕被比下去。

第三，了解对手。

兵法中讲究"知己知彼，百战不殆"，商场中也是如此，了解更全面的信息，才能更好地发展自己，让自己立于不败之地。

使命感是企业发展的驱动力

马云：我们提出让天下没有难做的生意以后，我们就把这个作为阿里巴巴推出任何服务和产品的唯一标准。我们以前曾经说最少推出一款免费的产品，我们的工程师和产品设计师、销售师马上想到免费搞得复杂一点，将来收费搞得简单一点就可以了。所以我们的产品就越做越复杂。后来问我们的使命是什么，我们全体员工就说天下没有难做的生意。那为什么把产品搞得那么复杂？大家一下子就醒了，就把产品做得非常简单。让客户感觉越来越简单，把麻烦留给我们自己，这就是当时使命感的驱动。

2001年，马云到纽约参加世界经济论坛，在那里，他听世界500强的CEO们谈得最多的就是使命感和价值观。这些想法，在当时的中国企业中，还谈得很少。那天早上，马云有幸参加了克林顿夫妇的早餐会。在一起吃早餐的时候，马云和克林顿夫妇进行了一次愉快的交流。

克林顿说，美国在很多方面是领导者，有时领导者不知道该往哪儿走，没有什么引导他们，他们没有榜样可以效仿。

马云就问克林顿是什么让他作出了决定，克林顿说："是使命感。"

使命感的驱动力量令企业的发展有着明确的方向，虽然当时在中国的企业中，"使命感"这三个字所蕴含的内涵还不是很为人接受。马云说："如果你谈使命感和价值观，他们认为你太虚了，不跟你谈。今天我们的企业缺乏这些，所以我们的企业老不会变大。"

从美国回来的马云清楚认识到当时中国的互联网公司都在模仿雅虎、美国在线、亚马逊等国外大公司，他意识到阿里巴巴应该走自己的道路，而不是成为模仿品，他正式宣布："阿里巴巴只能跟着使命感走。"

而后，马云进一步确立了阿里巴巴的使命感："现在名气最大的企业是GE，是通用电气。他们100年前最早是做电灯泡的，他们的使命是让全天下亮起来，这使GE成为全球最大的电气公司。另外一家公司是迪士尼乐园，他们的使命是让全天下的人开心起来，这样的使命使得迪士尼拍的电影都是喜剧片。而我们阿里巴巴在作这个决定的时候，我们的使命是让天下没有难做的生意！"

"让天下没有难做的生意"就此成为了阿里巴巴的使命，"倾听客户的声音，满足客户的需求"是阿里巴巴生存与发展的根基。任何违背这个使命的事情，马云都不会去做。当阿里巴巴推出一款产品时，首要考虑的是这款产品是否有利于生意，是否有利于企业的使命感。

所以，马云并不认同"阿里巴巴是一家电子商务公司"，他更倾向于"阿里巴巴是一家商务服务公司"的说法。

● 马云的人生哲学

马云将阿里巴巴称为一支执行队伍而非想法队伍。他说："2003年，我们阿里巴巴在B2B领域发展得已经很好了。怎么走下去，我很迷茫。当你站在第一的位置上时，往往不知道该往哪里走，因为第二、第三可以跟着第一走，但是第一没有参照物。那时我凭什么作出一系列决定？就是凭着使命感。"

阿里巴巴之所以选择了做电子商务，而不是其他被人们所看好的赚钱方式，是因为马云认为，"阿里巴巴成立的时候我说过，我们相信中国一定能进入WTO，而中国的腾飞又是以中小企业的发展为基础的，我们用IT武装他们，帮助他们腾飞，也帮助自己腾飞，公司也能赚钱。只有电子商务才能改变中国未来的经济，我坚信进入信息时代以后中国完全有可能成为世界一流的国家。无论是政治、军事，还是文化"。

阿里巴巴的使命感是这样，而阿里巴巴的每一位成员也一直坚守着这种使命。那么，什么是使命感呢？

企业的使命感，是由企业所肩负的使命而产生的一种经营原动力。企业上下坚持这一使命，从而产生了精神动力。使命感给了人们做事的方向，企业在确定了使命感后，一切工作都围绕使命感展开，这样的企业会很成功。

丰田公司作决策、设定经营战略就是始终围绕着自己公司的使命感进行的。丰田公司的使命感就是提供最好的服务，丰田的服务在全世界都是有名的。

有这样一个故事：在芝加哥的一个大雨天，一名男子开的丰田车的雨刮器坏了，无法前行，他只得将车停在路边，等雨停了再走。

这时，从后边走来一位老人，他二话不说就开始为男子修理雨刮器。那名感到莫名其妙的男子问老人是谁，为什么要这么做。老人说他是丰田公司的退休工人，看见他们公司的车出了问题，他觉得自己有义务将车子修好。后来，这个雨刮器很快被老人修好了，而当男子想要给予报酬时，老人摇摇头，坚决不肯收。

这就是企业强大的使命感，深深植入了每一位员工的内心，使得员工将公司的事情当作自己的事情。

"让天下没有难做的生意"的使命感，使阿里巴巴受到了众多客户的尊重。有了阿里巴巴这个平台，很多中小企业获得了更多的利润，很多个人商户也在上面创办网店，找到了自己的价值。

阿里巴巴的使命感为人们创造了很多的就业机会，这正是马云期望看到的。"我们是要让中小企业真正赚钱，我们要让中小企业有更多的后继者。我们国家有十三四亿人口，20年以后可能很多人会因各种各样的原因失业，我希望电子商务帮助更多的人就业。有了就业机会，社会就稳定，家庭就稳定，事业就发展。在我看来一个企业要承担社会责任，并把这个社会责任贯穿于我们的工作中。我们要承担我们的责任，我们要推进这个社会发展。"

店不在多，而在精

马云：我今天是种萝卜的，才刚种下去，你们就要让我把苗拔起来，看是否长出了萝卜，看萝卜长得多大。只要种的是萝卜，总能长成大萝卜的。

《赢在中国》第一赛季有位叫作周宇的选手，参赛项目是女性社区连锁店，把女性用品细分出来，开大量的连锁店。

马云："周宇，你毕业以后，到现在为止的工作经历是什么？"

周宇："我的第一份工作是在一个国有企业里当工人，第二份工作是在一个中美合资企业里做销售讲师，第三份工作就是现在自己创业，已经9年了。"

马云："是什么样的企业？做什么产品？"

周宇："做女性用品，胸围、底裤。"

马云："为什么选择女性用品，怎么想到的？"

周宇："我最初创办企业是销售化妆品的，这是第一个原因；第二是因为别人都说赚女性的钱和小孩的钱比较容易；第三点是，我在1997年年底了解到女性胸围行业处于导入期，快进入成长期了，所以我就投资进入了这个行业。"

马云："9年下来你这个公司的盈利状况怎样？"

周宇："450万元左右。"

马云："去年（2005年）450万元？是销售额450万元吗？"

周宇："是净利。回款是3000万元。"

马云："那前年（2004年）呢？"

周宇："前年400万元左右。"

马云："回款是多少？"

周宇："2700万元左右。"

马云："我想给你的建议是，你以后要少开店、开好店，店不在多，而在精。你要请一些优秀管理人才来帮你管理，比如说请一个好点的财务人才。我也不懂财务，但我请了一个非常好的CFO来帮我。一定要建一支好的团队。从运营管理的角度来看，少开店、开好店，有一天你才能开更多的店，一个接着一个开。上次我给一个选手提议少开店、开好店，跟现在给你的建议一样，别急着做大。做好、做强自然会变大，如果迅速做大，会掉到陷阱里面去。"

● 马云的人生哲学

生意场上有句话叫作"市场为王"，市场对商家的生存和发展是十分重要的，很多商家为了在商场中做强、做大，不断去筹集资金，希望用浩大的声势和大门面来吸引客源，让自己盈利。

小张和小李是高中同学，十几年不见。在一次同学聚会上，两人碰面了，聊了聊，得知了各自的近况。小张在几年前从外企辞职，去创业，现在已经是好几家户外用品店的老板了。

看到老同学风光的样子，小李心里很是不平衡，同样是创业，自己只能是一家小吃店的店主，而小张却开着好车，住着豪宅。回到家后，小李越想心里越不舒服，他决定自己也要扩展店面，开连锁店。

小李的小吃店一直都是他独自经营，虽然生意还不错，但也只是小打小闹，想要开连锁店，资金还是有限。思虑再三，小李将自己的住房抵押，贷了一笔款，开了一家分店。本想大干一场的小李，在忙活了几个月之后，因为经验不足、人手不足、资金压力等问题，最终还是关闭了分店。

得知小李的情况，小张特地跑来看他。小李将自己的创业经历讲给小张听，小张也将自己的创业经历及创业时遇到的挫折和困难讲给小李听。听了小张的一番话，小李才明白创业并不是那么简单的事情。

想要开一家店，首要的目的不是想着把这家店做大、做多，而是要做精、做好。小张当初开第一家户外用品店的时候，就是抓住了户外爱好者的一个心态，做出了自己的特色，才将店的基础做牢固。

之所以开连锁店，也是在进行了详细的市场调查后才作的决定。而且，每开一家分店，小张都进行了周密的计划。小张为小李出了个主意，建议他先将自己的小吃店做出精品，做到每天都有回头客来光顾，到那时候再考虑做大。

几年之后，当小张再遇到小李时，问小李的小吃店经营得怎么样了。小李说他并没有开连锁店，至今还是在经营那一家小吃店。小李现在已经不着急想着如何扩大经营了，而是一门心思考虑如何将小吃做得更好、更独特。

对于投身市场的创业者来说，市场是否选择得正确，发展战略是否制定得正确，都决定着所创企业日后的前途。所以创业者要通过严密的市场调研，根据消费者对产品、服务的不同要求作出定位，这样开出来的店才能吸引客人。

杰夫是一家比萨店的店主，他做的比萨味道独特，十分鲜美，每天不到开门时间，就会有人在门口排队等着购买。到下午的时候，杰夫准备的材料就都会用完。杰夫开的这家比萨店已经40多年了，一直开着。

一天，一个投资人路过那里，看到了杰夫的比萨店生意如此火爆，就和杰夫商量，由他投资，在全国开几十家连锁店，一起赚大钱。虽然投资商为杰夫勾勒出了宏大的前景，但杰夫还是拒绝了投资商的提议。

在杰夫看来，他的比萨之所以受到欢迎，正是因为每一张比萨都是由他亲自配料做的，如果开连锁店，势必要为市场的拓展而忙碌，他就无法亲自去做比萨，而由请来的店员做比萨，就算是他亲自培训传授，也不会做出他的味道。

如何经营好一家店，要看这家店符不符合以下四个特征：一、非常吸引顾客；二、在经营者所处的商业环境中能够行得通；三、经营者的财力、物力和技能等方面都需要跟得上时代，能为开展业务尽力；四、有着一个别人没有的机会，看到了市场的空白之处。

如果满足了这四个特征，就可以帮助创业者判断某一市场是否具有创业机会，在这个前提之下，创业者所开的店才有做大、做好的发展潜力。创业者应该选择正确的市场，适合自己发展的市场。对于创业者来说，避开直接与大中型企业硬碰硬，可以填补市场空缺，变整体劣势为局部优势，这样才能够在激烈的市场竞争中不断发展起来。

第六章

领导哲学：
别把飞机引擎装在拖拉机上

CEO就是：C是Customer，E就是Employee，O就是Owner，这就是我对CEO的理解。只有两种情况下你是CEO：第一，作决定的时候你是CEO，平时你不是CEO；第二，在你犯错误的时候你是CEO，你说这是你的错；而不是说成功的时候是你，失败的时候是他们执行不力，你组成的团队不好。

唐僧是个好领导

马云：唐僧是一个好领导，他知道孙悟空要管紧，所以要会念紧箍咒；猪八戒小毛病多，但不会犯大错，偶尔批评批评就可以；沙僧则需要经常鼓励一番，这样，一个明星团队就形成了。

《西游记》是很多人爱看的经典名著，人们对书中的很多精彩章节都津津乐道。马云也喜欢看《西游记》，但马云看的并不单单是小说情节，而是其中的门道。

马云认为作为一个领导者，不一定要是一个技术骨干或者业务精英，他说："很聪明的人需要一个傻瓜去领导，团队里都是科学家的时候，叫农民当领导是最好的，因为思考方向不一样，从不同的角度着手往往就会赢。"

马云善于思考，但是对电脑技术一窍不通，作为阿里巴巴这样一家被定位为技术型互联网公司的老板，马云表示毫无压力。有媒体也曾这样戏称他："他，是一个不懂IT的IT精英；他，是一个不懂网络的网络英雄。"

到底马云有多不懂技术，如果不看一个经典的例子，那就不能对他这个IT菜鸟有一个具体直观的了解。

一日，一位记者受邀在马云的办公室与他聊天，也许是当时双方讨论话题的需要，马云就准备从他的电脑里打开某个资料。可是记者等了大半天还是不见马云找到这份资料，无奈之下，马云只好打电话叫秘书进来帮忙。

记者朋友以为马云遇到了一个很大的技术难题，于是就在一旁耐心地等秘书解决。可是秘书三下五除二就把资料给调了出来，前后不到10秒钟的时间。这时候这位记者凑到电脑跟前一看，才发现原来马云要找的不过是一个再普通不过的Word文档。

不知马云真面目的记者朋友顿时目瞪口呆，这个连刚学电脑的农村老大爷都能解决的电脑问题，马云居然不会？记者朋友直呼"不可思议，不可思议"。可事实就是如此，"既不I也不T"正是对马云这位互联网精英最为准确的描述。

在绝大多数人的印象中，随便一个IT行业的技术人士都是身怀绝技的，连最菜鸟级的IT人士都能够解决普通人无法解决的电脑难题。可是互联网骄子马云却只会干两件与网络相关的事情，用他本人的话来说就是"一是浏览网页；二是收发电子邮件。其他的一窍不通，我连如何在电脑上看VCD都不会弄"。

不仅如此，马云还坚持保持着自己的"水准"，在IT技术上丝毫"不求长进"，甚至还说"一直保持这种'菜鸟'级水平挺好的"。在马云看来，他从小就不认为自己是个聪明的人，他曾坦承："我实在笨得很，脑子这么小，只能一个一个想问题，你连提三个问题，我就消化不了了。"

然而这些并没能阻挡马云带领他的团队创造奇迹，因为，在马云看来，"打造一个明星团队比拥有一个明星领导人更重要"。这正如一艘在大海中行进的船舶一样，仅仅有一名经验丰富且技术过硬的船长远远不够，还需要一支优秀的船员队伍。

在带领团队方面，马云有自己的秘诀，那就是充当网络"白痴"。他旗下的很多产品技术都是靠他这个"白痴"来完成测试的。马云说："只要我马云不会用，社会上百分之八十的人就不会用。"可见，每个产品都需要先过他这一关才行，不然就是枉费工夫。

在参加中央电视台《对话》节目的录制过程中，曾任中国"入世"首席谈判代表、博鳌亚洲论坛秘书长的龙永图这样评价马云："外行也是可以领导内行的，但前提是你要尊重内行。如果自己不懂，又没有自知之明，那就麻烦了，而马云在这方面恰恰做得非常到位。"

马云自认为是笨人，"不要精英，只要一般人，什么都会的精英那就成妖精了"。马云将自己的团队命名为"唐僧式团队"，"唐僧这样的领导，对自己的目标非常执着；孙悟空虽然很自以为是，但是很勤奋，能力强；猪八戒虽然懒惰一点，但是却拥有积极乐观的态度；沙和尚从来都是不谈理想，脚踏实地地上班。因此，这4个人合在一起形成了中国最完美的团队"。

或许正是马云与众不同的理念，才使得他的团队挺过了互联网最不景气的阶段。说到底，马云的成功也是因为他虽然是一个"菜鸟"，但却十分懂得尊重专家和高手的意见。

● 马云的人生哲学

马云认为，在人才方面，所谓精英未必就适合企业，其实平凡人在一起也可以做出不平凡的事。在研究很多成功企业领导者的案例后，不难发现，这些十分优秀的企业领导者并不都是行业中的精英或者骨干。

正如马云说的那样："好领导不一定像马云一样，能侃、能说、会演讲。领导人要坚定不移地坚持自己的信念。西天取经，领导者就是不管多大的危难，也要说我去了，你们可以离开，但我还是会去的，这就是领导者。所以我觉得唐僧这个领导者，哪个单位都有。你别看他不太说话，说不过马云，但是他比马云厉害多了，只不过你没看出来而已。孙悟空能力很强，但是经常犯错误，这种人每个单位都有，对不对？都是孙悟空，公司没法干了；没有孙悟空，公司也没法干。猪八戒好吃懒做，但是这个人特幽默，团队需要这样的人。据说他最适合做丈夫。沙和尚勤勤恳恳，他说'你不要跟我讲理想讲奋斗目标，我每天8小时上班，早上到，晚上回去'。这样的人，也少不了。这4个人，经过九九八十一个磨难，到西天取到了真经，这种团队我们满山遍野都是。每个人都有自己的个性，关键是领导者如何让这个团队发挥作用，这才是真正的取经好团队。"

唐僧不是很能讲话，也不是很像一个领导的样子，但是他很懂得怎样去领导这个团队。很多企业领导者就像唐僧一样，他们看起来并不是那么出众，但是他们拥有很多良好的习惯和素质，使得他们在众多企业领导者中脱颖而出。

第一，懂得做人。

如何带好一个团队？最重要的是让团队中的成员愿意和你合作，愿意接受你的领导，这样才容易成事。好的企业领导待人宽容、公正、和善，关心下属的生活和工作，能够看到下属的优点。

第二，目标明确。

让下属觉得跟着你是有前途的，有着明确目标的领导者能够为企业带来生机与希望。世界级企管大师班尼士说："创造一个令下属追求的前景和目标，将它转化为大家的行为，并完成或达到所追求的前景和目标。"要让员工将企业的目标根植于内心之中，才能使得员工和企业共同成长。

第三，顽强精神。

在企业管理中，会遇到这样或者那样的问题，作为一个领导者，如果没有顽强的意志，那就无法带领员工一起克服困难。一个好的领导要有很强的信心，从内至外表现出自信心。而自信心强大的领导，更加能以坚强不屈的意志带领员工们做好工作。

第四，激励。

激发员工的热情是让员工保持高昂的工作热情的有效办法，对工作有着百分之百的热忱，才能集中精力做好工作。所以，作为一个企业领导者，必须学会把员工的热情调动起来，挖掘他们每一个人的潜力和优点，并将他们协调起来。

第五，学会放权。

好的领导者不是做所有的工作，而是将下属培养成能干的领导，将权力分给他们，让他们分担责任。这样既能锻炼员工的能力，提高员工的积极性，也能让自己腾出手去做更加宏观的规划。

第六，创新向前。

学无止境，活到老学到老，可不是一句空话。想要领导好一家企业，管好成百上千的员工，就不能满足于现状，要不断学习，跟上发展，不断创新，充实自己。只有具有创新头脑的领导才是强大的。

第七，注重沟通。

有效的沟通能够解决很多不必要的麻烦，懂得与下属的沟通艺术，是一个领导必备的管理精髓。称职的企业领导者会用70%的时间和别人沟通，剩下30%的时间用来处理日常事务。通过沟通，可以广泛地使员工成为一个公司的全面参与者。

领导别当劳模

马云：当干部之前，你一定要让他学习怎样当干部。有很多干部是劳模干部，这类人很勤奋，如果你把他升为经理，他觉得领导喜欢他这样当经理，凡事带头干，但他却不能培养激励下属。真正优秀的领导是能让下属成为劳模，而不是自己当劳模。

莎士比亚说过："凡是经过考验的朋友，就应该把他们紧紧地团结在你的周围。"马云似乎深谙此道，当阿里巴巴以飞快的速度在互联网行业发展壮大时，没有人能够准确地预测它的未来前景。可是马云对这点并不担心，相反，他对自己的团队胸有成竹。正如他自己说的："未来两年不管发生什么事，希望大家都能留下来。我们虽然还很年轻，但时间不等人，我们必须边跑、边干、边调整。将来公司会保持10%的员工淘汰率，但只要不是罪无可恕，我都欢迎你们回来！"

对企业来说，无论是在创业期间，还是在向成熟发展的过程中，都少不了一个团结一致的队伍。而一支有凝聚力的团队，则需要一个能够身体力行、对待员工如同对待家人一样有远见的领导者。马云就是这样一个具有极强号召力的领导，当然，他的人格魅力也是自身素养的体现。

"创办一个伟大的公司，靠的不是一个Leader，而是每一个员工。我不承诺你们一定能发财、升官，我只能说——你们将在这个公司里遭受很多磨难、委屈，但在经历这一切以后，你们就会知道什么是成长，以及怎样才可以打造伟大、坚强、勇敢的公司。"早在阿里巴巴草创阶段时，马云就带领了一支由17个人组成的兄弟连共同为一个梦想打拼了多年。而当阿里巴巴在市场上站稳了脚跟，当技术、服务和客户都稳定下来之后，马云知道，人心的安稳才是阿里巴巴未来成败的关键。他对自己的员工这样说道："电子商务的前景非常乐观，但是未来电子商务的发展依靠的不仅仅是客户数量、服务质量，更重要的还是技术。只有你们和我有同样远大的梦想，团结一致往前，才能取胜。"

马云一直是相信梦想的："这些梦想我从来没有改变，我希望你们也没有改变。未来，我们会发展得更快。我相信在一年内中国互联网将发生巨大的变化，这个变化一定是由阿里军团带领产生的。"

在说到如何将企业员工会聚成一股强大的力量时，马云说："晓之以理、动之以情，不回避困难，而是直接告诉员工，让员工参与进来，一起解决。"

马云一直将自己的价值观贯彻到公司中："用价值观来统一思想，通过统一思想来影响每一个人的行为，最后形成合力。"

人是最具个性的生物，在一个大型企业中，要想把众多不同性格的人会集在一起，是件非常不容易的事。如果一个领导者没有像马云这样发自内心对员工进行关怀的话，想必"团结"一词也只是嘴上说说而已了。

● 马云的人生哲学

想要做好一份事业，办好一家公司，单凭一个人的力量是不可能做到的。一个再能干的领导，如果没有下属的配合，也无法完成所有的工作。

张诚最近因为业绩突出，被提升为销售部的总经理。新官上任三把火，张诚想一定要在新岗位上做出成绩，让老板对他更加赞赏。在他升职的第一天，他就将销售部的成员召集在一起开了一个誓师大会。

在会议上，张诚慷慨陈词了一番，希望大家能够和他一起让团队的业绩再创新高。看到大家对他的发言表示赞同，张诚的士气更加高涨。他每天不但对底下的员工严格要求，对自己更是不松懈。

可奇怪的是，销售部的业绩不但没有提升，反倒下降了。这让张诚很是不解，他只有更加努力工作。几个月之后，工作没有什么起色，倒是把自己给累倒了。后来经过领导研究决定，让李阳代替张诚，做了销售部的总经理。

虽然张诚很是不服气，但也没办法，只得接受。张诚暗中观察，他发现李阳每天上班都是晚到早走，工作期间也不是很勤奋。可在月底的总结会上，销售部门的业绩却高出了一大截。

后来，张诚实在忍不住，去找李阳请教。李阳只是说，要学会用人，而不是只用自己。作为一名领导者，首要的能力就是知人善任，将领导的每个员工都放在他们最适合的岗位上，发挥他们最大的能力。

张诚的问题就是凡事都亲自上阵，亲力亲为，有时就连员工已经做好的事情，他都要拿过来重新做。看起来他是尽心尽力，兢兢业业，其实，作为一个领导，他是不合格的。领导是一个率领者，而不是劳模。

李阳看起来每天不慌不忙，但其实他将每件事都安排得井井有条，让每个员工既得到了锻炼，又有效地完成了工作，自己还不用那么劳累。领导不一定要冲锋陷阵在最前面，但一定要保证冲锋的士兵不但能完成任务，还能毫发无伤地回来。这对一个人的领导力有着很高的要求。

所谓领导力，就是在其管辖的范围之内，充分利用人力和客观条件，用最小的成本办成所需要办的事。

俞敏洪对领导力有过这样的阐释："为人处世很好的人不一定有领导力，但有领导力的人，一定是为人处世很好的人。凡是为人处世有问题的人，他最后一定会出问题。比如说张狂的人，极端的人，不遵守社会公约或者不承担社会责任的人。你可以看到这样的企业家在中国一批一批地倒下去。你说他们没有领导力吗？他们能够把一个企业做成，但他们又把自己做成的企业彻底地毁掉。这就表明，他们的领导力是一种虚假的领导力，只不过是得到一个偶然的机会，或是抢到一个机会把事情做出来了。所以说，领导力也可以解释为使一个企业或组织平稳发展的能力。"

想要做一个有着很强领导力的领导，就不能闭门造车，只顾埋头做自己的工作，而是要放眼整个企业环境。一个企业的领导者在成为领导之前，可能是做技术的，也可能是做销售的，但当他走上领导岗位后，他原先拥有的技能需要弱化，需要成为一种辅助他领导团队的能力。

一个好的领导，不是当自己的员工在与客户谈判时，他就冲上去，替员工谈判；当员工在做文案时，他就拿过来，亲自做。领导不是工作万能贴，而是一个指挥家；领导不是企业的劳模，而是能带领很多劳模创造效益的人。

没有人能挖走我的团队

马云：把你的太太当合作伙伴，不要把她当太太看。

看一个企业领导者的水平如何，就要看他带领的团队是什么样子的。马云有着一个很好的团队，他的团队有着超强的凝聚力和执行力。在马云创业初期，他的团队核心人物就一直跟随在他左右，不离不弃。在阿里巴巴发展壮大后，这支团队吸纳新人，不断发展壮大，变得越来越成熟。

在接受《对话》节目访谈时，马云对自己的团队也是赞不绝口。

马云："我觉得我的团队非常好。别人很难打垮我的团队，你可以打垮马云、打垮一个人；打垮一个团队，打垮我们的理想很难。"

主持人："确实啊，你身边聚拢着一些有着共同理想的人。我知道1997年你从杭州到北京去的时候，带去的是7个人。后来1999年从北京回到杭州，这7个人不仅一个都没有少，而且还发展壮大到了17个人。究竟是什么把所有的人留了下来，而且还凝聚了更多新的力量？"

马云："这7个人到现在为止也没走，跟我一起最长的合作了七八年。我们互相信任，性格、技能上互补。这7个人很少出来见媒体，好像现在唯一一个就是（孙彤宇），就是淘宝网的总经理，这些人特别低调。我讲话多一点，他们干活干得多一点。我们这几个人合作很多年了。"

主持人："有一些人说可能马云先生靠着比较高的工资，把他们留了下来。"

马云："不可能说高薪，怎么可能高薪。当时我觉得有一点是蛮感动的，决定离开北京以后我们去了趟长城，我到现在做梦经常都会梦到这个镜头。到了长城上面，那天很冷。有一个人在长城上还号啕大哭，他说'我们为什么，杭州做得蛮成功的，到了北京，北京做成功以后又要丢掉'。然后在长城上面我们这8个人发誓说，我们回去，我们就不相信我们不能建立一个伟大的公司。所以在长城上我们说要建立一个中国人创办的全世界最好的公司，在最困难的时候，我们永远要回忆这个东西。每一年我跟这17个人就吃一顿饭，有时候都见不到。当然我们吵架很多了，吵架太多，犯的错误也太多了，但是我们互相信赖。"

当然，再好的团队，也不可能永远在一起合作，天下没有不散的宴席，有人加入，就要有人离开。一家企业能够创新发展，也要不断地去旧纳新。

关于团队中有人离开的这个问题，马云是这样看待的。

主持人："在这样一个团队当中有这样一种不离不弃，但是当年的不离不弃今天怎么样了呢？这个事实写在我们的另外一块板上。来，我们看一下。在这块板子上，我们看到这样一个事实，40%的老员工现在离开了公司。"

马云："有可能，事实上也是。不离开才是奇怪的。我说过了冬天的时候我们犯了一个很大的错误，一有钱，我们跟任何人都一样，得请高管，得请洋人，咱们得请世界500强的副总裁来当。我们请了一大堆人，包括咨询师，讲起来全对的，做起来全错。你都不知道是谁错了，反正这总是我们的错。在最关键的时刻，我需要作决定，要不然他们会离开。他们是前100名，这是最大的痛苦。所以我后来讲过就像一个波音747的引擎装在拖拉机上面，拖拉机没飞起来，反而四分五裂。我如果当时不做这样的手术，可能我们公司就没今天了。所以我们请到了很多高管，前100号的几乎都这样请进来的，后面也有百分之三四十。在最痛苦的时候，也就是2002年、2003年，开始建销售团队，我们销售团队的影响力很大的。"

主持人："你觉得他们离去的主要原因是什么？"

马云："我觉得有很多原因：第一，我们的文化很强；第二，我们并不像别人想象得那么好。因为这是一个只有5年历史的公司，尤其是2004年以后，我越来越担心，很多年轻人加入我们公司，充满了理想主义。你可以讲得很好，但干事的时候要扎扎实实一步一步去做。那另外一个，我想我们的管理团队、领导力有大问题。也许他们跟我沟通就会好一点，但跟一线经理、总监沟通就会有问题。这些问题是一个年轻公司带来的。就是说你在奔跑的过程中，团队一定会有人掉队。如果说哪个公司告诉我，你们在奔跑5年以内，可以做到2000名员工，平均年龄26岁，经历互联网的高潮、低潮然后再起来，又能够在全世界200个国家地区发展，有700万家的网商在用你，且没有人掉队，我是打死也不相信。271战术又是我们公司的，20%的优秀员工，70%的普通员工，还有10%每年是一定要离开的。"

主持人："你放出这样的话来，你觉得在你员工的心目当中，他们会对你赞扬的声音多一些，还是对你批评的声音多一些？"

马云："我并不追求员工对我赞扬，我不希望员工爱我，我只希望员工尊重我。尊重地说，他们有这么一个CEO，而不是说，他们爱我，那没有用。"

● 马云的人生哲学

马云有一个好团队，他的团队成员愿意与他一起承担风险，排除万难，这样经历过风雨的团队，自然不会被轻易挖走的。其实，想要做一个称职的领导者，身边有一个厉害的团队是很重要的。有人说："管理者事业的成功，15%由专业技术决定，85%与个人人际关系和处理技巧相关联。"

一个人如果脱离了团队合作，即便他能力再高，发挥出的作用也是很有限的。但一个团队，即便里面都是平凡的人，聚合在一起也是能够散发出无限能量的。一个好的领导者，就是要让羊群散发出狮群的战斗力，让力量最大化。

徐小平认为："创业者必须有敢死团队。一位创业者要做一个大型项目，却没有团队成员。他说团队就等他找到钱再辞职出来做。最好的创业团队，应该是两三位为了理想敢于冒险的人。"

一个年轻人想要创业，他找到自己的几位朋友，对他们说了自己创业的项目和前景，他希望那几位朋友可以加入。但那几位朋友对他的项目似乎兴趣并不大。虽然在他的一再劝说下，有几个朋友加入了他的团队。但是在合作的过程中，他们的冲突和问题总是不断产生。这位年轻人认为自己是团队中的领导者，团队中的其他人应该无条件地服从自己，而且团队成员应该为项目付出百分之百的努力。但团队成员认为他的能力并不足以带领大家，还抱怨他的独断和不讲道理。总之，在半年之后，他的团队成员就各奔前程，离他而去了。

这位年轻人之所以没有组建一个很好的团队，是因为他没有和团队成员建立起一个良好的关系。

一个好的团队的建设，要在以下几个方面注意：

一、有着明确的共同目标。马云的团队之所以如此成功，凝聚力如此强，就是因为他们自始至终有着不变的、明确的、坚定的目标。这个目标是团队存在的基础，也是团队凝聚力的源泉。团队上下的每一个人都能接受这个目标，并且愿意为这个目标奋斗，这样的团队才能走得更远。

二、积极的团队氛围。团队的领导要营造积极的氛围，令团队中的每一分子都能够感受到工作的快乐，而不是完成任务的压力。工作中适当授权和信息共享，也可以令团队成员感受到自己在这个集体中是主人翁，能够强化成员们对工作的热情。

三、好的团队制度。无规矩不成方圆。好的制度不但能约束出格的行为，也能使成员树立正确良好的作风。在团队中，制度与规范构成了团队的行为准则，这种行为准则会令团队成员形成习惯。明确的制度能够令工作更加透明化，团队成员能够为了实现团队利益而很好地协作。

给年轻人一个机会

马云：我上学的时候从来没有进过前3名，当然也没有进过后15名，由此可见，中等偏上的学生最有可塑性。一般的学生都被谷歌和微软给招走了，我们选的都是不一般的学生。

在中国，大多数企业似乎都对应届毕业生不是特别感兴趣，因为在一般人的印象中，应届生没有工作经验和社会阅历，眼高手低，不守信用，很难独当一面。但是，马云在用人方面却与众不同，他不像其他企业那样，在招聘时首选精英人才，而是把许多应届生也列入自己的录用表格中。

其实，最初的时候，马云也和其他企业的领导一样，不喜欢应届生。他曾这样评价应届生："他们都没有受过委屈，太浮躁，一天三个主意，一年换三个工作。"基于这种想法，马云曾一度固执地认为："给年轻人最好的机会就是不给他机会。"所以，在阿里巴巴创建后相当长的一段时间里，公司从来没有招聘过应届毕业生。每到招聘季节，同行们都会进行大规模的校园宣讲招聘会，对此，马云都持不屑一顾的态度。

不过，任何事都会发生改变，马云对应届毕业生的看法也不例外。随着时间的推移，马云开始逐渐意识到应届生的真正价值。他回想起自己当初刚创业的时候，不也是经常因年轻气盛、锋芒毕露而遭到其他人的误解和非议？应届生虽然有很多缺点，但是他们容易接受新事物，更容易认同阿里巴巴的价值观，而且更难能可贵的是，他们具有一种"初生牛犊不怕虎"的冲劲。

随着马云思想的转变，阿里巴巴开始进行大规模的校园招聘。2005年11月

20日,雅虎中国在北京拉开了校园招聘宣讲会的序幕。在随后的两个月里,马云和时任雅虎中国CTO的吴炯一起亲自带队,奔赴北京、上海、哈尔滨等7个城市进行校园招聘宣讲,他们的目标是招聘50名搜索方面的技术人员。

为了增加对人才的吸引力,马云和他的招聘团队可谓是煞费苦心,用尽了各种招数。以前大学生是被人追捧,工作主动找上门,现在是用人公司爱答不理,大学生们到处求工作。为了让这些大学生重温当年的礼遇,弥补心理上的落差,雅虎中国的招聘人员就像市场里的小商小贩一样,在校园里大声吆喝:"大家看一看,看看这里有没有适合你发展的空间。"这种"贴近学生"的招聘方式使大学生们产生了一种异样的"亲切感",顿时吸引了大批学生前来应聘。

与此同时,马云还在校园内与应聘的大学生进行轻松的交流,而不像其他企业老总那样,摆出一副高高在上的姿态,这不仅缓解了大学生们应聘时的压力,也塑造了马云平易近人的形象。

为了避免参加宣讲的学生们来回奔波,阿里巴巴不仅派专车接送学生,还特意把宣讲和第二轮笔试合在一起;担心学生没有吃饭就来,中午免费提供肯德基,宣讲结束后笔试开始前,再提供一次,从而避免了有些学生饿着肚子参加考试。

阿里巴巴对于应聘的大学生还有特殊的照顾:笔试第一名奖励2万元,每一个被录取的员工将得到阿里巴巴的股票期权,而且还将对新招进的员工实行一对一的量身定做发展和培训计划。

从那时起,阿里巴巴每年都会招聘一批应届生进入公司。如今的阿里巴巴,有很多是刚毕业两年的员工,其中有些人已经成为骨干,开始管理上百号人。对于应届生的看法,马云说:"如果一个年轻人今天和你说他要做什么,3年后依然说他要做这个,而且坚持在做,那你一定要给这个年轻人机会。”

● 马云的人生哲学

在社会上，总能听到应届毕业生抱怨老板不愿接受一个没有经验的新人，使自己陷入因没有经验而找不到工作，找不到工作就更没有经验的怪圈中。而一些企业老总则总是怒斥应届生的种种“罪行”，把道德的缺失、社会浮躁等问题都归结到了应届毕业生身上，认为他们年轻浮躁，不懂得如何做事。其实，企业老总和应届生不应该互相埋怨，因为双方都有需要反思的地方。

有一家公司刚成立，很青睐应届毕业生，认为年轻人热情好学、可塑性强，因此招聘了两位应届毕业生进公司实习。

两位应届生刚进入公司第一天，就跟老板提了要求：公司包食宿，住有空调的单间，每餐要四菜一汤。为了留住人才，老板答应了。可随后几天，他发现这两名学中医的应届生竟然分辨不出药材的成色、品质，结果导致他们用高价采购了低质的原材料，加大了公司的运营成本。并且还发现，两个人的动手能力很差，让他们把一摞文件打出来，再用电脑打孔装订成册，他们竟然说上大学时没学过打孔，不会做。于是，老板派一名秘书教了他们好几遍，但他们很不虚心，一边唠叨这么简单，一边漫不经心地东张西望，结果学了一天也没有学会。最终，老板不得不把两个人全开除了。

上大学时不好好学习，学校没能培养出来立即可以做事的人，而企业又不愿意做义务教员，是企业不喜爱应届生的根本原因。但是仅仅通过一两个案例，并不能说明所有应届生都是学习不好、动手能力差的人，对于那些专业知识过硬，基础扎实，实践能力强，具备良好职业素养的应届生，老板们应该转变思路，给他们一个施展才华的机会。每个人的“经验”都不是与生俱来的，大学生也不例外。他们的主要任务是做好知识储备，毕业后走上工作岗位"实践"，才能获得真正的"经验"。所以，用人单位不能简单地以"实践经验"来苛求应届生。在这一点上，马云就做得非常好，对于人才，他可谓是来者不拒。在一次校园招聘会上，阿里巴巴要招聘50名员工，马云对记者这样说："50人的名额是我们人力资源部门定出来的，我还觉得太少。只要是人才，我们都要，有200人我也要。"

1982年英阿马岛之战爆发，当时撒切尔夫人选择了伍德沃德作为特遣队司令，一时国内大哗，因为伍德沃德少将是连一仗都没打过的"年轻人"。而在英国海军中，光是参加过第二次世界大战和苏伊士之战的老将军就可以组成一个连队，为什么不从他们之中选择一个呢？针对人们的疑问，撒切尔夫人给出了三点理由：一是伍德沃德当年以优异的成绩从海军学院毕业，又多次到各种军事院校进修，拥有良好的现代军事素养；二是他曾经当过最优秀的潜艇和驱逐舰指挥官，有熟悉舰艇和独立指挥的经验和优势；三是他曾任国防部海军作战计划处处长，使他拥有全面熟悉海战的条件。最终，伍德沃德没有辜负撒切尔夫人的期望，帮助英国赢得了这次战争。

在很多情况下，领导者都不会像"铁娘子"撒切尔那样刚毅果断地作出决策，因为他们总是担心年轻人办事不牢靠，办砸了自己得担责任，受牵连。但是，年轻人精力充沛，吃苦耐劳，朝气蓬勃，最积极，最有生气，乐于学习，善于探索，勇于创新，接受信息和更新知识的能力强，对新事物最敏锐，最少有保守思想。诺贝尔奖从1901年颁发到1983年，获物理学、化学、生理学和医学奖的330多人，其中1/3是35岁以下的年轻人。所以说，一家企业不应该把注意力全部集中在其他公司的精英身上，千方百计地想挖他们过来。应届生有一定的可塑性，只要能出色地完成自己的工作，那么就说明你选对了人，用对了人。而且应届生一步一个台阶走上去，会对公司充满感情，有较高的忠诚度；而跳槽者冲着高薪而来，遇到更高的薪水完全可能再离职。

社会环境不是瞬间就能改变的，作为一名应届生，在求职无门时，不应该气馁消沉，而应客观地去面对问题。应届生要摆正心态，不但在学校里就要掌握真才实学，更重要的是，在找到自己的发展方向后，不要有更多金钱或职务上急功近利的想法，而要踏踏实实，一步一个脚印地走下去。

信任，是对员工最好的激励

马云：创业最大的突破和挑战在于用人，而用人最大的突破在于信任人。

在用人方面，唐太宗有一句至理名言："为人君者，驱驾英才，推心待士。"这句话的意思是说：作为君王，如果想要"驱驾英才"，就必须对下属推心置腹，不要对他们怀有戒备之心。由此可见，在封建社会，明君与昏君的一个最重要的区别就是：明君能做到用人不疑，对大臣们充分信赖，这种信赖的结果是大臣们忠心耿耿地报效朝廷。而在现代社会，大胆用人，并能做到"用人不疑"，同样也是一个领导者成就一番事业的重要前提。

提到淘宝网，一定会有很多人知道，但是提到孙彤宇这个名字，知道的人就很少了，尽管他是淘宝网之父，并因一手创建淘宝网而成为IT界赫赫有名的"财神"。

其实，从1996年加盟中国黄页开始，孙彤宇就一直跟随在马云身边，从杭州到北京再到杭州，一路跌跌撞撞地走来，孙彤宇一直没有放弃马云。和他一样没有放弃马云的，还有另外16个创业伙伴——在今天的阿里巴巴公司内部，他们和马云一起被称作"十八罗汉"。

1999年阿里巴巴刚成立的时候，马云就曾对始终跟随在自己身边的"十七罗汉"明确表示："你们只能做连长、排长，团级以上干部我得另请高明。"在当时，作为元老的孙彤宇只是担任阿里巴巴投资部经理。但是，2003年的一天，当马云向孙彤宇提起建立淘宝网的计划，并问他如果负责这个项目，什么时候能够打败易趣，孙彤宇立下了3年的军令状。于是，在当时"海归"云集的阿里巴巴，马云大胆起用了这个地地道道的"土鳖"，因为马云意识到，孙彤宇现在也许只是个"连排长"，但他有成为"师长""军长"的潜力。

2003年4月14日，孙彤宇受命带领十几个人秘密创建淘宝网，他被任命为该项目的负责人。最开始开发淘宝网时，孙彤宇经常带领整个团队连续几周不回家。困了洗把脸，就在办公室里睡一小会儿……

事实证明，马云没有选错人，孙彤宇也不负众望，完成了使命。在面对强大竞争时，孙彤宇带领着团队冲锋陷阵，经过几年的努力，最终让淘宝网成长为中国最大的网上消费者交易市场。到2005年，淘宝网的市场占有率达到80%，彻底打败了易趣，从而也成功地打破了跨国巨头企图垄断中国个人网上交易市场的野心，创造了中国互联网历史上的"淘宝奇迹"。

在马云看来，大胆起用并信任自己的员工，是一个企业用人的第一标准，同时也是一个企业走向成功的第一步。马云曾说过这样一段话："必须信赖并关心员工。你的员工、你的团队是唯一能够改变一切的力量。员工是帮助你实现梦想的基础。大企业总是抱怨创新过程中所碰到的问题，他们不知道如何实现目标，原因是他们没有倾听员工的意见。他们把太多的精力花在了股东身上。股东会给你很多意见，但是在执行过程中，他们却会离你而去。股东随时都在改变主意，但是你的员工却总是和你站在一起并支持你。

我记得2000年和2001年是最艰难的时候，当时只有一群人同我并肩作战，他们就是我的同事。他们说："马云，未来两年你不用给我们发工资，我们会和公司一起坚持到最后，因为你尊重我们，因为客户需要我们。'"正是基于这种信任，马云才会最终走向成功，创建了庞大的网络帝国。

企业的发展绝对不可能凭借一个人的力量来完成，它需要的是集体的智慧，而作为企业的领导者，就要成为集体智慧的开发者，让每一个有才能的人实现价值最大化。大胆起用人才，给予人才最充分的信任，这才是管理的根本。

● 马云的人生哲学

在用人决策这一问题上，马云始终坚持着"用人不疑，疑人不用"这一用人原则。在马云看来，既然你选择了他，就应该充分相信他，放权让其施展才华；而起用他却又对他充满怀疑，是最失策的做法。一个善于用人的领导者，不仅不会轻易怀疑别人，而且能以一种巧妙的方式，显示自己用人不疑的气度，消除可能产生的离心力。

唐高祖武德三年，隋末群雄之一刘武周的将领尉迟敬德此时刚归顺李世民不久，他手下的两个将领叛逃，有的大臣认为不久之后，尉迟敬德必定也会造反，于是在没有向李世民请示的情况下，就将尉迟敬德囚禁于大牢中，并力劝李世民赶快将他处死，以绝后患。但是李世民非但没有听从大臣们的建议，处死尉迟敬德，反而把他释放，并且招其进入自己的卧室，温语相慰，使之宽心，临别的时候还送给他一批金银珠宝。李世民的这种坦诚之心深深地感动了尉迟敬德，他发誓要"以身图报"。后来，尉迟敬德不仅在李世民与王世充的斗争险境中救了李世民的命，还在玄武门之乱中立了大功。

在如何激励员工方面，很多企业的领导者想得最多的就是物质激励，你做出多大的业绩，公司就会给你相应的回报。其实，物质奖励只能作为激励员工的次要条件，尊重、信任才是激发员工工作热情和创造性的首要前提。

有一家公司的老板，对员工缺乏基本的信任，因此把重要的岗位都交给自己的亲戚，整个公司俨然成为一个家族企业。不仅如此，由于害怕员工将公司的机密泄露出去，老板还在公司安装了摄像头和监控设备，以便监控员工们的一举一动。最终，老板的丑恶行为被一位员工发现，他觉得自己的隐私受到侵犯，于是愤然辞职。紧接着，另外十几名员工也陆续提出辞职。虽然老板认识到了错误，提出加薪予以挽留，但是这些员工还是义无反顾地离开了公司。最终，公司不得不进行大换血，重新招聘一批新员工入职。由于新员工与公司存在一定的磨合期，而且市场逐渐变得不景气，在苦苦支撑半年后，这家公司最终还是倒闭了。

与这位老板相比，另外一家公司的老板不让自己的亲戚在公司担任职务，而是提拔了几名下属担当重任。而且他经常和太太一起周游世界，但是不论走到哪里，他都会提前将自己的权力授予下属，所以不论他在或不在，公司的各项工作都不会受到影响，公司的业绩也逐年提升。

一个不信任员工，不仅活得很累，而且公司也最终倒闭；一个敢于授权，充分相信员工，活得非常惬意，公司也运转正常。两相对比，你要做哪个老板呢？

古人云："金石有声，不扣不鸣；箫管有声，不吹不响。"一个人的惊人才能或突出作为，往往是在得到信任和重用时才会显现出来。所以，身为领导者，就要做到"知人善任，用人不疑"，对有才能的下属，要积极培养，大胆使用，使他们获得更大的发展机会，并充分相信他们能够完成任务，相信他们对自己是绝对忠诚的。

没有差劲的员工，只有差劲的领导

马云：让一个人的才华真正地发挥作用的道理就像是拉车，如果有的人往这边拉，有的人往那边拉，互相之间先乱掉了。我在公司的作用就像水泥，把许多优秀的人才聚合起来，使他们的力气往一个地方使。

在互联网竞争如此激烈的今天，阿里巴巴还能够在群雄中突围，并且逐渐发展壮大，促成这种胜局的原因有很多，但是有一点是确定的，那就是阿里巴巴中，每个人才都能够被安排在恰当的工作岗位上。

李世民曾经说："打天下用人在于人和，治天下用人在于无才不用、用尽天下才。"当领导的人，要有包容心，选择人才，不要因为对你不敬，或者你不喜欢，就放弃任用，只要是人才，就要放在适合的岗位上。

马云就是这样一个懂得赏识人才，任人唯贤的领导。在他的领导理念中，有这样一句话："大材小用"或者"小材大用"都是迈向成功的绊脚石。领导人应该用人所长，管人管到位就可以了。

马云说："我训练干部管理团队，要求他们在问题发生之前就把问题处理掉。你作的任何决定都关系到公司3~6个月之后发生的事情。如果没有人能取代你，你永远不会升职。只有下面的人超过你，你才是一个领导人。"让领导人的手下超过领导人自己。马云不懂网络技术，但他却能管理阿里巴巴那么大一个集团公司，这是因为马云深深懂得，只要人才能归他使用，公司就没有不发展的道理。

甄选人才的标准很多，马云选进阿里巴巴的人才不是普通意义上的人才，马云认为："你用6个月如果还找不到替代你的人，说明你招人有问题。6个月你找不到人，说明你不会用人。领导要能把人身上最好的东西挖掘出来。你要找这个人的优点，找到这个人自己都不知道的优点，这是你的厉害之处。如果有一只老虎在后面追你，你的奔跑速度自己都想象不到。为什么能跑这么快？因为有老虎追你。每个人都有潜力，关键是领导要找出这个潜力。"

分析阿里巴巴中每个人才的特征，他们既有才华，业绩拔尖，在价值观上又与企业相符，有团队精神，是企业真正需要的人才。虽然在员工队伍急剧壮大的情况下，马云很难保证人人都具备这样的特征，但是，这种筛选人才的标准着实为阿里巴巴引进了大量真正优秀的人才。正如马云所说："我们现在只能摸着石头过河，因为这个行业没有榜样可供我们借鉴。"

事实上，在创业初期他就意识到了人才对企业发展的重要性。当初跟随他一起打拼天下的那些兄弟不都是马云眼中的优秀人才吗？他们骁勇好战，又有自己的一定之规，心系企业，不计较个人得失，为了一个共同的梦想而奋斗。对如此衷心卖命的员工，马云又怎么会亏待他们呢？可见，真正的人才才是保证一个世界顶级企业前进发展的动力。

"对阿里巴巴来讲，期权、钱都无法和人才相比。员工是公司最好的财富。有共同价值观和企业文化的员工是最大的财富。今天银行利息是两个百分点，如果把这个钱投在员工身上，让他们得到培训，那么员工创造的财富远远不止两个百分点。"这是马云在一场招聘会上所说的话，也是他的心里话，因为没有人才就没有现在的阿里巴巴。

身为知名企业的核心领导人，如何为企业招兵买马，如何给企业中的人才以最大的利益，让他们安心地留在企业中，为之做出最大的贡献，这些问题都是马云需要思考的。放眼望去，那些在市场竞争中败下阵来的企业，并不见得就是因为资金短缺的问题，从某种程度上讲，很大一部分原因是企业领导没有正确的管理和用人的方式。而马云却深知：没有差劲的员工，只有差劲的领导。价值是由人来创造的，企业最宝贵的财富就是人才。

● 马云的人生哲学

人才是最大的财富，人才能为企业带来很好的发展动力。对于一个企业的领导者来说，将杰出人才招到麾下，是他们很乐意做的事情。李嘉诚说过："用人是经商的一大学问，要招到自己喜欢的能人，重用有本事的人，让人才站出来，显示自己的才能。"

但并不是所有的领导者都能够善用人才，有些领导，明明手下有很棒的人才，却无法令人才发挥效用。

商纣王是一个暴虐的君主，酒池肉林，不顾人民死活；他有很多忠臣，但他听不进忠言，对那些效忠他的大臣提的意见置若罔闻。他的叔叔比干是一朝老臣，对商朝十分忠心，只因为时常向纣王进言，惹得纣王讨厌，就被挖心了。

还有许多优秀的文臣武将，因为不满纣王所为，被放逐的放逐，杀害的杀害，剩下一些大臣看到商朝无望，纷纷逃离朝歌。商朝本来是国富民强的，但在纣王的荒淫无度之下，渐渐衰退了。

而同一时期的周却在周武王的治理下，越来越强大，终于有了可以和商朝抗衡的兵力，最终，商朝被周所灭，纣王也在鹿台引火自焚而死。

纣王和武王是两种完全不同的领导者，他们两个人的个人能力都很强，只不过在对待人才的态度上截然相反。纣王宠信佞臣，误杀忠臣，他看不到人才的价值，反倒是对奸臣信赖，犯了一个领导者的大忌。而武王作为一个领导者，就十分称职，他看得到真正人才的价值，并善于加以利用。

荀子《劝学篇》："假舆马者，非利足也，而致千里；假舟楫者，非能水也，而绝江河。君子生非异也，善假于物也。"善于驾驭物者，能行驶千里；不善于者，势必会中途翻车，无法走很远。一个善于驾驭人的领导者能够大展宏图，古代的明君贤主，例如三国中的刘备、唐朝的李世民等，这样的例子举不胜举。

在现代的生活工作中，优秀的领导者不但是善于驾驭物者，还要培养出优秀的接班人。马云在2012年接受《时尚先生》专访时，对此发表了自己的看法。

主持人："你是怎么培养年轻人的，未来的领导者？"

马云："好的年轻人是被发现，然后被训练的。首先你要发现他有敢于承担责任的素质。他一定要有担当。你不可能找到一个完美的人。你找到的是一个有毛病的人，因为有毛病，所以才需要你帮他嘛。"

"第一，我不找一个完美的人，我不找一个道德很好的人，我找的是一个有承担力的、有独特想法的人。有独特想法的人未必有执行力，有执行力的人未必有独特想法。所以你要pick a team。没有一个人是完美的，想法很好，执行能力又很强，这样的人不太会有的。所以我经常说三流的点子一流的执行，一流的点子……"

"你先把它干出来再说。这两个技能很少配在一起。你要想找一个这样的人，可能你要等10年才能找到。所以我要找各种各样的人，这人有想法，那人有执行力，把这些人聚在一起。你不是找一个接班人，你是找一个团队，找一群人。没有人是完美的。组织和人的结合，才是perfect的。"

"你说我怎么培养人？发现人，训练人，给他们机会。……颠覆性的行业，新人做新事；非颠覆性的行业，新人做老事，老人做新事。"

第七章

管理哲学：
责任心有多大舞台就有多大

　　一个人的事业有多大？中央电视台说"心有多大舞台就有多大"，我觉得中国人的心都特大，但是我的理解是"责任心有多大舞台就有多大"。你愿意为1个人承担责任，那你是很好的人；你愿意为5个人承担责任，你是个经理；你愿意为200人、300人承担责任，你是总经理；你愿意为13亿人承担责任，你是总书记。能力和责任是不一样的，你愿意为多少人承担责任，能承担起多少人的责任，这不是你的能力，而是你的责任。

让员工笑着干活

马云：合格的企业家不会等到环境好了以后再做工作，企业家处在现在的环境中，要致力于改善这个环境，光投诉、光抱怨有什么用呢？今天的失败只能怪你自己，要么大家都失败了；现在有人成功了，而你失败了，那就只能怪自己。就是一句话，哪怕你运气不好，也是你不对。

2003年的那一场"非典"，现在提起来，还是让人们记忆犹新。马云更是对那一场"非典"无法忘怀。当时，阿里巴巴一名员工在广州参加广交会时不幸被传染了，回来后又在公司加了会儿班才回家。

几天后，这位员工被确诊为"非典"患者。因为她在公司与多名员工接触过，公司也迅速被政府确定为重点防范对象，被全部封锁起来，员工们都被隔离在家，不许出门。马云说当时他走在街上，人们都会指着他说："看看，快看，那个'非典'来了。"虽然不能去公司上班，但公司的业务发展不能停，马云只好和员工们在各自家里办公。从未遇到过这种情况的马云只能摸索着进行。

这时，员工家属的质疑也纷纷指向马云，质问马云为什么要在这么危险的时刻派员工去参加广交会。其实，广交会所在的广州当时虽然是疫区，但因为阿里巴巴之前对客户的承诺是除了真正的不可抗力不会去，能做到的阿里巴巴都会做到。而且当时广交会正常举办，公司就没有多想，也就正常参加了。

没有想到员工会被传染，这让马云心里十分难过。他在一个深夜提笔写了一封信，致阿里巴巴所有员工及他们的亲友。

尊敬的阿里亲友：

这几天我的心情很沉重！从上午知道确诊后到现在，我一直想向所有的人表示深深的歉意！如果今天有任何事可以交换我们不幸患病的同事的健康，如果今天我们可以做任何事来确保同事和杭城父老兄弟姐妹的健康，我愿意付出一切！！

我知道今天做任何解释都毫无意义，毕竟事情已经发生！我为我们的同事在事发前所做的一切应急预防准备工作表示遗憾！因为我的准备工作也许是杭州最好的之一，但由于种种偶然的因素，我们还是被SARS击中！而我们的应急方案居然真的派上了用场！

确实，阿里巴巴存在很多不足之处和漏洞，很多问题我们会在灾难后认真反省！作为公司负责人，我很想承担所有的责任，如果可以的话。但理智告诉我，今天还不到指责埋怨的时候！！今天我需要和大家一起共渡难关，迎接挑战！一家由年轻人组成的年轻的公司，经过这次灾难会快速成熟起来！

这几天令我感动的是，面对挑战，所有阿里人选择了乐观坚强的态度，我们互相关心，互相支持。在共同面对SARS挑战的同时，我们没有忘记阿里人的使命和职责！灾难总会过去，而生活仍将继续，与灾难抗争的同时，我们会继续为自己钟爱的事业奋斗！

我为这样的年轻人而骄傲！我为自己能在这样的公司里工作而自豪！我也希望阿里的家人朋友们为你们这样的年轻人，这样敢于接受挑战的年轻团队而鼓掌！因为你们没有选择恐慌、退缩和悲观！这是阿里价值观在起作用！阿里人能理解！

现在我还想向大家宣布一件事：从今晚起阿里巴巴所有杭州员工可能面临全部隔离！我想为了我们自己，为了家人朋友，为了杭城父老，也为了阿里巴巴的明天，我们就过上几天封闭生活吧。

我理解大家现在的心情，真的对不起！影响了大家正常的生活和工作！养好身体比啥都重要！请大家认真配合有关部门的工作！请各位阿里人把此信转给我们尊敬的亲属、朋友和所有因我们而受各种损失的人士！并向他们表示深深的歉意！

让我们共同为那位生病的同事祈祷！祝福她早日康复！这几天我还会和大家通过网络联系，我仍会一如既往客观透明地报告我所知道的任何情况！

再次向各位表示歉意！！

谨致诚挚的问候，衷心祝愿大家身体安康！

阿里人

马云

马云的这封信，感染了阿里巴巴的所有员工，他们和马云一起携手，共同度过了那个难熬的时段。他们在各自家里安装了电脑、宽带和通信设备，员工的家人也参与了阿里巴巴的日常工作，负责接电话，打印文件等。

"这是一件好事，'非典'成为凝聚人心的时刻。"马云事后回忆起来，十分感动。那段时间，阿里巴巴的业务量反而增长了5~6倍，马云在一场危机中收获了人心，凝聚了力量。

● 马云的人生哲学

"电子商务在那个时候被认识到是如此重要和方便。而我们自己，也将对互联网的运用提高到了一个前所未有的高度。为了解除单身员工被隔离时的心理问题，我们甚至利用网络举行过几次公司范围内的卡拉OK比赛！这在正常时候是很难理解的。因为利用电子邮件和网络聊天工具来交流，同事们之间变得更加直接和坦率，工作效率也随之提高。"

马云坦言，那时候，他亲自参与到公司这种新的交流方式中，大家利用网络，互通有无。管理并不只是简单地让员工增加工作时间，提高工作效率，管理是一门艺术，管理者要让员工能够融入企业之中，与企业一起成长。

一个部门经理发现一名员工最近似乎心情不大好，情绪总是不高涨，上班不是发呆，就是在看手机。部门有人和她说话，她也是爱答不理的。这些不良的情绪被带入工作中，有人将情况反映到了经理那里。

经理将那名员工叫到办公室，将一项比较重要的工作交给她，希望她能够尽快完成。但让经理没想到的是，这位员工居然说自己最近没时间，无法完成这样的工作，然后就走出了办公室。

员工当面推掉工作，经理心里有些不舒服，但他想这位员工可能是遇到了什么难以解决的困难，所以才会这样，经理并没有因此责怪那位员工，反而想办法替那位员工解决问题。第二天，那位员工上班的时候，忽然发现她的办公桌上多了一束向日葵，大大的花朵很像一张张笑脸，旁边还有一张卡片，上面写着希望她每天都有灿烂的笑容。

看到这些大大的向日葵，那位员工的心里感到很温暖，她问旁边的同事，这些花是谁放在这里的，他们都说不知道。不管怎么样，那位员工觉得自己感受到了关怀的温暖。几天后，另一位员工的桌上也多了一束花。

后来，那位员工才知道这些花都是经理送的。因为员工在工作生活中总是会遇到这样或者那样的困难，有跨不过去的坎，怀有心事，总是难以全身心投入工作，经理这时候需要做的不是指责批评，而是关心理解。

这些花就代表经理的问候，员工在收到这些花的时候，会因为感动而觉得身心温暖，原本的不舒心也就化解了。心情得以舒缓，工作自然也就投入了，而且，员工还会因为公司对自己的关心而感谢公司。

马云提醒企业的管理者："做企业赢在细节，输在格局。'格'是人格，'局'是胸怀，细节好的人格局一般都差，格局好的人从来不重细节，两个都干好，那才叫好。主宰非洲草原的不是狮子，而是土壤里的微生物；决定公司成功的不是老板的英明，而是基层员工的素质。再好的老板只能保证不败，而员工却能决定胜利。"

掌握说话技巧，达到成功目标

马云：愚蠢的人是用嘴来说话；聪明的人是用脑子来说话；智慧的人是用心来说话。

语言是有魔力的，在一些平淡无奇的言谈中，巧妙地加入一些语言技巧，就能令一场普通的谈话变得妙趣横生。一些成功者之所以能成功，除了自身技能和素质高之外，口才了得也为他们加分不少。很多成功的商人都有好口才，如新东方的俞敏洪、金山的雷军，还有阿里巴巴的马云。

马云的好口才使他成为了最抢手的英语老师；令他在全世界各地演讲时

座无虚席；在与孙正义谈投资时，仅用了6分钟就打动了孙正义，决定为他投钱……

从马云身上，可以看到语言的魅力无处不在。想要成为事业上的强者，就必须掌握说话的技巧，如果对说话技巧掌握得不好，就很难达到你想要的效果。

说话技巧的关键之一就在于一个"精"字，话说得太多并不见得是一件好事，不但浪费时间，还会错过机会。"精"不但要语句精练，还要提炼意思，要用几句话就能够说服对方。作为一个企业的领导者，如果能够讲出精练而又有品质有分量的话，对企业的员工是有很大帮助和激励的。

马云在这方面就做得很好，他言辞幽默，但不乏睿智。在阿里巴巴刚起步的时候，由于当时人们对互联网还不了解，有些人甚至一窍不通，所以阿里巴巴招聘很困难，公司几乎招不到人。针对这种情况，马云开玩笑地说："把大街上能走路的都招进来了。"

后来，阿里巴巴遭遇了第一次互联网泡沫危机，马云思虑良久，决定退守杭州，他身边很多人离开公司去创业，当然，成功的寥寥无几。而当时选择和马云一起退守的人，随着公司的发展壮大，成就也越来越大。马云这时候又说："其实，留下来的人也不全是有眼光的表现，相反，他们不知道自己离开阿里巴巴还能找到其他什么工作，所以就留了下来。"

从马云的这些看似漫不经心的玩笑话里，我们能够看出他的智慧与幽默。马云在道出了事实的同时，又表达了对自己团队的感恩，感恩于他们不离不弃的陪伴。而马云团队中的人，也会因为马云的精彩言辞，感到心中暖暖的。

马云的妙语连珠总是能够令人鼓掌赞叹。马云的成功离不开这些"妙语"，从这些智慧与现实相结合的话语中，可以看出马云特立独行，却值得人们深思与玩味的财富人生观。

● 马云的人生哲学

毫无疑问，良好的谈吐可以助人成功，令人事半功倍，而蹩脚的言谈则会成为成功之路上的绊脚石。当你看到演讲台上侃侃而谈的演说家，或者是看到公司大会上那些眉飞色舞谈工作内容的人，或许会感到十分羡慕。

小陈是一位敬业的部门经理，他为人很热心，对待工作也很热心，看到同事有什么困难，很乐意伸出援手，但他在公司的人缘不是特别好。这是因为小陈在与同事或者上司的交谈过程中不太懂得措辞，有时他的话会伤到对方。

下属向小陈汇报工作，小陈听了之后，想提几点自己的看法，就对下属说："说实话，这些问题我都已经想到了，我觉得你应该……"

这样说很容易打击下属的积极性，也会让下属认为领导这是对自己的能力表示不满和不信任。

下属做错了事情，小陈会说："这么点小事都做不好，以后我怎么敢把重要的任务交给你去做……"

虽然犯了错就应该指出，但这样的语气会激起下属心中的火气，久而久之，矛盾不断累积，自然会被激化。

下属向小陈请假，想要外出办事时，小陈一边批假条，一边说："这个假批给你了，但是……"

这让员工觉得领导不体恤自己，时间久了，彼此之间会产生摩擦，影响工作进度。

其实，小陈并没有什么坏心眼儿，他只是把该说的话用不恰当的言辞表达了出来。由此可见，在工作中，如果懂得在讲话中运用一些小技巧，那就会避免很多尴尬和误会了。

技巧一：不要说"但是"，说"假如"

当同事来和你商量工作时，你如果说"我觉得不错，但是……"这样会让你的认可程度大打折扣，你可以婉转地表达自己想说的建议，比如说："我觉得很好啊，很不错，假如再这样做……"这样说话，会让你的话被接受度提高。

技巧二：不要说"没必要，不需要"

一些否定性的词语尽量不要使用。心理学家调查发现，使用否定词语会让人产生一种被命令或者被批评的感觉，即便你说的是对的，也不易被接受。换一些肯定的带有期望的词语来表达会更好一些，比如"我希望你……"

技巧三：不要说"必须，一定要"

给下属安排工作时，不要总使用强调性的词语，"今天下班之前必须完成，否则……""一定要赶在明天上班前……"这样的话会给下属带来压力，会让他们产生对工作懈怠的情绪。如果换一种说法，比如"尽量在下班前交给我""最好明天做完吧"，这样的话会让下属觉得自己受到了充分的尊重。尊重是交流的基础，在尊重的基础上，下属自然能够充分与你交流工作中的一切。

技巧四：不要说"本来……"

在工作中遇到问题时，不要说"我本来就说……你非要……"这样会让下属觉得你是在推脱责任，放马后炮。遇到这种情况，可以使用一些安慰的语言，比如"算了，下次我们做好就可以了……"

这些言谈中的小技巧，可以消除人与人之间的距离。作为管理者，更应该注意自己的言谈，恰当的言谈不但能增添个人的领导魅力，还有助于管理。

管理者在表达自己的想法时，最好选用易被人接受的角度来说，而不是直接、生硬地去表达。说话时还应运用好自己的肢体语言。有研究表明，交流时，肢体动作、语言、表情所产生的作用是不同的，肢体动作要占到55%。在情绪不好时，尽量控制自己少说话，否则带怒气的话语会迁怒对方。不揽功劳，懂得将功劳分给其他员工，不居功，是树立管理者形象的好办法。

无论是在日常生活中，还是在事业上，想要成为一个真正的强者，说话的技巧不可不掌握，要做到既能达到说话的目的，又能圆融。正如马云所说："你可以说错，或者可以不说，但所说的必须是真实的。"

对员工要说真话

马云：阿里巴巴不希望用唾手可得的利益来吸引人才，而是要用企业文化留住人才。

俗话说："士为知己者死。"在一个企业中，想要让员工真心诚意地将公司的事当成自己的事来做，企业领导者在此起着至关重要的作用。如何经营好每一个员工，说到底就是能否做到对每一位员工都坦诚相待。

马云最开始做中国黄页的时候，有一次还有几天就要开工资了，因为资金紧张，账面上的钱不足以发放员工的工资，面对这种情况，马云并没有找借口拖欠员工的工资，而是坦诚地将公司目前所面临的困境告诉所有员工。面对马云的真诚，所有的员工都表示能够理解，并表示就算是再有几个月发不出工资，他们也不会离开公司。虽然马云最后还是按时发放了工资，但是这种对员工以诚相待的做法，却被他一直保留下来。

2005年，阿里巴巴并购雅虎中国，当马云第一次踏进雅虎中国的办公室时，他从几百名员工的眼中至少读出了几十种神情，有迷茫的，有沮丧的，有愤怒的……

面对雅虎中国员工的诸多表情，马云真诚相待，他说的第一句话是："首先我很抱歉，因为制度要求，我不能预先跟大家做沟通；其次，请大家给我一个机会、一些时间，留一年下来观看；最后，希望大家在一个有空调、像公司的地方舒舒服服地上班。"

随后，为了拉近与雅虎中国员工的距离，并购宣布一个月后，马云作出决定，将雅虎中国几百名员工用专列请到杭州。当他们到达杭州后，马云更是用一颗真诚的心热情地接待他们。考虑到雅虎中国员工的生活习惯，马云为他们准备了"中西合璧"的早餐：每个雅虎中国员工都收到了一个小袋子，里面装着两个热包子、一瓶旺旺牛奶，外加一包口香糖和一包餐巾纸，与此同时，十几辆大客车已经排队在站外恭候。在车队经过的马路两侧，挂满了"欢迎回家，欢迎雅虎回家"的条幅。

但是，表面的和气并不能消除两家公司在文化上的冲突，这也导致双方抵触情绪的产生。在被并购之初，雅虎中国的员工们不太理解马云的表达方式，而马云也有些不喜欢这些员工，马云认为"他们有一种小团队倾向，不喜欢沟通，似乎能说不能干，而阿里巴巴说到必须做到。他们也不喜欢我们，因为他们认为自己在技术上比我们厉害"。

当时，阿里巴巴的竞争对手也不断在暗中挖人，马云感到并购宣布以来最困难的时期到来了。于是，他把雅虎中国的所有员工召集在一起，抛出了较高的"离职"补贴政策：离职的员工可获得"N+1"个月工资的补偿金——N为该员工在雅虎中国工作的年数，而且期权可以全部套现。结果只有4%的员工选择了离开，大部分员工都为马云及阿里巴巴的诚意所打动，选择了留下。

马云对员工以诚相待，在每一个小小的细节上都能够得到体现。在公共办公区里，马云经常会笑容可掬地走到某位员工身边，亲切地与其交谈，拍着他的肩膀倾听工作中的难题，和员工打成一片。而且每一个员工都可以直呼马云的名字。对于这种看似"不成体统"的做法，马云解释说："我希望和同事之间是真诚的感情，像亲人一般的感情，而不是单纯的老总和下属的关系。叫我的名字不是很正常吗？名字起了就是给人叫的呀！"

正是由于马云这种坦诚相待的做法，让阿里巴巴所有员工也以积极的工作态度来回报马云。马云之所以能够把大批优秀人才聚于麾下，打造出一个富有战斗力的团队，铸就阿里巴巴的成功与持续发展，应该说与此有很大的关系。

● 马云的人生哲学

管理大师约翰·科特曾说过："作为一个领导者，许多时候，并不一定需要鸿篇大论，领导者只要注意一下个人感情上的细节，就会产生惊人的效果。"

作为阿里巴巴的领导者，马云追求与员工之间进行真诚的交流，他曾经在演讲的时候说："你可以不说，但是只要说，就要说真话。"这种做法也让他具有了一种独特的亲和力，在员工的心中，马云既像朋友，也像家人。一位阿里巴巴的员工这样评价马云："我感觉他本质非常好，非常善良，比较照顾周围的人，而且不是应付也不是应酬，而是发自内心的关心。他把我们当作真正的朋友，他付出从来不讲回报，他平等待人，而且处事很公正。很多事情我们觉得困难，可是他却说，你看我们还有那么多的希望。跟他工作很高兴。"

马云以其独特的魅力赢得了所有人的尊重，而如果一家公司的领导从一开始就不对员工坦诚相待的话，就很难让员工对你百分之百付出和信任。

有一个人到朋友的公司去学习参观，他发现了一个十分奇怪的现象，就是这个公司不像其他公司，鼓励员工加班。他朋友的公司不但不提倡员工加班，反而一到下班时间，行政部门的人就会催促所有员工离开办公区域。

他对这位朋友说："你真是一个好老板，不让员工加班，让他们能够有更多的时间和家人相聚。"他的这位朋友笑一笑，说："其实我们给他们安排的任务，他们回去也还是要加班的，让他们下班就回家，不过是为了给公司省电费。"

没过多久，这家公司就倒闭了，因为员工们都感觉公司的老板不够坦诚，过于精明，那他们也就没有必要为公司全力以赴了。

如果说每一个成功者的背后总是凝聚着无数人的心血，那么一个成功的企业必定会有一群强有力的员工作为后盾，前提就是，领导者与下属之间以诚相待，只有这样他们才能和谐默契，工作起来也才能轻松愉快，达到事半功倍的效果。

卡特彼勒公司是世界上最大的工程机械生产厂家之一，公司有专门负责内部沟通的部门Internal Communications，隶属于HR。他们通过多种方式与员工定期沟通，内网、每周通过E-mail发送的区域communications板块、每季度的内刊，还有紧急事件的通讯。除此之外，选举产生的员工委员会负责员工与管理层的沟通，主要是把员工的意见和感受传达给管理层，召开定期会议保证双方的意见得到及时交换。而作为全球最大的商用车制造商戴姆勒公司的总裁迪特尔·蔡澈，"真诚"是他的三个最重要的领导特点之一。

　　企业最宝贵的财富就是人才，真诚地为人才建立良好的沟通机制，才能够极大地激发他们的积极性。《孙子兵法》云："视卒如婴儿，故可与之赴深溪；视卒如爱子，故可与之俱死。"讲的就是这个道理。反之，如果企业管理体系混乱不堪，员工们互相猜忌，感情疏远，领导者怀着纯粹"利用"的心态来管理下属，只会动摇军心，也不能任用好人才，不能挽留住人才，造成"人才浪费"。所以说，诚信不仅体现在经营上，更体现在对员工的真诚上。

管理企业就是管理人心

　　马云：你想把别人绑住是绑不住的，绑得住人绑不住心。要的是让他心甘情愿地留下来，强扭的瓜不甜。

　　作为一个领导者，如何能够让下属死心塌地跟着自己干事业？靠的不是高薪厚职，也不是股权分红，而是赢得属下的心。得人心者得天下，能够赢得属下的真心支持，那么，就能成就一番大事业。

　　在阿里巴巴，曾经有过这样一个故事。

　　一位年轻有为的部门主管在一段日子里总是心事重重，因为有另一家公司愿意花更高的价钱挖他过去做事，他正在考虑之中。这个部门主管现在在阿里巴巴的年薪15万元左右，他自毕业以来就一直待在阿里巴巴，因为为人诚恳、工作认真负责，所以很快就得到了提拔，在公司的人缘也不错。因业务关系也结识了不少业界精英和知名人士，认识他的人都对他的业绩赞赏有加。

当这位部门主管纠结于跳槽的事时，一年一度的中秋节即将来临。这时候，主管的家人传来了消息，说家里面收到了一盒月饼，而且还是阿里巴巴的老大马云寄去的。不仅如此，马云还在月饼盒中附上了一封慰问阿里巴巴员工亲属的信。部门主管的家人说，他们见是马云亲自写的慰问信，还特意找了当地的一个高年级学生朗诵了一番，大家听完后都非常感动。

原来，阿里巴巴特意为每位员工的家人都寄去了一盒慰问月饼，还有一封马云写的慰问信。这位部门主管的家乡在偏远的小山村，当他的父母收到这样一份中秋节礼物时，几乎感动得泪流满面，甚至全村的乡亲们在听说这件事后都觉得很欣慰。这位主管的父母把月饼切成小份分给了前来的每位乡亲，与大家一起分享了这份意外的喜悦。

部门主管得知了这个消息后，独自一个人思考了很久，并且回忆了自己从毕业到现在的种种工作经历。经过一个通宵的思考之后，他才发现，自己在工作中真正需要的是不断地提升自己，而他最大的优势则是自身的诚恳和对工作的热情。

中秋节送月饼这件事已经很好地证明了阿里巴巴是一个懂得对员工感恩的有良知的大企业，而马云更是一位懂得感恩的有心的企业家。他需要的不正是这样的企业和老板吗？那么还有什么需要纠结的呢？第二天，这位部门主管就坚决地回绝了高薪聘请他的那家公司，安安心心地继续在阿里巴巴工作了。

其实，阿里巴巴为员工的家人寄月饼和慰问信的这一行为就是典型的企业感恩文化。而所谓的企业感恩文化，就是用回馈的方式来构建企业与员工、顾客、合作伙伴以及社会之间的关系和互动，向这种关系中渗透一种情感，进而使得企业得到更大的发展空间以及收获更多的利益。企业感恩文化最重要的一点就是对员工的感恩，用这种行为来感动员工，进而促使员工加深对企业的情感，加强对企业的信任和依赖，并提高其对企业的忠诚度。

从来就懂得知恩图报的马云当然非常了解企业感恩文化对企业长期稳定发展的重要性，而如何形成一个具有感恩文化的企业，马云明白，除了用真心打动员工，别无其他。试想：假如没有当初那一帮与他共同奋战创业的"战友"，假如在阿里巴巴成功之后马云没有用实际行动来回报他们，那么还有今天享誉世界的阿里巴巴吗？

一张小小的生日卡片、一份简简单单的节日问候礼、一次真心真意的关心……这些"人情"都是凝聚员工的清新空气。当然，一个企业想要聚集优秀的人才，而且不致人才流失，这种感恩的行为还必须坚持下去。仅仅是一两次的表面功夫肯定是无法赢得员工真正的忠心，企业只有在长期的感恩回馈中才能形成感恩文化，进而聚拢一批真正为企业卖命的好员工。一个在浓厚感恩氛围中工作的人，难道不会为企业带来最大的价值吗？

● 马云的人生哲学

阿里巴巴的感恩文化不仅表现在与员工分享企业的成果上，更多的体现在企业对员工的尊重，令员工感到自己受到重视，从而对企业充满了感恩之情。留住了心也就留住了人，所以，阿里巴巴能够留住很多人才。

很多企业的管理者不明白留住人心的重要性，他们认为只要拿出高薪，为员工提供好的办公环境，就可以令员工死心塌地地为自己工作。其实这种想法是错误的，高薪和好的办公条件可能会留员工一时，却未必能够长久。

因为人都是感情动物，想要真正留住员工，就要拉近与员工的距离，抓住他们的心。一个得人心的管理者，就算别人出再高的薪水，提供再高的职位给他的员工，他的员工也不会轻易跳槽的。相反，一个不得人心的管理者，就算没人挖他的员工，他的员工也会离开。

李开复说："创业家身上应当具有'四性'：悟性，学习新事物的能力和心态；耐性，为长期愿景努力，恪守原则；韧性，失败不是惩罚，而是学习的机会；人性，对他人的真心关怀，追求双赢。"

很多优秀的企业家，他们都很有人情味，懂得管理人心，令自己在公司内外都有好口碑。日本的企业家岛川三部曾对外界称："我经营管理的最大本领就是把工作家庭化和娱乐化。"

公司注重人情味和感情的投入，给员工家庭般的情感抚慰，这是企业管理中常用的"温暖"法则。法则要求管理者要尊重和关心下属，时刻以下属为本，多注意解决下属日常生活中的实际困难，使下属能够感受到管理者给予的温暖。这样，下属出于感恩之情，就会更加积极努力地为企业工作，维护企业利益。

马云说："当员工达到100人时，我必须站在员工的最前面，身先士卒，发号施令；当员工增至1000人时，我必须站在员工的中间，恳求员工鼎力相助；当员工达到10 000人时，我只要站在员工的后面，心存感激即可；如果员工增到50 000～100 000人，心存感激还不够，必须双手合十，以拜佛的虔诚之心来领导他们。"

管理者所管理的企业越大，越要实行"温暖"法则，这是大多数企业管理者公认的经验。当然关心员工一定要真诚，这样员工的心才能真正归向企业。

　　帮助汉高祖打天下的韩信在未得志之前，生活很是清苦。为了填饱肚子，韩信经常去乡下钓鱼，希望能够钓到大鱼，卖个好价钱，以换取米粮。但韩信的运气并不总是好的，很多时候他都是空手而归。

　　看到经常饿肚子的韩信，一位常在河边洗衣服的老婆婆很同情他，就常带吃的给韩信。在韩信最困难的时期，这位婆婆送给他的干粮犹如雪中送炭，帮助他挨过了那段日子。后来韩信当了大将军，发达之后，专程去看望老婆婆，送黄金千两给那位老婆婆，以感谢她当年的救济之恩。但老婆婆并未接受，因为老婆婆说当年对韩信的帮助出自真心，并未想日后得到回报。

　　虽然当年老婆婆对韩信的接济可以说是微不足道的，但在人困难的时候伸出援手，这会让人记在心里一辈子，尤其是不求回报的帮助。

　　以人为本，管理企业就是管理人，管理好人心，自然能够管理好企业。"心"的作用是影响工作的根本，管理者对员工的"心"做好经营管理，才能使员工将"心"完全放在企业上，与企业同心，与企业同进退。

员工的忠诚最重要

马云：道德是阿里巴巴的天条，永远都不能够被侵犯。

　　如果将一个人的智慧和勤奋比作黄金，那么这个人的忠诚度就可以比作钻石。在职场中，对自己的公司和工作忠诚，从某种意义上讲，就是忠诚于自己的事业，就是以不同的方式为一种事业做出贡献。对于这一点，马云是非常认同的。

　　在中国，大多数企业在进行员工评估的时候，都会唯业绩马首是瞻，这些企业的领导者对那些能够为企业直接创造价值的员工情有独钟。然而，马云却与这些企业的领导者不同，他在挑选人才的时候，更看重的是一个人的人品，也就是这个人的价值观。在阿里巴巴，对一个人进行评估考核时，个人业绩和价值观各占50%，并将员工分为三种类型。

　　第一类是有业绩但是品德差的员工，这类员工被称为"野狗"。对于他们，如果不能改变其价值观，那么无论业绩多么好，阿里巴巴都会坚决将他们"清除出门"。

　　第二类是没有业绩但是品德高尚的员工，这类员工被称为"小白兔"。对于他们，阿里巴巴会用心培养，争取让他们早日成长起来，但是如果他们始终没有进步的话，那么也会被逐渐淘汰掉。

　　第三类是不仅业绩好，而且品德高尚的员工，这类员工被称为"猎犬"。他们是阿里巴巴需要的员工，因此会受到公司的重用，并且有机会接受最好的培训。

　　在这个考核系统中，"六脉神剑"的价值观就是阿里巴巴的天条，任何人都不能触犯。所谓"六脉神剑"，就是客户第一、拥抱变化、团队合作、激情、诚信、敬业，这是一个以价值观为首要目标的考核体系。假如你的业绩不好，没有关系，公司会帮助你成长。如果你违背了公司的价值观，做出有损公司形象的事情，那么无论你业绩多好，能力多强，都必须离开公司。

　　在阿里巴巴创建之初，马云就制定过一个制度：公司永远不要给任何人一点回扣，如果谁给了回扣，就请离开公司。马云认为，阿里巴巴不需要进行桌下交易，他也不需要进行桌下交易的伙伴。

　　在阿里巴巴曾经发生过这么一件事情：

有人反映公司的一名员工在与客户接触的时候，向客户承诺回扣。经过调查，终于真相大白，原来是淘宝网一名业绩一向很优秀的业务员，为了自己这个季度的业绩能够达到"优秀"，而想出这么一个歪招。

这个业务员平时一直表现得很优秀，而且刚刚被评为"销售之星"，部门主管有些舍不得开除他，不想因为一次错误就将他扫地出门。

马云知道这件事后，当天就让这名员工办好了离职手续。用马云的话来说："杀他是很痛的，但是还得杀掉他，因为这种人没有用，他对团队造成的伤害是非常大的。"

来阿里巴巴应聘，"诚信"是必考题之一。想进入阿里巴巴，就必须满足诚信这一条件，因为诚信是一个人最宝贵的品质，一个不讲诚信的人，马云是绝对不会录用的。

● 马云的人生哲学

如果将公司比作一艘船，你就是船上的水手，那么等你登上船后，你的命运就和这艘船紧密地联系在一起了，忠于职守、忠于企业就成了你的义务和使命。

在蜜蜂王国里，有着森严的等级秩序。蜂后永远处于最顶端，因为它担负着繁衍后代的责任，所以工蜂们必须忠诚于它，必须任劳任怨地供养它，只有这样，才能确保整个蜜蜂王国的和谐统一。

对于一个公司而言，员工必须忠诚于公司的领导者，这也是确保整个公司能够正常运行、健康发展的重要因素。

麦当劳创始人克洛克曾经与一名推销员合伙做厨房折叠式桌椅的生意。没过多久，他就发现市面上出现了仿造的桌椅，后来他得知是这个推销员与自己的秘书勾结，仿造出赝品，并换了另一个名称推向市场，克洛克非常气愤，把他们全都解雇了。

后来克洛克创建了麦当劳，并且风靡全球，那个推销员想要投靠克洛克，克洛克拒绝了他，并说："人可以偶尔犯一次无意但诚实的错误，但对不忠实的行为却是永远无法宽恕的，我绝对不会宽恕或原谅不忠实的行为。"

与此相对比的是，在麦当劳公司里有一个名叫弗雷德·特纳的年轻人，他特别能吃苦耐劳，对克洛克也忠心耿耿，踏踏实实地为公司效力，并且具有灵活的经营头脑和高超的管理才能。克洛克对其非常赏识，在克洛克的提拔下，特纳慢慢成长起来，先后担任过连锁店经理、部门主管等职务，并最终接替克洛克，成为麦当劳公司的第二任CEO。

同样的两个人却受到了克洛克截然不同的对待，对于那个背弃忠诚的推销员来说，忠诚就像是一块巨大的石头，将他追求事业成功的道路完全堵死。与其相反，弗雷德·特纳则是在麦当劳投下了一颗忠诚的种子，在兢兢业业、自动自发的浇灌之下，这颗种子终于给他带来了丰硕的果实。

在一次演讲中，马云曾说过："能力决定你所在的位置，品格决定你能在这个位置上待多久。"对于那些有责任心、能够做大的企业来说，永远将员工的品德放在第一位。蒙牛的掌门人牛根生有一句很有名的话，叫作"有才有德，提拔重用；有德无才，培养使用；有才无德，限制录用；无才无德，坚决不用"，这与马云的"六脉神剑"有着异曲同工之妙。

在福特汽车公司最困难的时候，艾柯卡临危受命担任总经理，并最终使福特汽车公司走出了困境。但是，福特汽车公司董事长小福特却认为艾柯卡"功高震主"，对其进行排挤，这使艾柯卡处于一种两难境地。

在这种情况下，艾柯卡说了这样一句话："只要我在这里一天，我就有义务忠诚于我的企业，我就应该为我的企业尽心竭力地工作。"尽管后来艾柯卡离开了福特汽车公司，但他仍很欣慰自己为福特公司所做的一切。

"无论我为哪一家公司服务，忠诚都是我的一大准则。我有义务忠诚于我的企业和员工，到任何时候都是如此。"艾柯卡这样说。正因为如此，艾柯卡不仅以他的管理能力折服了员工，也以自己的人格魅力征服了员工。

许多企业在招聘员工时，既要考察其能力，又看重个人品质，而品质最关键的就是忠诚度，很多老板也都在寻找忠诚的助手。一个忠诚的人十分难得，一个既忠诚又有能力的人更是难求。忠诚的人无论能力大小，老板都会予以重用，这样的人走到哪里，都有条条大路向他们开通。相反，能力再强，如果缺乏忠诚，往往会被人拒之门外。忠诚的员工是最高明的投资者，因为他本身的忠诚就是对人生最好的投资。铸就忠诚，必然收获美好的人生。

第八章

创新哲学：
拥有持久的激情才可能赚钱

在我看来有三种人：生意人，创造钱；商人，有所为，有所不为；企业家，为社会承担责任。企业家应该为社会创造环境。企业家必须有创新的精神。20世纪80年代赚钱靠勇气，20世纪90年代靠关系，现在必须靠知识和能力！我们不能企求于灵感。灵感说来就来，就像段誉的六脉神剑一样。阿里巴巴的"六脉神剑"就是阿里巴巴的价值观：诚信，敬业，激情，拥抱变化，团队合作，客户第一。

成功与读书多少没关系

马云：3年以前我送一个同事去读MBA，我跟他说，如果毕业以后他忘了所学的东西，那他已经毕业了。如果他天天还想着所学的东西，那他就还没有毕业。学习MBA的知识，但要跳出MBA的局限。

成功与否跟情商有关系，成功不成功跟读书多少没关系。但是成功以后读书很重要，成功人士不读书一定往下滑，而且会滑得很惨。

我创业永远挑自己最开心的事情做，挑最容易的事情做，挑大家都喜欢干的事情干，最重要的事情、最难做的事情留给别人。

我不是说假话，我书读得真不太多。书院邀请我，我说我书读得真不太多。成功还是不成功，跟读书多少没关系，但是你成功以后读书很重要。我看到很多人成功跟读书没有关系，但是成功人士不读书一定往下滑，而且会滑得很惨。我们看了太多这样的案例。我觉得读书要会读，我不算会读书的人，但是我争取做一个会读书的人。有时候我在公司里碰上很多人特能读书，他们智商很高，情商极低。成功与否跟情商有关系。我把人当书看，我碰上任何一个人，不管他是怎么样一个人，我都很欣赏他。我总是说，这哥们儿挺逗的，还有这样的想法。而且绝大部分的书，我看了前面几页基本上能猜出后面几页，后面的故事基本上我能猜出来，所以大部分书我看了会扔掉。当然金庸的书我是永远猜不出来的，我觉得特别好玩儿。

人是一本耐读的书，我自己觉得我们公司24 000名员工是24 000本书，各种各样的，他们每个人的人生阅历，他们每个人碰上一个事情或问题怎么处理，都是大大出乎我的意料。在座每一位年轻人，看书固然重要，但是看人、和人相处更为重要。我记得当年淘宝跟易贝竞争，有几个朋友给我一本书，说："马云，这本书必须得看，你看了这本书，你才可以打败易贝。"易贝出了一本书《完美市场》，指出易贝当年怎么打败了雅虎。我把这本书扔到了垃圾筒里，我说希望有一天易贝看我们怎么打败它的书。因为你看了以后基本上会按照这个路径走，你会太了解它，以及别人怎么打它的，你最后越走越悬乎。

看书是一种乐趣，看了以后觉得挺快乐的，哈哈一笑，或者号啕大哭一场。但是我看书，让我背诵几段，还要讲几段，我是做不到的。我这个人脑袋小，我要懂得小脑袋合理运用的方法，就是东西得忘得快。我的脑袋像电脑一样，电脑不是程序装得越多、软件装得越多就越灵活，而是程序装得越多，电脑跑得越慢；我脑袋小，沈国军转一圈，我已经四圈半转回来了，只能跟人家比谁快。

另外，看书真是看啥补啥。有人说，马云你给我一批书单，我看你看什么书，我好好看看。我说，第一，我真不怎么看书；第二，我喜欢的你未必喜欢，我就喜欢看小人书。有人说，马云你怎么喜欢看金庸的小说。我真喜欢看金庸的小说，喜欢，没有对错。所以看书得找自己觉得喜欢的看，我们隔壁的老沈多勤奋，天天看那么深奥的书，你看过两本就一定瞎了。每个人只挑自己感兴趣的书。我创业永远挑自己最开心的事情做，挑最容易的事情做，挑大家都喜欢干的事情干，最重要的事情、最难做的事情留给别人。这是实话，这是创业的一个秘诀。人生多累，你有一个老板已经够累了；如果没有老板，既希望做自己开心的事，又挑一本隔壁老沈看的书，你更累。人生苦短，读书能给你带来快乐，不是给你带来压力，读书更不是比谁看的书多就行。我们公司的员工也好，外面的很多年轻人也好，他们博览群书，我很钦佩，像活字典一样。你问他王安石变法是哪一年，1069年。多少乘以多少，弄一个计算机就可以了。

我反正已经这么大了，这个年龄了，书也读不多了，所以我给大家的建议是不读书也挺好的。喜欢读书，也很好，千万不要觉得书读得不够多，觉得挺难受、挺丢脸，没什么丢脸的。人可以少读书，多干事。有人事干得很多，当然时间有限，把自己的人生当一部书，翻过了就忘了。

● 马云的人生哲学

这是马云发表的一次演讲，讲了读书与成功的关系，马云认为并不一定读书越多，越能成功，这之间并没有什么必然的关系。一个人如果只知道埋头读书，不走出去看看外面的世界，接受社会的洗礼，那也不会与成功接轨的。

在1973年，美国有个叫科莱特的青年考入了美国哈佛大学，他十分用功，希望将来大学毕业后能够到社会上成就一番事业。

科莱特有个男同学，常和他坐在一起听课，当他们读到大学二年级的时候，那位男同学忽然提议科莱特和他一起退学，去开发32Bit财务软件，因为新编教科书中已经解决了进位制路径转换的问题。

这个提议让科莱特感到诧异，他不明白既然考上了大学，为什么要退学，而且要开发32Bit财务软件。不学完大学的全部课程是不可能的，因为连学校的博士教授都不敢夸这个海口。所以，他拒绝了那个同学的提议，继续留在学校学习，而那位同学最后真的退学创业去了。

10年之后，勤奋好学的科莱特成了哈佛大学计算机系的博士研究生，那个退学的男孩进入美国《福布斯》杂志亿万富豪排行榜。1992年，科莱特拿到了博士学位，他认为自己读了足够多的书，具备了足够的知识，可以研究和开发32Bit财务软件了。但那个男同学已经开发出了比32Bit快1500倍的财务软件，并很快成为了世界首富。这个男同学就是比尔·盖茨。

科莱特用知识不够这个理由拖延了时间，他不停地读书，他认为只有拥有足够的书本知识，才有资格去获得成功，但比尔·盖茨更明白创新精神并不在于掌握多少书本的知识，而是要有足够灵活的头脑。

实际上，有很多人都跟科莱特一样，他们认为只有具备了精深的专业知识才有资本去创业。其实，世界创新史表明：很多成就一番事业的人，都是在知识不多的时候，就瞄准了目标，然后在创业的过程中，根据需要不断来补充知识。反而是那些从小到大一直闷头学习知识的人，从事发明创造的并不多。

如果比尔·盖茨学完所有课程，甚至像科莱特那样读完博士再去创业，那这个世界上也就没有微软了，只会又多了一个博学的博士。

创新不能等，不要想着等自己拥有了多么丰富的知识再去创新，那样大脑往往会被知识给捆绑住，无法碰撞出火花。

多读社会这本书

马云：发令枪一响，你没时间看你的对手是怎么跑的。

《赢在中国》第一赛季晋级篇第八场。

参赛选手：张奕多，男，1975年出生，硕士，工商管理学专业。

参赛项目：结合网络游戏的技术模式与远程教育的教学宗旨，开发一个游戏平台，把知识有机地融合于游戏之中，通过游戏来学习知识。

马云："你在盛大工作过多长时间？"

张奕多："半年。"

马云："当时为什么想要加入盛大？"

张奕多："我回国的时候读完了MBA，那是2003年，我已经28岁了，我想我的经验不够丰富，需要去一些大公司里锻炼一下。那时候我就听说了陈天桥的故事，那时陈天桥还不是特别知名，但是已经在游戏这一块做得不错了。我觉得他这个人非常值得钦佩，我当时就跟盛大联系，回国以后加入盛大公司，我想从中学到一些东西。"

马云："为什么半年你就决定离开盛大？"

张奕多："我离开的原因很简单，因为学的是MBA，在盛大应付这些没有问题，但是如果让我去并购，收购一家网络游戏公司，去研究这款网络游戏究竟受不受欢迎，客户究竟怎么看待这个网络游戏，很难。在网络游戏这个领域，我比不上20世纪80年代以后出生的人。人在社会上应该做他最擅长的事情，在网络游戏里面，我不如80年代以后出生的一代人，我应该做最擅长的，就出来做商战模拟领域。"

马云："你在离开盛大1个月后，就创建了这家公司。"

张奕多："对。"

马云："你们公司跟政府有很好的关系，这跟你公司的发展有什么必然的联系？"

张奕多："我觉得作为一个企业的领导，你应该处理各方面的关系，要跟各方面的人打交道。作为一个CEO，70%的精力就是跟人打交道。"

马云："为什么要强调政府关系？"

张奕多："我们公司是由政府北京天使投资给投资的，这对推广我们的产品有很大帮助。"

马云："这容易让我产生联想，你获得6项大奖，你跟政府关系很好，是怎么拿来的，我会乱想的。"

张奕多："这应该说没有必然的联系。只是当初我做这个项目的时候，它是一个教育项目，中国政府提倡科教兴国，提倡创新与创业，他们愿意支持这样的项目。"

马云："我觉得，你的整个计划讲得不错，这个计划也做得很成功。你做事比较稳重，也很理性。但是我觉得这个计划竞争会很激烈，也很难做到。另外一个建议，创业者往往是开拓者，你在读MBA时学了很多知识，未必可以让你去创业。创业者最大的快乐就在于在创业过程中去学习，去提升。很多时候创业者因为自己搞不清楚而去创业，当自己搞清楚以后就不去创业了，所以创业者书读得不多没关系，就怕不在社会上读书。"

● 马云的人生哲学

能力的大小和读书的多少没有直接的关系，在社会上，很多人的能力都是通过实践锻炼出来的。人的能力不是天生的，不管智商多高，都需要后天的锤炼才能得以应用。同样聪明的人，为什么有的人就能事业有成，家庭幸福；而有的人却是一无所有，抱怨不断呢？这其中的区别就在于能力的大小，但能力并不是上学读书能够提高的，需要经过社会的考验。所以，马云教育那位创业者，读书少不怕，但社会这本书如果不去用心读的话，那在社会上就无法站住脚。

艾艾是个刚研究生毕业，进入企业工作的高材生。在学校里，她得过很多奖，是学生会干部，一帆风顺。进入社会后，她想自己也会和在学校一样优秀能干，但让她郁闷的是，上班第一天就闹出了笑话。

经理让艾艾跟着老员工先熟悉工作环境，但艾艾觉得带自己的员工不过是个专科毕业生，能力肯定不如自己强，就不大情愿跟那个员工学习，所以在听那位员工介绍公司情况、工作内容时，艾艾有些心不在焉。

介绍完工作之后，艾艾便去独立完成一份报告。她信心满满地将报告做好，也没有交给那位员工看，就直接递到了经理那里。结果经理看过之后，指出了其中很多错误，有好几处是常识性的错误。

在下午的会议上，经理点名批评了艾艾，让她好好跟着老员工学习，脚踏实地，不要好高骛远。艾艾虽然心里不服气，但也没办法，为了不再挨批评，她只得老老实实地跟着老员工学习。

一段时间过去后，艾艾发现那些学历没她高的员工，在工作中有许多值得她学习的地方。一次调研过程中，艾艾对手中的一项工作一筹莫展，这时，一位她平时觉得不如自己的员工走过来，看到了艾艾遇到的问题，便对艾艾提了几个建议，顿时让艾艾醍醐灌顶，手中的难题也迎刃而解了。

许多人以为，掌握了很多书本知识，就能够在社会中发展，其实，学校里学到的那点知识，走入社会根本不够用。进入社会，还要不断深造，因为工作、生活中的很多知识和技能，在学校里是无法学习到的，如果不继续学习，就无法适应社会日新月异的急剧变化。

在竞争激烈的职场，更要加强学习，通过努力学习职场中的知识，才能渐渐从职场菜鸟变为职场精英。但职场中的学习法则与学校的学习方法不一样，职场这所学校对人的要求更严格、更多元化。

第一，利用业余时间提升自己。

公司是让你工作的地方，不是为你提供书桌的地方。在工作中遇到难题，要在工作时间以外解决，这样才能更有效地提高工作效率。

第二，与周围人搞好关系。

很多人在参加工作后，觉得周围的人都不如自己，会有与同事疏远的感觉。其实，每一个人身上都有我们值得学习的地方。在工作中，要不断向周围人学习，学习甲的待人接物，学习乙的说话办事，学习丙的处理危机能力等。在社会中，不会像在学校里，老师会耐心教你，只有不断鞭策自己进步，才能让自己更加完美。

第三，让自己多元化。

在职场中，处理事情的方法并不只有一种，不同时间、不同地点，处理事情的方法也不一样。所以，做事情不能死脑筋，要多方位思考，让自己的思维变得更加立体化、多元化，这样做起事情来才能收放自如。

社会这本书不是一两年可以读完的，要沉浸其中，花费很长时间研读。当然，在社会中打拼时，也不能完全丢弃书本；只有将理论与实践相结合，才能让自己具备良好的生存和发展优势。

倒立思维：一切皆有可能

马云：如果你倒过来看世界，它会变得不一样。

倒立是阿里巴巴员工的"必修课"。在2005年，《福布斯》杂志上刊登了阿里巴巴员工贴墙倒立的照片，称这是阿里巴巴公司员工的"招牌动作"。的确，阿里巴巴的员工都必须在进入公司3个月内学会倒立。男性要保持倒立姿势30秒才算过关，女性保持10秒就可以过关了。如果无法做到这一点，那就算其他方面再怎么优秀，最后也只能是卷铺盖走人，离开公司了。

马云自己也是倒立高手，他可以单手支撑身体，倒立几分钟都面不改色。为什么要让员工练习倒立呢？马云对此有自己的认识：第一，倒立可以锻炼身体，不用器械辅助，随时随地就可以进行，十分方便；第二，通过练习倒立，促使员工对问题进行换位思考，用另一种眼光来看待，可以培养创新思维。

选择注资1亿元办淘宝网的时候，马云遭到了很多人的质疑，当时中国的互联网行业还处于冬天，另外，提供类似网络市场服务的易趣已经占领了中国80%以上的市场份额，国外的eBay在2002年花了3000万美元，收购了易趣1/3的股份，并在2003年以1.5亿美元的价格收购了易趣余下的股份，为的就是能够加强对中国市场的投入，在中国市场占据领先地位。

这样的强大对手已经矗立在那里，当时很多人都已经放弃了电子商务这一块的业务，就是觉得没什么竞争力，马云偏偏要选择与其竞争。所以，马云的做法在当时被形容为"疯狂""豪赌"。

马云注意到eBay虽然做得很大，但很多地方并不完善，有很多弱点，针对这些弱点，马云觉得这一仗自己还是有胜算的。马云那时候常常说："eBay可能是海里的鲨鱼，可我是扬子江里的鳄鱼，如果我们在海里交战，我便输了；可如果我们在江里交战，我稳赢。"马云就是要走和eBay不同的路线，本地化的营销是淘宝网制胜的法宝。与eBay坚持收费不同，淘宝网并不着急去收钱，收回成本，而是先以培育市场为主要目的，把客户的满意度放在首要位置。

一开始的时候，eBay的全球总裁惠特曼毫不掩饰自己对淘宝网的不屑，他预言淘宝网最多撑18个月就要倒闭。但18个月后，淘宝网不但没倒闭，发展势头还越来越猛。eBay易趣的首席运营官郑锡贵意识到了危机："我们在中国要打的是一场'持久战'，做的是100年的计划。"

马云不按常理出牌，再一次取得了胜利，淘宝网发展至今，已经是无人不知无人不晓的电子购物平台。在2012年11月11日，淘宝"光棍节"的销售额达到了191亿元。

这些成绩都是当初人们想不到的，如果马云一直按常规思维办企业的话，那也就不会有淘宝网了。

"一直有人说阿里巴巴的这个模式这样不好那样不好，所以创新得顶得住压力，挡得住诱惑。我们最早被人说是疯子，到今天被说成狂人。不管别人怎么说，我们不在乎别人怎么看待我们，我们在乎的是怎么看待这个世界，如何按照我们的既定梦想一步一步往前走，这是做企业做任何事一定要走的路。"马云总结，不要被常规思维给束缚住，要挣脱世俗，活出自我。

● 马云的人生哲学

"山重水复疑无路，柳暗花明又一村。"有时候，逆向思考一下，没准会有意想不到的转机。换个角度，就能看到不同的天空，视野会和之前完全不同，但这同时也是需要很大的勇气的，需要去接受全新的考验。

2001年，年仅28岁的江南春就是一家年收入几千万元的公司老板了，很多人如果拥有了他那时的地位和身价，恐怕觉得这辈子也就知足了，但江南春对现状并不满意，他希望自己在事业上还能做出更大的成绩来。

江南春发现一个有趣的现象：公司的老板、高管们一般都是直接把车开进公司车库，然后坐电梯进办公室，如果能够在电梯这个有限的空间做广告，专门针对这类人群，那真是再合适不过了。

有了这个想法后，江南春就着手去办这件事情，他陆续将自己2000多万元的家底拿出，在上海顶级的50栋商业楼宇安装液晶显示屏。但一开始，效果并不如他想象的好，客户们并没有掏腰包投放广告，而是按兵不动。没有广告收入，江南春只得一直烧钱，苦撑着。

8个月后，终于引来了日本软银的一笔投资，而后，高盛、德丰杰等著名风险投资公司相继投资，江南春这一创新的想法得到了支持。

江南春的创新思维，使他的事业再创新高。其实可以实现创意的地方无处不在，就看你有没有实现创意的意念。

美国内华达州的拉斯维加斯是荒漠上的一片绿洲，那片神奇的土地吸引了无数游客前去度假，所以，酒店成了那里的热门产业。

2006年，30岁的卡特也很想拥有自己的酒店，但他并没有多少钱，无法修建豪华的星级大酒店。一次偶然的机会，卡特购置了一家大型酒店边的5层楼房，希望能够将这5层楼房打造成他梦想中的酒店。

卡特为他的酒店做了精心的装潢，还起了一个吸引人的名字，叫"梦幻酒店"，但酒店开张后，一直门庭冷落，鲜有顾客光顾。每当卡特看到游客们径直走到旁边的大酒店，连看都不看一眼他的"梦幻酒店"时，就十分难过。

眼看时间一天一天过去，酒店的生意毫无起色，再这样下去，早晚要关门大吉的。

这天，酒店还是空无一人，卡特心灰意冷地去附近的一个小村子里散心。在村子里，卡特遇到了一位老人。他将自己最近的遭遇讲给老人听，老人听完后，带卡特来到村子旁边的一个集市上，指着不远处两个卖桃的商贩，对卡特说："你仔细看，他们有什么不同？"

一个商贩的桃子又大又红，可不管商贩怎么吆喝，他的摊位前买桃子的人就是多不起来；反倒是另一个商贩，没有怎么吆喝，摊位前却有很多人在买桃。卡特注意到这个商贩每卖出一袋桃子，就送一瓶自来水。

老人对卡特说："这瓶水是用来洗桃子的。这里缺水，很多人买了桃子，想要吃新鲜的，但找不到水，就只好用手擦拭桃子，可是桃子上的毛刺会让人的手很痒，这个商贩送一瓶水，会让买桃的顾客感到方便很多。"

卡特从老人的话语中得到启发，他回去后，马上与一家纯净水公司取得联系，让他们每天送大量的水到酒店，每当一桌客人吃完饭之后，他就送上两瓶免费的纯净水。久而久之，来卡特店里吃饭、住宿的客人多了起来。

原本快要倒闭的"梦幻酒店"逐渐壮大起来，不久之后，还兼并了旁边的大型酒店。卡特利用拉斯维加斯属于沙漠地带，天气干燥缺水的特点，打造了一个免费送水给顾客的活动，不仅让顾客感受到了酒店的人文关怀，也解决了喝水的问题。

面对同一个问题，面对同样的市场竞争，如果换一个角度去思考，换一个位置去打算，就会出现截然不同的结果。马云让员工倒立，就是希望员工能够时时刻刻记着，人生不是只有一条出路，有时候，看着是一条死胡同，可没准换个角度去看，就能发现另有出路通向大道。

抢在变化之前先变

马云：互联网是一个危机四伏、高速发展的领域。谁能想象，2年以前，美国雅虎多么厉害，但是今天大家发现微软要并购它；3年以前，谁可以想象MySpace、Facebook、YouTube；5年以前，谁能够想到Google有那么

厉害！所以说整个互联网变化速度非常之快，我们必须看清楚自己面对的是什么，才有可能生存、成长和发展。

　　互联网行业瞬息万变，是个变幻莫测的领域，也许今天你还能在业界叱咤一方，可能到了明天就会被淘汰下去。当旧的B2C模式遇到瓶颈、难以发展时，马云开始思考，如何颠覆传统，创新未来。

　　传统的B2C模式需要投入巨资建立仓储、配送中心，中间的成本耗资巨大，可获取的利润十分少，仅在5%左右。马云谈到B2C时，说道："即使美国有那么好的配送和物流基础，但是亚马逊只有5%的利润。在中国，B2C的市场已经很成熟了，但是你看卓越、当当还是活得很辛苦，说明这个模式有问题。"

　　马云认为应该有一种更新的模式，更适合中国国情的电子商务模式出现。在2004年的时候，他曾表示："未来的电子商务，将没有B2B与C2C的界限，最大的好处是电子商务将像身边的自来水一样方便。"

　　2004年9月，阿里巴巴成立5周年时，马云宣布了阿里巴巴公司的一次人事调整，公司战略从"meet at alibaba"全面跨越到"work at alibaba"。马云解释为："'meet'就是把客户聚在一起，就像建水库，如果养鱼，没什么意思；如果做旅游，还要花费水电。所以，'meet'的钱都是小钱。'work'则意味着水库要铺管道，水送到家里要变成自来水，自来水厂赚的钱一定比水库多。"

　　马云预言未来的电子商务对每一个中小企业都能像自来水一样方便。他说："各种电子商务形态在未来都将融合，在一个大平台上运行。连通B2B与C2C平台之后，一种全新的B2C模式将会产生。"

　　按照马云的设想，阿里巴巴尝试将阿里巴巴的买家和卖家引到淘宝网，鼓励淘宝网的卖家去阿里巴巴进货，并且把商品批发给消费者，打通了B2B和C2C的界限。阿里巴巴进行的这种模式让电子商务模式直接介入了企业流程，把电子商务的工具真正还给了厂商，帮助他们在各个环节上赚钱。

马云的这次改革，不但完全融合了B和C的B2C2模式，还形成了之后整个电子商务的走向。这种新模式一经推出与推广，很多国内外知名厂商纷纷"趋之若鹜"，在淘宝网上开了专门的店铺。

新的模式被接受，一种商业模式的完全颠覆，马云这一次抢先出击又取得了完胜。创新永远要走在时代的前端。马云说道："我们认为去年、今年和明年是电子商务的一个积累期，到了2008年、2009年必然有一个爆发。因此我们必须抢在这个变化前先变，而不是等到出了问题再去想办法解决。这是阿里巴巴保持变革能力的关键。"

● 马云的人生哲学

李开复在他的书《做最好的自己》中提到："创新固然重要，但有用的创新更重要。"在这个科技一日千里的新时代，每个人都谈创新，每个人都渴望创新，但什么才是最好的创新，适合这个时代的创新？一个企业应该如何获得持续创新的动力，在有价值的方面创新呢？

马云说："我理解的企业创新，就是创造新的价值。创新不是因为你要打败对手，不是为了赚更多的钱，为更大的名，而是为了社会，为了客户，为了明天——创新不是跟对手竞争，而是跟明天竞争。真正的创新一定是基于使命感。"

世间万物每天都在变化，世界上没有一成不变的东西，日升日落，斗转星移，变化是时时刻刻存在的。面对这些变化，不能害怕或者逃避，要勇敢地迎接上去，了解这些变化，战胜这些变化。

陶师傅一辈子都在小镇上待着，他经营着一家豆腐作坊，以此为生。但是最近几年，陶师傅发现豆腐作坊的生意越来越难做了，人们开始不上门来买豆腐，就连以前的老主顾也不再光顾他这里了。

这天，因为没有多少生意，陶师傅早早地关门，去街上遛弯。他走到一个地方，发现一间店铺前挤满了人，大家都在排队买那家店铺的东西。陶师傅感到好奇，便走过去看一看，到底是什么让大家这么喜爱。

没想到，那居然是一家卖豆腐的店铺。陶师傅看到排队的人中有不少是自己以前的老主顾，便生气地走上前质问那些老主顾："他家的豆腐有什么好？难道比我做的手工豆腐还要好吃吗？"

看到陶师傅不高兴了，那些老主顾一边安慰他，一边给他介绍这家新开的豆腐店如何厉害。听他们说那么厉害，陶师傅很不服气，他也买了一块豆腐，拿回家去看看到底有什么高明之处。

仔细品尝之后，陶师傅发现这家店卖的豆腐果然很好吃，比自己做的豆腐要强很多。他找到那家店主，去讨教做豆腐的秘方。那家店主指着墙角放的一个机器说道："我没有什么秘方，不过是这台做豆腐机器的功劳。"

陶师傅一直认为豆腐就应该是手工制作，按照祖上流传下来的手艺制作，没有想到早就出了专门做豆腐的机器，可以做得又快又好，在新豆腐店的冲击下，陶师傅的豆腐店很快关门了。

如果没有新思路、新创意，是很容易被淘汰的。只有具备了敏锐的嗅觉，具有"变"的观念，才能够永远前行，处于不败之地。

马云为了让阿里巴巴始终处于变化的前端，便向多个热门领域突破。2004年9月，马云与英特尔合作，开始建设中国首个手机无线商务平台。之后又为了抓住无线电子商务机遇，开始与微软合作，商讨在微软的MSN即时信息软件中集成在线拍卖功能的相关合作事宜。

"信息时代，对新市场的发现远比掌握一种新技术更重要。技术永远不能主宰人，而是人来操纵技术。"马云说，这也是他选择做新模式电子商务的原因。但是，马云并不会因为眼前小小的领先就满足，"一切要到2009年才能下结论！今天阿里巴巴赚的钱都只是零花钱，真正的阿里巴巴要在5年之后，我们现在所做的一切都是为了那一天。老实说，我现在也不知道那一天阿里巴巴会是什么样子。但有一点很明确，谁能在这个世界中形成一个游戏规则，谁就会很可怕。我正在往那个方向努力，因为阿里巴巴不做，别人肯定会做。"

总而言之，求变才能得以生存，根据时代的变化而发展自身，调整自己的行动，才能不断地适应变化。"这是个高速变化的世界，我们的产业在变，我们的环境在变，我们自己在变，我们的对手也在变……我们周围的一切全在变化之中！"马云的话很有道理，在一个变化的大时代中，只有在变化之前先变，才不会被淘汰。

让别人跟着鲸鱼跑吧

马云：让别人跟着鲸鱼跑吧。我们只要抓些小虾米。我们很快就会聚拢50万个进出口商，我怎么可能从他们身上分文不得呢？

马云预测，网络的普及将是对大公司模式的终结。他认为，在工业时代，一家公司要向全世界扩张，必须拥有雄厚的资本，并借助开设海外分公司、办事处等方式；但在网络时代，一家公司要进入他国市场，并不需要太多的资金，网络使中小企业可以获得原先只有国际公司才能获得的商机。

1992年，马云到新加坡参加亚洲电子商务大会时，立志要做适合中国乃至亚洲自己的电子商务模式。后来这个想法逐渐成熟，马云要做的就是针对中小企业的电子商务模式。

在世界商业舞台上，中小企业一直属于弱势群体，而这种情况在以出口导向型经济为主的亚洲尤为明显。亚洲是全球最大的出口基地，中小型供应商十分密集，然而，如此众多的中小企业，自身却无力投入资金进行市场推广。马云正是盯准了这一块得天独厚的优势资源。

因此，阿里巴巴刚一创建，马云就给自己定下了明确的发展方向——不做那15%大企业的生意，只做85%中小企业的生意。对于自己这种不按常规出牌的创业模式，马云说："如果把企业也分成富人穷人，那么互联网就是穷人的世界。因为大企业有自己专门的信息渠道，有巨额广告费，小企业什么都没有，他们才是最需要互联网的人。而我就是要领导穷人起来'闹革命'。"

同时，马云还把大企业比作鲸鱼，把小企业称为虾米。阿里巴巴就是要为那些"虾米"服务。对于为何这样定位阿里巴巴的服务方向，马云解释说："国外的B2B都是以大企业为主，我以中小企业为主。鲸鱼有油水，资金、人力、技术都很充足。像Commerce One、Ariba这样的欧美公司来到中国，他们的目标是找鲸鱼。可是中国没有多少鲸鱼，即便为数不多的那几条鲸鱼，还有些是不健康的，贸易流程缺少标准，信息化程度低。"

马云独创了以服务中小企业为主的模式，他不愿去模仿大公司，他认为那样的做法是不成熟的。很多创业者会在创业初期不自觉地按照大公司的做法来规划自己的公司。虽然大公司的一些做法是经过锤炼而来的，是有益的，但大公司为了稳妥，一般变化都比较慢，且有资本为"慢"付出代价，小公司却付不起。所以，马云认为中小企业应当有自己独有的模式，而不是跟在大公司后面模仿。

"所谓电子商务，商务是本，电子充其量只是一种手段。"马云对自己要做的事一直保持着清醒的头脑，他说"既然是以商业服务为主，一定要贴近中国市场和中国文化特色需求"。

很快，这个为中小企业搭建起的业务平台就一传十，十传百，在中小企业之间迅速传开了，其独特的经营模式也吸引了众多投资商的眼球。全球著名风险投资机构Invest AB亚洲代表蔡崇信原本是和马云洽谈投资事宜，然而却被阿里巴巴的前景所吸引，毅然辞职随马云一起创业。当美国华尔街风险投资商得知阿里巴巴这一网站后，高盛集团便决定向其投资500万美元。成功投资了雅虎网站的软银董事长孙正义仅与马云谈了6分钟，便决定投资2000万美元。

正是马云看到了中小企业顽强的生命力和巨大的发展潜力，才让他从一开始便选择了正确的方向和成功的模式。马云的"梦想"在这些巨资的帮助下，迅速地发展起来，商务平台也越来越大，同时，注册的会员越来越多，点击率更是直线上升。马云的这种"让别人跟着鲸鱼跑吧"的想法，使如今的阿里巴巴挤满了成千上万的供应商，就连知名的美国高盛与日本软银也觉得投资阿里巴巴是非常有价值的。

● 马云的人生哲学

《围炉夜话》中指出："为人循矩度，而不见精神，则登场之傀儡也；做事守章程，而不知权变，则依样之葫芦也。"真正有创新精神的人往往不按常规出牌，他善于突破常规思维。当别人一窝蜂似的朝着一个方向拥去，他却敢于打破常规，在似乎无路的地方开辟一条道路，最终收获不同寻常的成功。

有一家效益相当好的大公司，决定进一步扩大经营规模，于是高薪聘请营销人员，广告一打出来，报名者云集。

面对众多应聘者，公司负责招聘的人说："为了能选拔出高素质的营销人员，需要你们完成一道实践性的试题，就是想办法把梳子尽量多地卖给和尚。"

绝大多数应聘者感到困惑不解，甚至感到愤怒，认为和尚怎么会买梳子，这一定是考官在戏弄他们，很多人拂袖而去，最后只剩下3个应聘者：甲、乙、丙。

招聘人员对他们三个人交代："以10日为限，届时请各位将销售成果报给我。"10天后，甲对负责人说："我就卖出去1把。我到寺院去卖梳子，几乎所有的和尚都把我骂了出去，刚好一次下山途中遇到一个小和尚一边晒太阳，一边使劲挠着很脏的头皮，于是我灵机一动，赶忙递上了梳子，小和尚用后满心欢喜，就买了1把。"

乙骄傲地说："我卖出去了10把。前一段时间风很大，进香者的头发往往会被吹乱。我就找到一家寺院的住持，告诉他蓬头垢面是对佛的不敬，所以应在庙里的香案上放把梳子，供善男信女们梳理鬓发，住持采纳了我的建议。这10天我爬了10座山，找了10家庙，卖出去10把梳子。"

负责招聘的人点点头，又问丙："你卖出去几把？"

丙答："1000把。"

负责招聘的人大吃一惊，问道："怎么卖的?"

丙说："我找到一个久负盛名、香火极旺的深山宝刹，那里朝圣者如云，因此我告诉住持，凡来进香朝拜者，多有一颗虔诚之心，宝刹应有所回赠，以作纪念，保佑其平安吉祥，鼓励其多做善事。随后建议他买我的梳子，可刻上'积善梳'三个字，作为赠品送给进香者。住持听后很高兴，立即买下1000把梳子赠送，果然，得到'积善梳'的香客很高兴。就这样一传十，十传百，朝圣者越来越多，寺院的香火也更旺了。现在住持希望我再多卖一些不同档次的梳子，以便分层次赠给各种类型的香客。"

于是，丙在看来没有梳子市场的地方开创出了一个很有潜力的市场，最终他成功胜出。

在职场中，同样是在工作，有些人只懂勤勤恳恳，循规蹈矩，从不注意自我创造，总是去模仿他人，追随他人，做人家已经做过的事情，因此一生也不会有多大成就。而有的人却具有创造思想，运用新奇和进步的方法，努力寻找一种最佳的途径，在有限的条件中发挥才智的作用，将工作做到完美，开辟出一条通往成功的路径。

同样，求变求新也是一个企业发展的长久之计。在马云的网络世界里，正是其求新求变才创造出了阿里巴巴的神话。马云认为："企业家应该为社会创造环境，企业家必须有创新精神。"

美国格兰特将军在战场上从不照搬军事课本上的战术，此举虽受到许多将士的指责，但他却能战胜强敌；拿破仑并不熟谙以往的军事战术，自定新计，征服了全欧洲；而美国前总统罗斯福的施政方针，很少依照白宫中前辈的政策，他总是按照自己的主意，去对待每一件事情，绝不模仿他人，终于获得了惊人的政绩。

所以，无论何时何地，你都要冲出自我营造的"模仿牢笼"，做一个勤于思考的人，做一个善于观察的人，做一个敢于创造的人。做到这些，也许，下一个成功者就是你了。

第九章

竞争哲学：
商场如战场，但商场不是战场

竞争，我认为在商业过程中，它是场游戏，可它更是一门艺术。第一点，是要向竞争者学习。只有向竞争者学习的人才会进步。第二点，如果在竞争过程中，你自己觉得越来越累，一定是你出了问题。应该让对手越来越累，你越来越开心。结果是，让对手心服口服地说，他输了，你比他厉害。这样的竞争才是我们倡导的竞争。

要被狠狠PK过，才会有出息

马云：竞争者是你的磨刀石，把你越磨越快，越磨越亮。造就一个优秀的企业，并不是要打败所有的对手，而是形成自身独特的竞争力优势，建立自己的团队、机制、文化。我可能再干5年、10年，但最终肯定要离开。离开之前，我会把阿里巴巴、淘宝网独特的竞争优势、企业成长机制建立起来，到时候，有没有马云已不重要。

这是2006年，马云在一档名为《财富人生》的节目中，与主持人的部分对答。

叶蓉："我发现，你身上有一种喜欢挑战强敌的天性。两年前的中国已经有了一个eBay易趣，你仍然要做一个淘宝网出来。听说淘宝网诞生前后有些非常离奇的故事，能不能在这里透露透露？"

马云："孙正义和我都认为，今后没有B2B和C2C的区别。阿里巴巴和eBay有着惊人的相似，只不过我们是专注于中小型企业，他们专注于个人电子商务。我们认真考虑过后就挑了几个年轻人，给他们做了一个测试。我和CFO、COO、几个副总裁坐在办公室，叫他们一一进来。年轻人从来没想到这么多公司高管在里面，哇，吓了一大跳。我就和他说："现在要派你去做一件事，要离开杭州，离开公司。你不能告诉你的朋友，也不能告诉你爸爸妈妈去做什么了，但是你要离开这个公司。你愿不愿意做这个项目？'他看了看我说：'愿意。'我说：'你不愿意的话现在就可以离开。现在我们也不能告诉你做什么，这是一份合同，全是英文的，如果你签下字以后，10个月以内你不能漏出一点点风声。这个合同上面没有任何好处，只有坏处，你现在签了合同，就意味着你离开我们这家公司。你要加入一家新的公司，这家公司你现在也不能知道，也不能告诉别人，你签不签？'这些人看了以后都签了。"

叶蓉："为什么要搞得这么神秘呢？"

马云："有的事情可以先叫板，有些不能叫板，等你有实力了再叫板。你要向eBay叫板时已经有实力了。如果发现很多人在少林寺下面喊打少林寺，这都是瞎掰，但是一到你门口要叫板的时候，基本上是稳操胜券了。这七八个人就搬到了另外一个地方办公，我每天晚上都会过去跟他们交流。记得淘宝网刚出来的时候，我们几个人要凑产品，每个人必须在家里找出4件产品。我们翻箱倒柜，总共找了30件东西。然后你买我的我买你的，大家都去造人气。到今天，淘宝网上有1300多万件产品，而第一天只有30件。这30件都是我们的员工从自己家里拿去的。我把手表都放上去了。过了一段时间，阿里巴巴内网上一位员工写了篇文章，请公司高层高度注意，有一家公司可能会成为我们的对手，请大家注意这家小公司，叫淘宝网。文章说这家公司虽然小，但是它很有威力，想法很奇特，而且它的构思跟我们特像。很多同事开始跟帖，说我们已经注意到这家公司。后来又有人说，我们已经通过IP地址查到，这家公司就在杭州，在我们公司附近。最后我们不得不在7月10日那天宣布，淘宝网是我们自己的。宣布那天，整个公司的人都欢呼雀跃，这个炸弹终于排除了。"

● 马云的人生哲学

商海沉浮，在惨烈的商业竞争中，一定要敢于参加这场战争，并且在竞争中不断强大自我，这是能把公司做大做强的一种必然要求。一味地退让只能让企业最终走向下坡路，直到失败。

马云无疑是一个敢于竞争的企业家，阿里巴巴在他的带领下，在竞争的浪潮中越磨砺越厉害，最终蜕化成蝶。当然，竞争也不是一味地拼财力、拼实力，有些时候，也需要拼胆识、拼智慧。在竞争比拼的过程中，难免会受伤遇挫，但这些磨难正是助你成长的东西，只有经历过这些，你才能成长得更加茁壮。

阿尔是一位摔跤运动员，他十分热爱摔跤，却不敢去参加比赛，他害怕被人打倒在地。每当他在电视上看到，擂台上摔跤运动员为了争冠军，摔得鼻青脸肿时，他就更加不敢去上台比赛。

阿尔的师父曾经是一位非常厉害的摔跤运动员，退役后做了教练。师父看出阿尔在摔跤运动上很有天分，一定可以成为摔跤界的明星。但是，阿尔不敢上台接受挑战，让师父十分头疼，他想尽了各种办法，鼓励阿尔上台，但阿尔就是不肯。眼看阿尔的年纪一天比一天大，却还没有参加过正式的摔跤比赛，师父看在眼里，急在心上。

但阿尔就是克服不了心中对竞争的恐惧，虽然他也向往在擂台上打倒对手的成就感，但一想到被打倒的可能是自己，就无法上台。师父不允许他继续逃避下去，强行将阿尔带到了比赛擂台上。

站在擂台上，看到强壮有经验的对手，阿尔十分紧张，他很快就被打倒在地。无论师父在一旁怎么鼓劲，他都爬不起来。虽然阿尔被打得很惨，但师父还是带他上擂台，阿尔一次又一次被打倒，一次又一次登上擂台。

终于有一天，他开始能够击倒对手了，他击倒对手的次数越来越多，比他被打倒的次数多了起来。在被打倒和打倒对手的过程中，阿尔蜕变成为了一个厉害的摔跤手。在一次比赛中赢得冠军后，阿尔对师父说："只有被狠狠打倒过，才能绝地反击。"师父欣慰地笑了。

对此，马云形象地比喻道："就像武侠小说里所描写的，一个有资质的人才总会在一次又一次的比武中得到一些非同寻常的顿悟，进而功力大增。"

企业家更加需要这种竞争的胆识。同马云一样，一手挑起彩电价格大战的长虹前总裁倪润峰也是一个非常敢于在商海中竞争的人。在1989年，国家征收彩电特别消费税，倪润峰率先在国内做出了彩电降价300元的决定，打开了停滞的彩电市场，使得资金迅速汇拢，拯救了当时陷入困境的长虹。

尔后，面对彩电行业中一次又一次的竞争，倪润峰都在接招之后，一一化解。尤其是在面对20世纪90年代初期"洋彩电"大举进军的严峻市场形势时，他再次打响反击的价格战，宣布降价，令长虹获得了大量订单，获得了很大一部分的市场份额。

敢于竞争是经商需要的精神，就算被竞争者打倒，也要去竞争，在竞争中不断强大自我。竞争中的乐趣就在于痛苦之后，会迎来一个升华的自己。

先发制人，抢占先机

马云：如果早起的那只鸟没有吃到虫子，就会被别的鸟吃掉。

对于要在商场中大展拳脚的人来说，培养先发制人的竞争意识很重要。

如果没有这样的意识，等到竞争对手打到家门口，才反应过来要去反击，那就太晚了。在没有硝烟的商场中，抢占先机的人才能抢占市场。

在这一方面，马云可以说为企业家们做了一个很好的表率。在互联网还未被大众熟知的时候，他就进军这个行业；在电子商务发展出现瓶颈的时候，他创建了淘宝网，拓展了新模式；为了阻击Google，他选择了和雅虎联盟。

进攻是最好的防守，用马云自己的话来解释，就是"进攻者，永远都有机会"。在商场上，你可以躲避开一个对手的进攻，但躲避不开所有对手的进攻，所以，与其四处躲避，不如主动出击。

"竞争者是杀不掉的，他们一定是自己杀掉自己的。环境会杀掉他们，产业的变化会杀掉他们；自负会杀掉他们；看不起自己会杀掉他们；自己踩错点更会杀掉他们。所以我认为最大的对手还是自己。你不要忙着去替社会清理这些事情，它自己会清理的。"马云从不畏惧竞争者和挑战者，在竞争中，他会选择先发制人，占领先机。

中国的网拍市场形成时，最初的局面是三足鼎立——eBay易趣、淘宝网和一拍网。这三大网站三分网拍市场，各自占领了不小的地盘，这里面，淘宝网虽然是后起之秀，发展较晚，但在马云的带领下，占据了市场第二的地位。

但三家网站都想一家独大，占领整个中国网拍市场，所以，一场较量在所难免。每一方都在不断挖掘和扩张自己的势力，这其中淘宝网的做法却让人有些不大理解了。在2005年时，阿里巴巴和新浪关于一拍网的股份一事达成了协议——新浪网将持有的一拍网33%的股份全面转让给了阿里巴巴公司。

阿里巴巴与雅虎并购时，一拍网的股份也转让给了阿里巴巴。一拍网是雅虎和新浪在华的合资公司，这样一来，阿里巴巴就有了一拍网100%的股份。在人们以为阿里巴巴会将一拍网改革时，却没想到马云将一拍网关闭了。

马云认为一拍网加入淘宝网的作用只是锦上添花，但不会有根本的改变，而最有价值的是一拍网的员工。马云将一拍网关闭，给了eBay易趣一个措手不及，本来是三分市场，但突然之间就成了两家对决。

之后的竞争中，淘宝网的本地优势频频显现出来，eBay易趣只能眼睁睁地看着淘宝网在自己原有的市场地盘上不断安营扎寨，攫取市场份额。

有人称这次的网拍市场之战，马云用的是偷袭手段，马云对此也不否认，他说："有人说淘宝网赢eBay是珍珠港偷袭，（eBay）输了是没防到，输了不算。那么，雅虎和Google之战是全世界都知道的，这个是在运动战中消灭敌人。偷袭之战必须在24小时或48小时内结束，不可能持续下去！"

● 马云的人生哲学

《汉书·项籍传》："先发制人，后发制于人。"战争中的双方，谁先出手，谁就能站于主动地位，而后出手的那一方，会被先出手的制约住。商场也是如此，在竞争激烈的市场环境下，谁主动出击，谁就能抢先占领市场，后出手的那个只能望洋兴叹了。

在20世纪初期，英国卜内门公司独霸了我国的碱市场，当时，我国的民族化学工业被冲击得很厉害，可以说是如履薄冰，经营上险象环生。如何将我国民族化学工业发展下去，成为了当时的首要问题。

1918年，我国第一家制碱企业永利制碱公司挂牌成立，这家公司的总经理范旭东十分有信心，觉得通过努力，一定能够打破英国人对碱市场的垄断地位，为我国民族企业争得立足之地。但已经占得市场的卜内门公司岂会任由市场被他人夺取，他们不会放任永利公司的发展，所以，利用技术上的优势，他们对制碱技术进行了封锁，不让永利公司的生产技术得到提升。

　　在范旭东去卜内门公司考察参观时，卜内门公司的负责人对他一点也不尊重，还将他带到了锅炉房，言下之意，中国人根本不配来参观。从卜内门公司回去后，自尊心受到伤害的范旭东发誓，一定要打破英国人的技术封锁。

　　在此后的8年时间里，他带领技术人员，克服了无数困难，终于在1926年独立研制出了优质的"红三角"牌纯碱，一经推出，就在市场上受到了广泛的欢迎。这是英国人没有想到的事情，他们十分愤怒。为了阻止范旭东，他们想出了一条计策，很快调集了一大批纯碱，用超级低的价格向我国市场进行疯狂倾销，妄图靠着自身强大的经济实力，打价格战来挤垮刚刚起步的"红三角"牌纯碱。

　　这个计划很恶毒，如果永利也降低价格，在实力远不如对手的情况下，根本无法与之对抗；但如果任其这样下去，公司积压的产品就会越来越多，好不容易赢来的一点市场，就会被英国人再次占领。

　　横竖都是死，干脆置之死地而后生。范旭东痛下决心，捍卫国内市场，不让英国人占领。一天，他打听来一个消息，得知卜内门公司在日本的纯碱销售量更大，收益也更多。这给了范旭东一个启示，既然英国人可以用低价格的纯碱来占领中国市场，那他也可以用低价格的纯碱去占领日本市场。

　　这就叫作以其人之道还治其人之身。

　　打定主意后，范旭东没有声张，他要杀对方一个措手不及。范旭东暗中调集了一批优质"红三角"牌纯碱，东渡日本，用低价格打击英国人在日本的纯碱销售，果然有效，很快抢占了日本的纯碱市场。

　　还在得意的英国人得知了这个消息大吃一惊，他们没有想到范旭东会来这一招，狼狈的英国人为了挽救日本市场，急忙应对，但日本市场的纯碱价格已经大跌，卜内门公司再怎么挽救，也难逃失败。而范旭东投入日本市场的纯碱分量很少，损失自然要小得多。

在这一次竞争中，卜内门公司元气大伤，不得不与范旭东谈判，范旭东规定：永利纯碱公司在中国市场占有55%的份额，而卜内门公司不得超过45%；如果卜内门公司想要在中国市场上进行碱价变动，必须事先征得范旭东的同意。

这份协议签署后，范旭东的能力赢得了英国人的赞赏，而范旭东也使自己的企业得到了极大的发展。在1927年，"红三角"牌纯碱在美国万国博览会上夺得金奖，永利的产品远销国外。

速度第一，完美第二，在激烈的商场竞争中，速度的快慢决定了企业的行动力、执行力的强弱。在信息化时代，靠速度先抢占了有利位置，就能够无往而不胜。

没有对手是一种危机

马云：我就是戴着望远镜也找不到对手。最大的对手是自己，对手是在你心里。你要去找对手，没法找。

《对话》节目中，主持人问："说完了钱的问题，我们再来说下一个问题，这个问题也是你曾经说过的一句话。来，我们一块看一看。这句话好像又让我们感觉到最初的那个大大的字又出现了——就是你用望远镜也找不到对手。这句话事出有因吗？"

马云："并非事出有因，事实上好像也是这样吧。"

主持人："也是这样，始终找不到？"

马云："不是我们做得好，而是运气好，是别人不看好我们。如果大家有兴趣可以查一些资料，在1999年、2000年阿里巴巴网站起来的时候，多少人在骂我们不知道怎么赚钱。免费，这模式肯定不行。当时张三要打败我们，李四要打败我们，王五、赵六……然后我记得2000年哈佛大学给我们写了第一个案例，后来又有了个B案例，两个案例我都参加了清华大学、哈佛大学的研讨会。结果每一次研讨会就把我跟另外一家公司放在一起，最后说那一家公司会赢，阿里巴巴会死。但是4年都去了，跟我比的公司都死掉了，我还活着。"

主持人："每次你都去接受这样的打击？"

马云："我每年都去，然后我坐在最后面，因为他们不知道我在后面听，分析来分析去，最后说阿里巴巴不行了。那我当然很生气，后果也很严重，那没办法。"

主持人："那你现在应该就是一种独孤求败的感觉，是不是？"

马云："没有，其实最大的对手你戴望远镜是找不到的。你往自己身上一看，你就知道这是对手。你的狂妄，别人对你的不认同……你自己认为连续几年做得很好的时候，往往这个对手越来越强大。我知道，我看外面看不到，对手是在心里的。所以我这句话没错，你要去找对手，没法找。我真不知道在海外进出口业务上面谁是我们的对手，中国内贸上面我们也觉得没什么对手。但是对手就在自己的心里。"

主持人："这种没对手的状态，你觉得对你来说是一种危机呢，还是一种欣喜？"

马云："特大的危机。没有对手就像没有磨刀石一样。没有对手是很可怕的。因为没有对手，一旦碰上好的对手，你所有的精力、能力都会被调动起来。你没看见我这一年，2004年是我特别开心的一年，因为我在我的淘宝网找到了很好的对手，越打越开心。5年没有对手是很寂寞的。"

● 马云的人生哲学

没有竞争对手，会令人陷入一种无危机感的状态。在现在这个竞争激烈的社会，"人无远虑，必有近忧"。内心的危机感，能够鞭策我们不断上进，当我们失去危机感时，就会失去对事业和生活的追求，不思进取，不再进步。

在日本北海道盛产一种味道极为鲜美的鳗鱼，那里很多渔民以捕捞鳗鱼为生。可是这种鳗鱼生命力十分脆弱，离开深海就很容易死去，所以这些渔民捕捉的鳗鱼往往都是死鱼，不够新鲜，卖不出好价钱。

但一个村子里的一位老渔夫却能让鳗鱼活下来，他捕的鳗鱼总是被人争相抢购，价钱也是别的渔民捕捉的鳗鱼的好几倍。这个老渔夫能够让鳗鱼活下来的秘密成了渔民都想知道的事情，可惜，老渔夫对此一直守口如瓶。

直到老渔夫临终前，他才将这个秘密公布于世。其实让鳗鱼活下来的办法非常简单，就是在捕捞上来的鳗鱼中，放入几条叫狗鱼的杂鱼。狗鱼是鳗鱼的死对头，当几条狗鱼被放进装满鳗鱼的箱子里时，就开始四处逃窜，由此勾起了鳗鱼的斗志，它们对狗鱼围追堵截，生命力十分旺盛。

几条狗鱼就可以使得一船的鳗鱼活蹦乱跳，避免死亡的命运，可见拥有对手是多么重要。老渔夫明白自然界的法则"优胜劣汰"，竞争使得鳗鱼充满活力。其实，在现实生活中，人们也需要竞争，有了竞争，才能使人们充满紧迫感，不会被淘汰。

比尔·盖茨创建了微软这么大的公司，却依然每天提醒自己："微软离破产永远只有18个月。"

联想的柳传志认为："你一打盹，对手的机会就来了。"

李彦宏也常对自己的员工强调："别看百度现在是第一，如果我们30天停止工作，那百度就完了。"

这些身经百战而站在行业巅峰的企业家正是因为深知没有危机感的严重后果，所以才不断鞭策自己，警醒自己，令自己充满斗志。

围棋是一种高深莫测的比赛，两大围棋高手的对决往往能创造出精彩绝伦的棋局，让棋迷们惊叹不已。中国的围棋高手古力和韩国的围棋高手李世石每每对决，总能创造出令人赞赏的名局。

正是因为拥有强大的对手，才使得他们迸发出昂扬的斗志，令他们不断想去战胜对方，超越对方。他们的对决越激烈，棋局也就越精彩。

不只名棋局是在顶尖高手的博弈中诞生的，很多伟大的对决都是在两大高手相互比拼较量时产生的。对手越强，越能激发你的斗志，你必须更加强大才能战而胜之。人这一生，如果没有一个强劲的对手，是一件可怕的事情。

森林公园的管理者发现公园中的羚羊体质开始变差，抵抗力下降，死亡率增高，他不明白这是怎么一回事。管理者想了很多办法，但都无济于事。直到一位很有经验的老管理者提议，将几匹狼放进羚羊生活的公园里。狼是羊的天敌，如果将狼放进公园，那么会把羚羊吃光的。

但没想到的是，狼进入森林公园后，羚羊的数量不但没有减少，反而增多了，而且体质也增强了。因为天敌的追捕，使得原本过着安逸生活的羚羊不得不提高警惕，为了生存而时刻警醒着。羚羊们本已熄灭的斗志重新被点燃，它们重新有了活力，重新在自然界的竞争中强大起来。

强劲的对手是进步的助推剂，在大自然中如此，在人类社会更是如此。尤其是在事业上，需要强有力的对手，才能实现共同进步或者双赢的局面。

如果你周围的人都不上进，那你必然也成不了什么大气候，只有和对手在不断较量中前行，才能在人生的长跑中笑到最后。

人这一生，就怕没有真正的对手！

小不忍则乱大谋

马云：我觉得一个好的东西往往是说不清楚的，说得清楚的往往不是好东西。

阿里巴巴这个名字是马云想的。他当初为公司起这个名字，就是想到《一千零一夜》这本故事集中阿里巴巴以"芝麻开门"打开了山中藏宝洞的大门这个故事。马云觉得阿里巴巴是全世界人民都熟知的故事，如果他的公司叫这个名字，人们一听就会记住。

没想到，几年之后，他却会因为公司的名字和别人打上官司。

打开网络，点击www.alibaba.com，出现在网页上的是阿里巴巴（中国）的网站；点击www.2688.com，网页上出现的是北京正普科技发展有限公司的网站。这两个网站的域名虽然一个是字母，一个是数字，但念起来十分相似。后来，因为数字谐音，北京正普科技发展有限公司在2001年的时候，将阿里巴巴告上了法庭。

北京正普科技发展有限公司是一家颇具规模的软件批发商，董事长姚增起认为公司的业务有必要向网络拓展，就注册了国际域名2688.com。之后，他想将自己的网站起名为"阿里巴巴"，可是去注册的时候，却被告知，"阿里巴巴"这个中文域名被预留了，预留这个名字的自然是阿里巴巴公司。

"中国域名第一天注册，在24小时之内，就收到3.6万的申请。这个量非常大，非常集中。对于这种大量的申请注册，如果不采取一些措施，可能会导致很大的混乱，或导致一些抢注行为，甚至恶意抢注行为发生。所以基于这种经验，基于国际上的惯例，我们在正式开放之前采取一种预留和禁止注册的措施。"

当时，中国互联网信息中心是这样对姚增起解释的，但他对这样的解释并不满意，他决心要将这个域名夺回，于是便与阿里巴巴对簿公堂。

一审判决下来，审判结果是驳回原告北京正普科技发展有限公司的诉讼请求，判决"阿里巴巴"中文域名仍为阿里巴巴（中国）网络技术有限公司注册所有。

对这样的判决结果，北京正普科技发展有限公司的董事长姚增起十分困惑："一审判决完全是莫名其妙，前后矛盾，我们弄不明白法律到底要保护什么？"不服判决的北京正普科技发展有限公司再次向法院提起上诉。

阿里巴巴副总裁金建杭的态度也十分坚决："我们肯定会积极应诉，一定要捍卫本公司和广大用户的利益，不能让'阿里巴巴'这个品牌受到任何负面影响。"

姚增起认为自己公司注册"阿里巴巴"这个商标的时候，阿里巴巴公司还没有成立，显然自己这一边更占道理。

但金建杭说马云在1998年年底就推出以"阿里巴巴"和"Alibaba"命名的中文和英文网站，并且在国际互联网上试运行，在1999年3月正式运行。而1999年4月29日，北京正普才注册了"2688.com"这一域名，并且自称运作的网站叫作"阿里巴巴"，但那时"阿里巴巴"已经有了很大的社会影响力，被国内外的媒体所关注。

一场争夺域名的大战，真是各有各的道理，谁也不让谁，最后，还是在

"以事实为依据，以法律为准绳"的法律原则下，马云保全了阿里巴巴的域名，赢得了这一次域名争夺大战最后的胜利。

● 马云的人生哲学

忍耐不是软弱，不是退让，而是一种厚积薄发，是一种在隐忍中积蓄力量，最终惊人爆发的能力。在商场竞争中，很多时候都需要暂时的忍耐，处理好伤口，然后再绝地反击。成大事者都有忍耐的能力，在忍耐中将所有嘲笑、打击、捉弄化为爆发的力量。

在竞争中，会遇到许许多多的考验，有良性竞争，也有恶性竞争。当你力量还不够大时，竞争对手会想办法阻碍你成长壮大；当你发展壮大时，竞争对手又会想办法从你这里分一杯羹。在激烈的竞争中，需要忍耐来让我们应对一切。

洛克菲勒说："在这个世界上需要我们忍耐的人和事太多太多，而引诱我们感情用事的人和事也太多太多。所以，你要修炼自己管理情绪和控制感情的能力，要注意在作决策时不要受感情左右，而是完全根据需要来作决定，要永远知道自己想要什么。你还需要知道，在机会的世界里，没有太多的机会可以争取，如果你真的想成功，你一定要掌握并保护自己的机会，更要设法抢夺别人的机会。"

2005年7月，很多阿里巴巴的出口企业用户几乎同时收到了一份匿名或者号码不确定的传真，传真上写着：阿里巴巴是在为造假产业提供全面服务。

这份传真说得有鼻子有眼，上面宣称美国"国际反伪联盟"发表的白皮书推荐把阿里巴巴列入"特别301黑名单"，希望能够对阿里巴巴进行严惩。

　　这一份传单如一石激起千层浪，一时间引得众说纷纭。面对如此的诽谤和恶意中伤，阿里巴巴方面拿出证据，证明阿里巴巴根本没有被"国际反伪联盟"列入"特别301黑名单"，他们发表声明指出："这是一个被某些竞争对手公司幕后操控的不正当竞争行为，alibaba不排除追究其法律责任的可能。"

　　面对对手的恶意中伤，马云并没有当下作出回击，而是采取种种措施提高网站信息的真实性和合法性，用正当向上的手段，给这一子虚乌有的中伤以最有力的反驳。

　　马云不去与竞争对手逞一时之快，而是忍下这口气，努力提升阿里巴巴的诚信度和业务水平，用事实说话，告诉所有人，阿里巴巴从来都不是一个为造假产业提供服务的公司，阿里巴巴一直做着正当的生意，用正当的手段为广大网民服务。

　　在阿里巴巴的一番努力下，在有关部门为阿里巴巴提供证据并予以澄清后，大家重新恢复了对阿里巴巴的信心，对流言不再理睬。马云认为任何企业在竞争中都应该遵守基本的商业法则，靠实力说话，进行恶意竞争的企业是不会长久的。作为被恶意竞争伤害到的企业，也不要生气动怒，恶意回击过去；清者自清，总有一天能够证明自己。可如果因为报"被伤害"的仇，纠缠在恶性竞争的旋涡中，实在是得不偿失的做法。

　　小小的忍耐并不是对竞争对手的胆怯，而是给自己留出时间，留出空间，积攒力量，给对手最有力的一击。就像古时的越王勾践，在吴国遭受8年羞辱时，他卧薪尝胆，默默发展越国的实力，终于在有了实力的那一天一举灭掉了吴国。如果勾践不能够忍耐，在自己力量还不足够反击时对付夫差，那只怕历史就会改写了。

　　急功近利是现代很多人的通病，为了一点小利就心浮气躁，最终一事无成。反倒是那些能够潜心提升自己，为了实现理想甘愿忍受枯燥辛苦的人，最终能成大事。

三流的点子加一流的执行

马云：哪个公司计划书做得越厚、越好、越完美，它死得越快。

分众传媒的江南春曾说过："有创意的人很多，但能执行创意的人很少。"马云也认同这一点。马云与日本软银集团总裁孙正义曾探讨过一个问题：一流的点子加上三流的执行水平，与三流的点子加上一流的执行水平，哪一个更重要？结果两人得出一致答案：三流的点子加上一流的执行水平。

马云对阿里巴巴员工的执行力要求很严格，在阿里巴巴刚成立的时候，他就反复要求员工必须有很强的执行力。他的理由是："工业时代的发展是人工的，而网络经济时代一切都是信息化的，难以预测。所以，阿里巴巴不是计划出来的，而是'现在、立刻、马上'干出来的。"

在阿里巴巴创业初期，"现在、立刻、马上"一度是马云的口头禅。马云明白高效的执行力才能保障一个企业的成功，他在不同的场合反复强调，"有时去执行一个错误的决定总比优柔寡断或者没有决定要好得多，因为在执行过程中你可以有更多的时间和机会去发现并改正错误"。

在阿里巴巴成立之初，马云坚持的电子商务模式遭到了团队的反对，但在马云的坚持下，阿里巴巴的发展方向最终确定下来，并获得了有效的执行。事后，马云说："我很少固执己见，1000件事里难得有一件。但是有些事，我拍了自己的脑袋，凡是自己觉得有道理的，我一定要坚持到底。"正是因为马云如此重视执行力，才使得阿里巴巴在互联网泡沫时期不仅坚持了下来，而且实现了盈利。

2005年，马云接受采访时，有记者问他："为什么你能有今天，而同样聪明的中国电子商务先驱王峻涛却还在为创业而努力？"

马云说："我在前面说，演讲，做宣传，造势，而我背后，有一帮人在实干，苦哈哈地卖力干；而王峻涛身后没有'十八罗汉'。我说过了，有人做；他说过就是说过了，只是说过而已。"

企业发展孰优孰劣，过硬的执行力是首要条件。马云认为，企业要加快发展，要走在同行的前列，除了要有好的决策班子、好的发展战略、好的管理体制外，最重要的一点就是要有一个执行力很强的团队。

如果一个团队中个个都是精英，但执行力不行，那再好的创意，再好的机会，也不能令这家公司发展壮大起来。而如果一个团队中，即便人人能力一般，但他们的执行力都很强，那就能形成很强的力量。

企业想要提高自身的竞争力，决策想要得到严格的执行，就一定要有很棒的执行团队。从这个意义上来讲，执行力是企业成功的关键。

马云每年都会为阿里巴巴定下一个高目标，人们最初都不相信这些目标阿里巴巴能够完成，但就是凭着阿里巴巴员工一流的执行力，那些看似不可能完成的任务，最终都漂亮地完成了。这也就是马云团队为人称道的超强执行力。

有一件小事足以证明阿里巴巴团队执行力之强。2006年，阿里巴巴服务机房整体往市区大迁移，在一般人的思维模式中，搬家的过程中难免会遇到东西丢失或损坏的情况，但是在这次搬迁过程中，由于工作人员的高效合作，整个团队的责任感和执行力也非常强，没有发生任何故障。正是因为马云将他头脑中的东西不断落实出来、执行出来，才带动阿里巴巴整个团队具备了超强的执行力，也让这样一个在互联网行业平均资历并不是很高的团队，逐步走到了互联网的浪尖上。

● 马云的人生哲学

大多数企业在发展过程中一味强调创意和战略的重要性，而忽略了执行。作为一个企业，再伟大的目标与构想，再完美的操作方案，如果不能被强有力地执行，最终也只能是纸上谈兵。

优秀的领导者都注重执行力。曾有学者如此陈述："我们看到满街的咖啡店，唯有星巴克一枝独秀；同是做PC，唯有戴尔独占鳌头；都是做超市，唯有沃尔玛雄居零售业榜首。"各家便利商店和咖啡店战略大致雷同，但绩效却大不相同，道理何在？关键是在于执行力！如果没有好的执行力，终究会被模仿者追上、赶超。

有一家中国企业因为经营不善导致破产，后来被一家日本企业收购。让人感到意外的是，日本派出的管理者来了之后，并没有带来什么先进的管理经验，而是强调原来的制度不变，人员不变，设备不变，但是工人们必须将先前制定的制度坚定不移地执行下去。结果不到一年，这家企业就扭亏为盈了。

日本人的绝招是什么？就是执行力。许多事实充分证明，一家企业想要快速发展，想要站在行业前沿，除了要有好的决策班子、好的发展战略、好的管理体制外，更重要的是团队要有执行力。在如此激烈的市场竞争下，企业与竞争对手的差别往往就在于双方的执行力。如果对手的执行力比你好，那么他就会在各方面领先。可以说，执行力是左右企业成败的重要力量，也是区别企业平庸与卓越的重要标志。

世界十大汽车公司之一菲亚特在1979年之前曾一度陷入困境而不能自拔，公司连年亏损，在世界汽车市场上的排名接连下跌。

1979年，47岁的维托雷·吉德拉出任菲亚特汽车公司总经理，到任之后，吉德拉就大刀阔斧地进行了一系列行之有效的改革。他大砍亏损的海外机构，卸掉包袱，使职工总数从15万人降到10万人；摒弃陈旧的管理方式，改善了劳资关系和生产方法，更新车型研究阵容；利用计算机和机器人来设计和制造汽车，使汽车的部件和性能得到了充分改进，使其更趋于科学、合理；改革公司财经制度，过去汽车经销人手中的存货是由公司垫付的，现在改为经销人在售出汽车之前就须向工厂付款……

面对一个病入膏肓、举步维艰的大企业，改革的阻力是可想而知的，领导者如果没有强大的执行力，没有不达目标誓不罢休的决心和勇气，是难以回天的，但吉德拉做到了。最终，菲亚特汽车公司起死回生。

由此可见，执行力是企业成败的关键。一家企业失去执行力，就失去了核心竞争力，就失去了企业长久生存和成功的必要条件。而具备了执行力，企业的制度才不会成为一纸空文，才能为企业的发展打下坚实的基石，企业的管理体系才能有效运行，企业的成功才不会是梦想。

第十章

战略哲学：
做正确的事，正确地做事

战略不能落实到结果和目标上，都是空话。一个正确的战略制定过程，首先要做正确的事情，再有就是正确地做事。你做正确的事，就可以事半功倍，如果你做的事情是错误的，后边做得越正确，死得越快。所以我觉得，作为一个CEO，首先要明白，做正确的事，然后再正确地去做事，这两个千万不要颠倒。

小公司的战略就是活着

马云：一个公司在两种情况下最容易犯错误：第一是有太多钱的时候；第二是面对太多机会的时候。一个CEO看到的不应该是机会，因为机会无处不在，一个CEO更应该看到灾难，并把灾难扼杀在摇篮里。

正确的战略方针对一个公司的发展至关重要，马云在阿里巴巴发展初期，因为一次重大决策失误，也就是过分追求国际化和过早实施海外扩张，导致了阿里巴巴差一点存活不下去，险遭破产。

2000年时，踌躇满志的马云，带着融资来的几千万美元，决心大干一场，将阿里巴巴成功扩展到海外去。2000年2月，马云率领着一队人马杀到了欧洲，他在欧洲放出豪言："一个国家一个国家地杀过去。然后再杀到南美，再杀到非洲。9月份再把旗插到纽约，插到华尔街上去，告诉他们：嘿！我们来了！"

可是，9月份到了，阿里巴巴并没有发展到纽约，马云为他的着急扩张付出了代价。2000年，在这个阿里巴巴成立还不到两年的时间里，阿里巴巴进入高度危机状态。为了适应国际化要求，马云召集了世界各地的高级人才，这些人有的是来自跨国公司的管理人才，有的是毕业于名校的高材生。

按说这样优秀的人才为阿里巴巴服务，阿里巴巴应该发展得很快。但事实并非如此，用马云的话来说："50个聪明人坐在一起，是世界上最痛苦的事情。"这些世界各地的精英，每个人都有自己的理念，他们各执一词，每次开会，都会争执得不可开交。

每个人都有每个人的道理，作为决策者的马云被折腾得头疼不已。除此之外，马云将阿里巴巴的服务器和技术大本营都放在了美国硅谷，令成本变得奇高。与此同时，英国、韩国、日本还有澳大利亚的办事处也都在一个一个筹建起来，马云认为："在公司的管理、资本的运用、全球的操作上，要毫不含糊地全盘西化……阿里巴巴要的是放眼世界，挑战世界，真正做到打进全球市场。"

一开始，马云这样做，的确为阿里巴巴带来了许多关注，表面看起来，阿里巴巴正在迅速成为国际化的大公司。但暗流汹涌，马云的日子并不好过，在阿里巴巴急于对外扩张的这段时间里，花费巨大。每个办事处的花销都是天文数字，很快，在2000年年底网络泡沫破裂时，阿里巴巴的账上只剩下700万美元了。

当时大量的互联网公司倒闭，按照这个趋势下去，阿里巴巴很快也会走向消亡。马云痛定思痛，毅然决定停止扩张，全球大幅度裁员，为了休养生息，留住元气。阿里巴巴这一次的"壮士断腕"行为——"回到中国"——需要勇气和魄力。

虽然停止了扩张，但阿里巴巴在两年内花了巨资，却未能盈利的现状，令公司员工出现了动摇，很多人对公司发展前景感到担忧，公司上下出现离职潮。马云全力安抚员工，他为公司员工规划了阿里巴巴未来的目标与计划，马云提出了切实的点子，这样才慢慢地让员工躁动不安的情绪安定下来。

但同时，他也表示："如果认为我们是疯子，请你离开；如果你专等上市，请你离开；如果你带着不利于公司的个人目的，请你离开；如果你心浮气躁，请你离开。"

马云总结这一次失败的原因时说道："互联网上失败一定是自己造成的，要不就是脑子发热，要不就是脑子不热，太冷了。"

● 马云的人生哲学

危机来临，马云为了保住公司，大幅裁员，这个动作让很多人不理解他的企业战略是什么，但是马云自己说："战略有很多意义，小公司的战略简单一点，就是活着，活着最重要。"

在中国，乃至全世界，每天都有企业在倒闭，而这种现象多半发生在中小企业身上。据数据统计，日本90%以上刚刚创立的企业会在3年的时间内倒闭。所以，中小企业的发展前途是很艰难的。

很多创业者将创业想得过于简单，从而吃了大亏。一位做服装的老板，在服装行业做了20多年，积累了很多人脉，生意做得也不错。但因为觉得服装利润小，而且十分累，想要转行。他听说做互联网是很能赚钱的，便一门心思想要从事互联网行业。

有朋友劝他说互联网并不是那么好做，很多互联网企业看起来名气大，但实际上盈利还不如其他的传统行业。可这位老板一心想要换行业，而且他觉得自己白手起家，从一无所有到现在的千万身家，都是靠自己打拼出来的。那时候做服装生意，也是什么都不懂，现在照样可以在互联网行业大展拳脚。

结果，这位老板进入互联网行业短短两年时间，就将老本赔了进去，只得退出互联网行业，重新去经营服装。这位老板就是想当然地认为每个行业，只要凭着自己的努力和关系、人脉，就可以大有作为。

这位老板作为创业者，很想乘着时代新产物一夜暴富，做大做强，他忘记了想要变强，首要前提就是生存下去，否则就会栽大跟头。要有活下去的资本，才有赚钱的资本。

马云清楚地认识到了这一点，所以马云的企业不但活了下来，还做大做强了。和马云持同样观点的大企业家有很多，英特尔公司的首席执行官格鲁夫说过："一个企业家赚钱叫道德，企业家不赚钱就是缺德。相反，如果企业家不赚钱，肯定是会给社会、给家庭、给个人、给团队、给员工造成严重伤害的。"

松下幸之助也曾说过："企业家的使命就是赚钱，如果不赚钱，那就是犯罪。"

如果一个公司不能够赚钱，无法给员工带来收益，那这家公司就存活不下去。有一个青年创业者，他满腔热血，想要将自己的公司做成全国知名的企业，但这个青年创业者眼高手低，虽然志向远大，却无法脚踏实地地为自己的企业带来利润。

每当合伙人劝他先赚钱，将企业稳固后再考虑发展壮大时，他总是不屑于去赚那些小钱，认为自己应该去做大事，不能为了一点小利而奔忙。结果，合伙人弃他而去，另外开了一家公司，很快就因为经营得当，成为知名企业。而这位青年创业者，最终因为无法支付员工工资和办公室租金，不得不关掉公司。

对于商人来说，最应该做的事情就是在遵守法律和社会公德的前提下，努力地去赚钱。只有先赚到钱，令自己的企业活下去，才能有动力去坚持自己的信念和目标，不然一切理想都是空中楼阁，都是空谈。

结盟，合作才是王道

马云：做战略最忌讳的是面面俱到，一定要记住重点突破，所有的资源在一点突破，才有可能赢。

与人合作能够降低风险，所以很多企业家愿意找合作者，借助彼此的力量来实现自己的目标。但结盟合作也是需要仔细考量的事情，选择一个好的合作伙伴是很重要的。与好的合作伙伴结盟能够提升自己，令自己在原先的水平上再上一层楼。

2005年，马云选择与搜狐合作，那一年的4月12日，淘宝网宣布与搜狐结成战略联盟，双方共享各自的用户群体，在线上线下共同合作，推动中国网上购物与网上拍卖的进步。搜狐与淘宝网的结盟实现了优势互补、资源共享。

搜狐公司的董事局主席兼CEO张朝阳十分看好与淘宝网的合作，他表示："此次搜狐与淘宝的合作为蕴含丰富商机的C2C产业提供了一个崭新的合作模式。通过与淘宝网的合作，将为搜狐庞大的用户群提供一个安全且有保障的在线交易场所，这不仅有利于进一步巩固双方在网民心中的形象及地位，更将促进电子商务的迅速发展。此外，支付问题一直是困扰中国电子商务发展的重要瓶颈，网民惊喜地看到，淘宝网在支付方面的产品'支付宝'工具的推出，为网络交易安全提供了一种新的解决办法，网民将持续关注'支付宝'，并将寻求在未来的合作机会。"

淘宝网与搜狐合作可以说是双赢的。作为当时国内最知名的网络品牌之一的搜狐，拥有千万的注册用户和巨大流量，淘宝可以借助搜狐的网络平台，吸引搜狐的注册用户来注册淘宝；而淘宝作为国内最大的个人交易网站，拥有很多国内同类网站不具备的品牌优势和技术优势，搜狐能够借助淘宝丰富自己的网站内容，为用户提供更多的服务。

在与搜狐结盟后，淘宝网的获益可以说是巨大的，马云表示："淘宝网看好搜狐在门户领域的领先优势以及强劲布局。"与这样的大门户网站结盟，能够令淘宝网拥有更多的潜在用户。而且强强联合，对于淘宝网未来的发展也是很好的引导。曾有人指出，商业合作就是一种博弈，选择合作对象也是有学问的一件事情。搜狐当时选择与淘宝网合作，而不是与已经很有名气的eBay易趣合作，是因为搜狐看中淘宝网更具有本地优势。事实证明，搜狐这一选择是很明智的。

商业模式上的结盟合作，能够整合资源；互联网行业的结盟，能够共享线上线下资源，进而获得很高的商业附加值。

● 马云的人生哲学

商界通过结盟合作而互相强大的例子多得数不胜数，在强手如林的时代，想靠单打独斗就站稳脚跟是很困难的，团队协作、努力合作是几乎所有成功企业在经营过程中选择的一个办法。

美国的石油大王洛克菲勒就说过："合作，在那些妄自尊大的人眼里，它或许是件软弱或可耻的事情，但在我看来，合作永远是聪明的选择，前提是只要对我有利。"

有一个食品加工商，他的产品在当地卖得不错，但就是一直打不进外地市场，顾客受众仅限于当地人群。

在这个加工商考虑如何将自己的产品推向省外时，一位物流公司的老总找上门来。原来这家物流公司的老总听说了食品加工商想将自己的产品推销到省外的事情，便自告奋勇，说可以帮助其实现这个目的。

"只要我们合作，我可以把你的产品运向全国各地，你可以省掉一大笔运费，这笔钱可以用在你的产品营销上，一举两得。"物流公司的老总说得很有道理，那位加工商考虑了几天之后，同意了。

于是，在签署了合作协议后，两家的合作便正式开始了。那个物流公司的老总说得不错，运输有了保障之后，食品加工商打开外地市场便捷了许多，没过多长时间，他的产品就顺利地在外省打开了市场。

在庆功宴上，食品加工商感谢物流公司的老总，没想到，那位老总紧紧握着他的手，说："其实，我更应该感谢你，如果不是你给了我这次合作的机会，我的物流公司也不会发展起来的。"

原来，物流公司的经营业绩一直平平，想要寻求发展的老总无意中听说了加工商想要发展外省市场的计划，就想到了与其合作，既能借助食品加工厂的需求提升自己的业务量，又能通过这一项目给自己在外省打广告。

这次的合作，可以说是他们两家各取所需、双赢互利的结果。商场中的一个战略就是相互给予，彼此互利。

一个人不明白天堂和地狱的区别是什么，上帝就带他到一个房间："看看吧，这就是地狱。"

在那个房间的正中央放着一口大锅，锅里煮着香喷喷的肉汤，但围着锅的一群人却个个一脸饿相，瘦骨伶仃。他们每个人手中都有一个可以伸到锅里的汤勺，但是汤勺的勺柄太长，他们自己没办法把汤送到嘴里，只能眼睁睁地看着锅里的肉汤，挨着饿。

上帝又领他到另一个房间："这一次，让你看看什么是天堂。"

这个房间的中间也放着一锅肉汤，但这个房间里的人却个个气色都很好，每个人都很欢乐。虽然他们的手中也是一个勺柄很长的汤勺，但他们每个人都能喝到肉汤，原因就是他们会用自己的汤勺喂别人。

同样的条件，一些人能够身处天堂，一些人只能身处地狱，关键就在于你是独自霸占资源，还是共享利益。

如果真想成就一番事业，就必须发扬合作精神，合作能够取得持续性的成功。拿破仑·希尔说在他经商的多年间，就亲眼见证了各式各样因为不懂合作而宣告失败的企业。

无论是企业还是个人，能力都是有限的，都需要与他人合作来加强自己在这个社会中的地位。这个时代需要的是能够互相包容接受的人，而不是独行侠。

退出也不是坏事

马云：对中国电子商务来讲，任何一次小小的失败都是成功的，退出"招财进宝"是我们有史以来最大的进步。

俗话说："金无足赤，人无完人。"在这个世界上，不可能存在十全十美的人，每个人都会犯错误，马云也不能例外。面对错误，马云的态度是：直面错误——迅速纠错——不犯同样的错误。他从不会为自己所犯的错误做任何辩解，而是勇敢地承认错误，寻找正确的解决方法。马云认为，做企业犯错误是不可避免的，但这些错误不是一堆垃圾，而是一笔宝贵的财富。

众所周知，淘宝网是阿里巴巴旗下的支柱产业，截至2009年年底，已经拥有注册会员1.7亿，每天都会有众多用户在上面进行交易。2006年5月10日，淘宝网推出竞价排名服务"招财进宝"，这是一种增值服务，卖家自愿就所售商品的关键词出价，当买家按关键词搜索商品时，使用这种增值服务的卖家商品在搜索结果中优先显示，从而更利于其商品的销售。

淘宝网推出这项服务，本意是希望更好地管理越来越多的登录商品，并让愿意付费的卖家更好地推销自己的商品。但是，有的卖家认为这与此前淘宝网两次承诺的3年不收费相冲突，因不满"招财进宝"的变相收费，许多卖家开始筹划一场无形的"暴动"。

在"招财进宝"推出后的短短20天内，就有6000名卖家在网上签名，声称要在6月1日集体罢市，并且要将店中所有商品撤下，取光支付宝账户中的资金，同时将集体跳槽到其他个人电子商务网站。

作为"招财进宝"项目的主要策划人，马云没有想到会出现这样混乱的局面。当事件发生后，为了平息众怒，他首先对"招财进宝"的价格进行了调整。与此同时，马云立即发表署名文章，就淘宝网和用户沟通存在的问题向所有用户致歉，并表示免费3年的承诺没变。同时他还说明：目前淘宝有2800万件商品，不久甚至会有5000万件，如果按照商品上线的时间来决定商品的位置的话，那么后上线的商品的交易概率将大大降低，淘宝希望通过这一服务维持正常的市场秩序，通过"看不见的手"调节优化市场环境。但是，众多用户对这些说明和举措并不买账，反对之声并没有因此而停息。

此时此刻，马云已经意识到如果不能妥善处理这场危机，将对淘宝网以后的发展造成灾难性的影响。于是，他果断作出决定：既然淘宝是大家的淘宝，那就发起投票，由大家来决定"招财进宝"的生死。

5月31日晚，"淘宝网"作出了一个紧急通知，宣布从6月1日至6月10

日，将进行为期10天的"网民公投"，由淘宝用户来决定是否保留"招财进宝"这一项目。6月12日，投票结果公布，在20多万的投票结果中，39%的用户赞成保留，61%的用户支持取消。随后，淘宝网发布致网民的公开信，称将于12日起取消刚满"周岁"的"招财进宝"。

在公开信后的323页跟帖中，大多数网民对淘宝"重视店主意见表示欣慰"，愿继续"淘宝"。这次"招财进宝"危机最终画上了圆满的句号。

自己的"孩子"最终被自己亲手"杀死"，像这样的压力并不是每个人都能坦然承受的，但是马云却做到了，这份胆魄也确实令人赞赏。他并没有认为自己丢了面子，因为他知道，在错误面前，面子一文不值。

有人认为，错误对于一个企业来说，就如同疾病对于身体一样，是不可避免的。有的企业在"疾病"来袭的时候或束手无策，或隐瞒"病情"，最终病入膏肓，无药可医；有的企业却能及时"医治"并最终康复，因此增强了免疫力，身体也变得越来越好。毫无疑问，阿里巴巴正是后者，通过这次"招财进宝"危机的化解，我们看到了一个成熟的阿里巴巴。

● 马云的人生哲学

"人非圣贤，孰能无过"，错误是这个世界的一部分，与错误共生是人类不得不接受的现实。然而，犯错并不可怕，关键是我们应该用什么心态去面对错误。有的人能够正视错误并积极改正，因此可以不断进步。有的人回避错误，对错误加以掩饰，当所犯错误一旦被指出，就会陷入尴尬的境地。

马云的过人之处就在于，他从来不回避错误，当犯错之后，他总能积极对待和分析，从错误中汲取经验教训，再一步步走向成功。

这样的例子比比皆是。在海尔的企业文化内刊上，刊有一幅黑白照片，照片的内容是一名海尔员工在挥舞大锤砸冰箱。照片反映的就是我们熟知的"海尔砸冰箱"事件，时间为1985年夏天。

一次，有消费者到海尔的工厂购买冰箱，结果挑了很多台都有毛病，最后勉强拉走一台。张瑞敏知道这一消息后，感到非常震惊，他立即突击检查了仓库，发现库存中不合格的冰箱还有76台。那么，该如何处理这些不合格产品呢？当时负责处理的干部提出了两种意见：一是作为福利，处理给本厂有贡献的员工；二是作为"公关武器"，处理给经常来工厂检查工作的政府部门人员，让他们能够在关键时刻为企业提供一些便利。

张瑞敏经过深思熟虑，作出了一个令人吃惊的决定，全部砸掉这些冰箱。当时一台冰箱的价格800多元，相当于一名职工两年的收入，而且那时候工厂开不出工资，张瑞敏刚来时，一开始的几个月，都是到生产大队去借钱。

在企业处境这样艰难的情况下，张瑞敏仍然抡起大锤亲手砸下第一锤！那么，他为什么要这么做呢？

"如果便宜处理给你们，就等于告诉大家可以生产这种带缺陷的冰箱，今天是76台，明天就可以是760台、7600台……"事后，张瑞敏的这句话给出了答案。

勇敢地承认错误，是一种负责任的表现，更是一种担当，根本就不存在丢面子的问题。当你无意中犯下错误而又能够及时承认，大多数人是不会苛责你的；如果你只知道回避、掩饰错误，那你绝对会受到别人的谴责。

一个砸冰箱的事件，让质量意识深深刻印在了所有海尔人的脑海中，最终打造了一个"家电王国"。与此相似的"招财进宝"危机的成功化解，也让更多的用户选择了淘宝网，使其最终成为亚太最大的网络零售商圈。

威廉是一位农场主，他手下有一名叫作吉米的雇工，负责帮助他管理农场。

农场里另一位雇工汤姆很不服气，因为吉米刚进农场的时候，连杆子都拿不稳，干活时经常弄得满地都是草。等吉米学会了堆草垛，又去学割草，总是弄得歪歪斜斜、高高低低的，一片狼藉。当深夜来临时，其他雇工都在睡觉，吉米总是在这时去马房，观察一匹病马，说什么要学习如何给马治病。这样一个什么事都做不好，又有那么多稀奇古怪念头的人，凭什么管理农场？

威廉知道汤姆的心思，于是邀请他到家里喝茶聊天。

"你可爱的宝宝还好吗？平时都是由你妻子照顾吧？"威廉问。

汤姆说："是的，先生。"

威廉又说："如果你妻子有事离开，孩子哭闹起来怎么办呢？"

"当然得由我来照顾他了，刚开始时真是手忙脚乱哩，不过现在好多了。"汤姆回答说。

威廉微笑着说："其实这个农场也就是我的孩子，刚开始我也是什么都不懂，也经常手忙脚乱，但我可以学，其中经过了很多次的失败，就像吉米那样，经常遭到别人的嘲笑。"

此时，汤姆已经领会了威廉的用意，神情中露出愧色。

有人曾作过分析并指出，"随时矫正自己的错误"是大多数成功者获得成功最重要的一个原因。一个渴望成功、渴望改变现状的人，绝不会因为一个错误就止步不前，他必定会找出成功的契机，继续前进。因此，当出现错误时，我们不应该因为好面子而掩饰它，我们应该积极面对它，像有创造力的思考者一样了解它的潜在价值，然后把它当作垫脚石，从而产生新的创意，最终获取成功。

永远不要让资本说话，要让资本赚钱

马云：有结果未必是成功，但是没有结果一定是失败。

《赢在中国》第二赛季晋级篇第一场。

评委：熊晓鸽、史玉柱、马云。

参赛选手：李书文，男，1970年出生，硕士，现当代文学、MBA专业。

参赛项目：办公家居整合运营。中润公司在创立之初即确立要做中国办公家具行业第一整合运营品牌的目标。

马云："这两年你觉得最失败的事情是什么，从创业到现在为止？"

李书文："最失败的是资金非常紧张的时候，我们到处求爷爷告奶奶。社会上有大量风险投资，但他们看不到传统产业，看不到这么庞大的市场。当时我们是100块钱、500块钱这样去筹资，拿着麻袋去收钱，拉着卡车去找钱，零零碎碎的，亲戚朋友的钱全借过来。我们最失败的就是资金链没解决，这也是我参加《赢在中国》的一个目的。"

马云："你去年（2006年）实现了80%的增长。在传统行业80%的增长已经很不错了，但在熊总（熊晓鸽）看来80%是不行的。你觉得继续保持这样超常规的发展，最缺的资源是什么，是1000万元还是什么？"

李书文："对中润（李书文的公司）来讲不缺思想，不缺创意，我们一缺人才，二缺资金。我参加《赢在中国》大赛，除了希望找到资金，也希望找到更多的人才能加盟中润。"

马云："在你的创业队伍中，你最欣赏哪一个？"

李书文："最欣赏的是我的财务总监。"

马云："为什么你那么欣赏他？"

李书文："我拿着刀逼他，他也不会多给我一分钱。"

熊晓鸽："是不是你太太？"

李书文："不是。中润集团三四个企业没有我任何家属的影子，连开车的都不会有。"

史玉柱："你的客户主要是团队消费，这无法避免会有一些客户提出个人要求，要你给回扣，你怎么解决？"

李书文："这样的事情中润不做，政府招标不做，任何要回扣的不做，侮辱我们员工的不做。如果马总买了一批100多万的家具，而你太太看上了我们一张很漂亮的椅子，我可以把我的产品送给你太太，但绝不能贿赂。"

马云："你给我太太漂亮的椅子，这不算贿赂算什么？"

李书文："贿赂一定是没有第三人参与的，我拿钱贿赂你的时候肯定只有我们两个人，我把一张椅子送到你办公区，这是光明正大的。"

马云："你虽然不给回扣，但是会给客户送适当的礼品？"

李书文："这是人之常情。"

马云："如果真的有员工给客户回扣，你怎么处理？"

李书文："他拿自己的钱送回扣，我可能管不到，但公司的钱他一分也拿不走。"

马云："我非常欣赏你的心态、你的智慧、你的勇气，一看就像宁高宁的助手。就项目来讲，也许你是最不需要钱的人，你已经很成功了。你是1970年出生的，所以我的建议是在40岁以前能够像4号选手（董冰）一样学会专注。这个世界不是因为你能做什么，而是你该做什么。如果你把所有的精力和资金都放到你刚才所说的办公家具项目的话，我相信会做得很好。李嘉诚讲过，他的多元化经营一定等有一两个项目永远赚钱时，才进行第三个。长江实业是他的旗舰，有了长江实业他才有今天。你一定要有自己的旗舰项目，在40岁之前有自己的旗舰项目。这是我的建议。"

"你刚才讲到风险投资如果给你投钱，你会让资本说话。我的建议是，永远不要让资本说话，要让资本赚钱。让资本说话的企业家不会有出息，最重要的是你要让资本赚钱，让股东赚钱。如果有一天你拿到很多钱，你坚持今天的原则，做你认为可以赚钱的，我相信有一天资本一定会听你的。"

● 马云的人生哲学

拥有大量的资本是一家公司能够有底气的基础，马云当年发展阿里巴巴，找大量投资，也是为了在日后发展中能够不为钱的事情而烦心，能够将重心放在业务上。但资本不应该成为束缚的绳索，应当成为推动力。很多企业在拉到投资后，会被资本所困，画地为牢，被资本牵着鼻子走。

分众传媒的江南春说过："圈钱不是一件坏事，因为公司的发展需要资本去推进，大量的投资需要外来资本的支持。打开资本的通路，能够融到更多的钱，开展你更大的事业，这是无可厚非的。如果圈钱对我们有很好的用途，我们给每个股东带来了比较好的收益，带来了公司业绩的持续发展，我就觉得'圈钱'是对的，'圈钱'是好事情。"

但马云不会为资本所困，他在关键时刻会舍弃资本。为了能够和eBay争夺中国市场，马云不但推迟了阿里巴巴的上市计划，还将一笔3.5亿元的资金再次投入了淘宝网，并且他计划向淘宝网投放更多的资本。

如果放弃和eBay打这场仗，而选择上市的话，那马云可以圈更多的钱，拥有更多的资本。但马云并没有这样做，而是将精力和金钱都放在了淘宝网与eBay的对决上。这就是马云与众不同之处，他不圈钱，而是要坐等未来的利润。

马云认为阿里巴巴费力积累了那么多的资本，并不是为了守着那些资本，而是要让那些资本赚钱。只有将淘宝网培植成业界老大，才能赚取更多的利润，也能够创造更多的价值。

穷人与富人的最大差距不在金钱上，而是在思维上。穷人之所以穷，是因为他们不想让资本去创造资本，他们只会抓紧手里的钱，一毛不拔，成为十足的守财奴。

一位老太太存了一辈子的积蓄，有几十万元。老太太觉得这笔钱放到哪里也不合适，放到银行，她怕把银行卡弄丢；放到家里，她害怕小偷把钱偷走。这位老太太每天都为她的积蓄发愁。

一天，一位投资家拜访老太太，得知了她的苦恼，就劝老太太把钱拿出来做一些稳妥的投资，这样钱会很安全，也能够赚到更多的钱。但是老太太不同意，她认为把钱拿去做投资，没准会打水漂。

投资家劝说一番无果之后，就离去了。这位老太太还是每天四处藏钱，终于有一天，她去外面买东西回来时，发现家里失窃了，她的钱全部被偷走了，一辈子的积蓄化为乌有。

老太太的悲剧让我们意识到，要让资本赚钱，而不是固守资本。

用资本赚取资本，让资本为你服务，而不是你为资本服务。想要像马云那样，成功地做成一个又一个项目，首先就要拥有资本，但不为资本所累，心中存有更大的目标。资本只不过是辅助你实现目标的一个工具，你不能将资本当作终极目标，那样只会限制自己的发展道路，使自己的事业之路越走越窄。

第十一章

财富哲学:
想赚钱要先把钱看轻

对一个创业者而言,赚钱仅仅是结果,不是目的。世界上最愚蠢的人,就是自以为聪明的人;而最想发财的人,往往也发不了财。

只有诚信的人才能富起来

马云：我觉得通过电子商务信息交流之后发展交易一定要过诚信这个独木桥，没有诚信就什么都实现不了。小企业成功靠精明，中等企业成功靠管理，大企业成功靠诚信。

在马云办公室的墙壁上，挂了一幅金庸送的亲笔题词"临渊羡鱼，不如退而结网"。马云只要抬头，就可以看到这幅字。马云很喜欢这幅字，将这幅字的内容作为管理心经，他说："那是对我的警示。"

B2B被马云做得很不一样，国外的B2B是为了给企业节省时间和资金，可是马云却认为B2B是要帮助中小企业赚钱。马云认为，在B2B领域中，最终取胜的不是资金和技术，而是诚信。

为了确保诚信，在2002年3月份的时候，马云推出了"诚信通"。所谓"诚信通"，即是和信用管理公司合作，对网商进行信用认证。这是对买卖双方诚信的保障。在双方进行交易之前，可以在"诚信通"里查到对方的档案，里面有很翔实的资料，有企业的详细信息，有会员间的相互评价，都可以证实对方的信用如何。

这些记录，无论好坏都是无法更改删除的，会在档案中留存，伴随会员一生，这样无形中就约束了那些想要"做坏事"的会员。在这样严苛的监督下，会员们自然是规规矩矩，不敢造次。

马云想要达到的就是这样的效果，正如他提出的口号："只有诚信的人才能富起来。""诚信通"的会员一增再增，马云不得不快速招人，以应对庞大的需求。"诚信通"一个接线生半年内通过电话，就能做成100万元的生意。看来，诚信一旦做成了，做实了，真的是一座推不倒的大山。

马云在接受各大报纸杂志的采访时，对诚信作了如下阐释：

"中国加入WTO最大的挑战就是诚信，企业做生意首先要建立的就是诚信，诚信是最大的财富。这是今天的企业，特别是中国企业要面临的问题。"

"阿里巴巴中文站的'诚信通'现在成了火爆品牌。我们昨天和一个学者谈论诚信的问题。他说，在现实层面可能很难解决诚信这个问题，在网上反而容易解决了。'诚信通'其实很简单，以后谁要和你做生意，先看你在网上的'诚信通'活档案，你获奖了可以放上去，法院对你们判决了也可以查到。我希望全中国每个企业都有一份网上的活档案——这是信誉的档案！"

"今天通用电气和我们有网上的合作，选择'诚信通'的商人作为其潜在供应商，沃尔玛也选择阿里巴巴为合作伙伴。我们不评论企业是否诚信，诚信是做出来的。一个企业在网上的诚信记录由它的客户来写，是不断新加入的客户来看你的诚信档案，让他们来评定你是否具有诚信。"

"所以只能是'诚信通'客户才能进行诚信的评论，每一次评论都有详细的记载，到目前为止还没有竞争对手在记录中恶意中伤的事情发生。如果你的档案里有不好的记录，我们要张榜公布出来。你做了坏事，我就让你活着比死还难受。"

● 马云的人生哲学

有人会说，现在市场竞争这么激烈、这么残酷，讲诚信怎么能赚到钱，根本不可能致富。很多人为了赚钱，昧着良心做了很多不诚信的事情，说了很多不诚信的话，他们可能得到了一时的利益，但从长远来讲，他们已经败了。

经济学家亚当·斯密曾说："商人本来最怕失去信用。他总是时刻小心翼翼地按照契约履行所承担的义务……"所以说，做商人应当以诚信为首。马云做生意讲诚信，诚信也帮了马云。当时做中国黄页时，互联网的虚拟性令马云的业务很难开展下去，而他也一度被冠上了骗子的头衔。正是因为马云讲诚信，才将中国黄页发展了下去。

看看世界上的很多大企业，正是因为诚信度很高，才能发展到令人瞩目的高度。劳斯莱斯在世界上享有很高的信誉，是因为他们的目标是为顾客提供完美的汽车。劳斯莱斯认为他们不是只管卖"车"，而是要把"威信"与"名誉"卖出去。劳斯莱斯注重细节，将一切瑕疵都尽量剔除。在世界性的汽车公开性能审查会上，劳斯莱斯经常荣获第一。

曾经有一对美国夫妇驾驶劳斯莱斯去欧洲旅游，结果在半路上，后车轴突然断裂。这对夫妇给劳斯莱斯在伦敦的总部打电话说到这件事情。几个小时后，劳斯莱斯的工作人员就乘坐飞机赶来，为这对夫妇修好了车。

之后，这对夫妇去支付修理费时，公司的负责人说："你们的车轴是我们创业以来第一次折断的，我们曾强调绝对不会发生事故，这是我们的失误，所以，我们应该为你们更换一根永远不会折断的车轴。"

数百年来，劳斯莱斯虽然产量不多，但每辆车都力求做到最好，对顾客的承诺不会落空。马云说诚信绝对不是一种销售手段，更不是一种高深空洞的理念，它是实实在在的言出必行，点点滴滴的细节。

在录制《赢在中国》节目时，马云对三位幕后进行金钱交易的参赛选手说了以下一番话，引起了很多人的思考与感悟。

"你们犯了一个几乎所有创业者都会犯的错误，也没什么大不了。商业社会其实是个很复杂的社会，但是我觉得只有一样东西，能够让自己把握住，就是诚信。因为诚信，所以简单。越复杂的东西，越要讲究诚信。

"作为一个企业家，我相信在座的很多人，包括我自己，我也在反思。我想成为这样的企业家吗？我们是企业家吗？企业家、商人和生意人有什么样的区别？生意人唯利是图，有钱就赚；商人有所为，有所不为；而企业家必须承担社会的责任，创造价值，完善社会。

"但是无论你要想做一个优秀的生意人、一个优秀的商人，还是一个优秀的企业家，必须有一样同样的东西，那就是诚信。诚信是个基石，最基础的东西往往是最难做的。但是谁做好了这个，谁的路就可以走得很长、很远。

"跟你一样，我是大学里出来开始创业，有四个人骗过我。他们比我大多了，每次他们讲的故事都非常好听，所以每一次我都上当。今天我活下来了，骗过我的，当时比我大得多的人，他们的企业都关门了，而我们还存在着。骗别人的人，一定有一天会倒霉。而要不上当，就是让自己能扛得住诱惑，扛得住压力，扛得住贪。"

很多时候，就是因为抵挡不住诱惑，控制不住贪念，扛不住压力，就背弃了内心的诚信。要想使自己的事业有更大的发展，必须讲诚信，讲信誉。阿里巴巴因为懂得这一点，所以生意才会越做越大。

诚信是一个道德范畴，是我们立身处世之本。想要争取更高的社会地位，获取更多的财富，就要提高自己的诚信度。言而有信，一诺千金，才能使自己的事业基础稳固。

自己的钱很珍惜，别人的钱很小心

马云：在阿里巴巴这个手术台上，我就是主刀医生，我自己开刀，所有的投资者都是护士，我要刀他给我刀，我要钳子他给我钳子，都是我的决定，任何人都是我的助手。

有一份针对企业界人士的调查结果显示，浙商是当今中国最会赚钱的商人。浙商嗅觉敏锐，能捕捉到各种商机；他们聪明机灵，能够在商海沉浮中应对自如。在互联网行业中，丁磊、钱中华、陈天桥都是浙江人。马云也是浙江人，他也有着浙商务实、敏锐的特性，这对他的创业是有很大帮助的。

在阿里巴巴创业初期，马云和创业团队凑的那50万元根本不经花，现负责阿里巴巴集团公关、政府事务、市场活动，任集团资深副总裁的金建杭说那50万元本打算是坚持10个月的，可离10个月还早呢，钱就花没了。

在马云筹钱、公司缺钱的那段日子，为了压缩公司的运营成本，本来就要求节俭的马云对公司的成员开支更是抠门。那时候彭蕾是公司的出纳、采购员，负责公司的一切花销。被马云称为"组织部长"的她，当时更像个打杂的。

"那个时候没有什么分工，哪个工作缺人，你又能做一点，就去做。其实我就是管钱的，买盒饭，打印纸没了买纸，就管这个。因为那个时候没有公司。公司是1999年9月10日正式成立的，之前我是做客户服务、出纳。"这是彭蕾当了阿里巴巴的副总裁后，回忆当年创业艰辛时说的话。

买办公用品时，彭蕾总要货比三家，尽量买到物美价廉的东西，争取每一分钱都花在刀刃上。办公用品都如此节省，出行工具就更别提了，公司没钱购车，员工出门能走路就走路，能坐公交就不打车。如果必须打车，那也尽量打最便宜的出租车，尽量不坐桑塔纳，而坐夏利，因为桑塔纳比夏利贵1块钱。金建杭说："我们打车，一看是桑塔纳，本来手都举起来了，就跟人家出租车司机聊上几句打发过去，直到看见夏利才坐上去。"

后来，这种节俭的传统就一直在阿里巴巴公司延续了下来，曾经共同创业的同事，现如今都成了公司高管，他们出差坐飞机很少坐头等舱，打车也尽量选便宜的。在阿里巴巴办公室门口的复印机上放着一个储蓄罐，旁边墙上白纸黑字写了很长的复印机使用规定，在这份规定中明确写到个人因私事复印每张5分，自觉投币。

在阿里巴巴找到投资后，公司也保持了这种良好的风气。金建杭说："因为公司成本控制得越好，给客户提供的价值就越大，这个习惯大家还是保持得不错，无论有钱没钱；没钱这么过，有钱也这么过。"

● 马云的人生哲学

"由俭入奢易，由奢入俭难。"很多人在创业初期过着简朴的生活，但事业成功后，便开始了挥金如土的奢侈生活。也有很多人虽然拥有很多财富，但依旧保持节俭的作风，他们的金钱观是朴素无华的。

就拿李嘉诚来说。他坦言自己是喜欢节俭生活的人，"我的生活标准甚至还不如1962年的生活标准，我觉得简朴的生活更有趣"。这并非李嘉诚在故作姿态，而是他真实的生活状态写照。

李嘉诚的西装多是穿了很多年，鞋子也是如此。他不讲究衣服和鞋子的牌子，只要得体、整洁、干净就可以。在人们的印象中，李嘉诚从不披金戴钻，他拥有别墅和游艇，但他一般都是自己开车上下班，偶尔还会坐的士。

在吃饭这方面，李嘉诚的标准是一菜一汤，或者两菜一汤。请客的时候，他一般不会饕餮浪费，而是根据客人的人数和爱好来选择菜肴。多年来，李嘉诚一直过着普通人的生活，他的消费水平甚至还不如打工的白领。

节俭并不是丢人的事情，很多人常常怕自己没钱而被人看不起，从而打肿脸充胖子，花钱装点门面，这是很没有必要的。人们从心里尊重的是那些物尽其用且有着正确价值观和金钱观的人，而不是虚荣好面子的人。

同李嘉诚一样，比尔·盖茨作为世界上最富有的人之一，他名下的净资产高达数百亿美元。就是这样一位大富翁，在一次与朋友前往希尔顿饭店开会时，因为没有停车位了，那位朋友建议将车停放在饭店的贵客车位，比尔·盖茨不同意，原因很简单，贵客车位需要多支付12美元，他认为那是超值收费。

不要因为这样，就认为比尔·盖茨是一个抠门的人，虽然他不愿多支付几美元的停车费，但他却肯为公益和慈善事业一次又一次捐出大笔的善款，他还表示要在自己有生之年将自己95%的财产都捐出去。

"我只是这笔财富的看管人，我需要找到最合适的方式来使用它。"对于金钱，比尔·盖茨的态度很淡然，他努力工作并不是为了钱，他从不想如何享用这些钱，他不希望因为钱而改变自己的生活本色。

一次，比尔·盖茨和妻子来到一家食品店，他看到店内挂着打折优惠的招牌，就被吸引了过去，在仔细检查了商品的真伪和保质期后，他高兴地买下了那些打折商品，并对妻子说："我今天很高兴自己没有多掏腰包。"

比尔·盖茨的生活信条就是："一个人只有用好了他的每一分钱，他才能做到事业有成、生活幸福。"

正如比尔·盖茨说的这样，能够正确对待金钱的人，才能够做到事业有成。因为他们明白钱真正的用途是什么，他们能够将钱用在最该用的地方。懂得节俭的人，懂得克制自己的金钱欲望的人，会拥有更多的财富。

马云将阿里巴巴办得有声有色后，许多投资人被吸引过来，面对在门口排队等着给阿里巴巴投资的人，马云却说出了让人大跌眼镜的话："我们不需要钱，如果真的需要钱做资金储备，摆在我们面前的有两条路，要么上市融资，要么私募。"

面对找上门来送钱的投资者，马云看到的不是一捆一捆的钞票，而是这些投资背后，能带给阿里巴巴什么样的前景。"私募资金可以让我们做战略的部署、人才的储备，不会因为上市的压力做长远布局。你可以看到现在三大门户网站只能考虑下一个季度怎么办，我们今天的资金可以让我们考虑3年以后怎么布局。你不上市，你面对的是5个投资人；你上市，就是要面对5000个投资人。不是怕，是时机没到。"

人们往往只看到马云以及那些有钱人所拥有的巨额财富，却忽略了他们对待金钱的方式和态度，这其中的深意耐人寻味。马云如果不是有着极大的理性和对金钱的正确态度，那阿里巴巴也就不会有今日的辉煌成就。

不把赚钱作为第一目标

马云：不解决安全支付的问题，就不会有真正的电子商务可言。

淘宝网在不断完善自己的同时，发现了一个网民在网上购物普遍担心的问题，那就是网络支付的安全性。如果能够解决网上支付的安全问题，那就会在中国的电子交易市场大获成功。华尔街的投资者曾经预言："谁在支付上掌握了主动权，谁也就掌握了中国的电子商务市场。"

马云也认定，安全支付是个大问题。为了让消费者能够安心在淘宝网购物，他在淘宝网设立了多重安全防线：卖家要想在淘宝网上开店，就要先通过公安部门验证身份证信息；后来随着科技的进步，有了手机和信用卡的认证；淘宝网有信誉记录，如果有欺诈的行为，会被记录在案。

但马云认为这些还远远不够，网络安全支付的问题将会是电子商务的一场持久战，马云决心将这场仗打下去。他的团队一直在秘密地进行研发，支付宝的横空出世正是在这样的背景下应运而生的。

从购物网站和网民数量的不断增加可以看出，网络购物已成为一种现代人不可逆转的生活状态。到2004年的时候，成立不到两年的淘宝网就拥有了450万的注册用户，每月高达1亿多元的交易额，这些都是令人欣喜的成绩，但马云没有沉浸在商业成功赚到钱的喜悦中，而是更加注意到网络安全支付的重要性。

支付宝在2003年试探性推出后，取得了不错的反响，到2004年的时候，使用支付宝进行网络支付的人已经占了淘宝网用户一半的比例。之后，支付宝不断改进升级，在2005年的时候，推出支付平台alipay网站，将支付宝做成国内电子商务在线支付的技术标准。

支付宝面对的顾客不再是阿里巴巴和淘宝网的用户，同时还会为其他电子商务公司的客户提供服务。不但如此，阿里巴巴还打出了"全面赔付"的口号，称对于使用支付宝而受骗遭受损失的用户，将全部赔偿其损失。

马云信誓旦旦："不是赔个几百几千，如果真的受骗了，1个亿我们也会赔。"

全面赔付成为电子商务范围内的先例，之前从未有商家这样做过，因为冒的风险太大。但马云却认为风险会被控制在一定的范围之内，不会出现差错，而且退一万步来讲，就算是需要赔付，那几个亿还是赔得起的。总之，既要保障客户资金的安全，又要说话算话，履行承诺。

除了全面赔付，还免收了异地汇款的手续费。人们对马云又一次刮目相看：作为一个商人，却并不以赚钱为第一目的。正如淘宝网执行总经理孙彤宇说的那样："支付宝是在2003年10月推出的，我们现在回想，如果没有支付宝这种安全交易媒介的话，那么中国电子商务市场不会那么成熟。"

"马总想解决的是整个中国电子商务中的支付问题，而不是仅仅给淘宝网找一个支付的解决方案。"

● 马云的人生哲学

人生有很多种选择，对于成功的看法也有很多种，有的人认为只有位高权重才是成功，有的人认为赚很多钱才算是成功，这就要看你自己是怎么看的。马云赚到了很多钱，有社会地位，在许多人眼里，他是成功的，马云也成了很多人奋斗的榜样。

但马云并不认为赚钱是他人生的目标，马云的人生理想是为社会创造价值，为他人创造价值和机会。其实，人生是可以有很多种追求的，有的人得到自由，便觉得成功；有的人得到认可，便觉得成功。这完全是见仁见智。

一个大学毕业生好不容易找到一份工作，但薪资微薄，所以在晚上下班后，他会去公司旁边一家咖啡馆打工。几天过后，他突然发现咖啡馆的老板居然是自己公司的一位高管。开始的时候，这个毕业生不以为意，他觉得高管有着高薪水，现在投资开店，也是为了多赚一点钱。

但他经过一段时间观察后，发现高管开这家咖啡馆似乎并不是为了赚钱，这家咖啡馆请的店员，几乎都是他这样刚进入社会打拼，没什么经验的年轻人，在客人少的时候，高管还会为他们培训公司业务。

在咖啡馆打了几个月工，这位大学毕业生收获颇多，他在咖啡馆里学到的知识，很多都运用在了工作中，很快，他的能力得到了认可，升了职位，也涨了薪水。因为工作上的任务重了，也因为工资丰厚了，这位毕业生不需要再到咖啡馆打工了。

他打算向咖啡馆的老板辞职，在他写好辞职信去递送的时候，正巧看到咖啡馆的老板在打电话。他便站在一旁，想等老板打完电话再说辞职的事情。结果却听到老板在电话中和人谈咖啡馆财务的事情，老板说咖啡馆一直在亏钱，但自己并不打算把这家咖啡馆关掉，还打算继续经营下去。

老板看到这位毕业生站在一旁，便招手叫他过去。毕业生问老板为什么咖啡馆不赚钱也要继续经营下去。老板告诉他，自己现在并不缺钱，即便咖啡馆亏损，他还是能够负担得起的。之所以要开这家不赚钱的咖啡馆，是因为他想帮助更多的年轻人。这家咖啡馆所在的区域是一个很大的商业区，周围有很多写字楼，很多刚进入社会的年轻人在下班之后想要找一份兼职，而来他这里兼职，可以省去在路上奔波的时间。而且他会在有空的时候，对年轻人进行职业上的培训，帮助他们尽快提高。与其说这是一个咖啡馆，不如说这里是一个年轻人的培训基地。

"可是，您为什么要这么做呢？"毕业生不理解。

老板笑着说："我也是从你这个年纪过来的，那个时候，我就很希望能有一位有经验的人带带我。现在我做的事情，不过是实现我自己当年的心愿。"

人人都想拥有财富，但拥有财富之后，如何能让自己的人生过得更有意义？那就是回报社会。将自己的一部分财富拿出来馈赠社会，帮助他人，虽然财富少了，但得到的却多了。在接过毕业生的辞职信后，老板对他说："刚才那个电话是以前在这里打工的一个年轻人打来的，他现在是一家投资公司的经理了。在离这个地方不远的一栋写字楼里，有一个价格比较低的店要转让，他已经盘下来了，要和我一起开咖啡馆，顺便培训年轻人。以后，如果你想喝咖啡，就去那里找我。"

能够赚钱，却不将赚钱作为目的，这是一种境界。钱财本就是身外之物，应该在赚钱的基础上追求更高的目标。一位名人说过："世界上80%的喜剧跟钱没关系，但是80%的悲剧都跟钱有关系。一个人快乐不是因为拥有的多，而是计较的少。亿万富翁也有不快乐的时候，乞丐也有快乐的时候。"

生活幸福与钱多少无直接的关系，所以，不要把聚集财富当作人生的一个奋斗目标。

帮助别人赚钱，然后才使自己赚钱

马云：阿里巴巴发现了金矿，那我们绝对不会自己去挖，我们希望别人去挖，他挖了金子给我一块就可以了。很多人喜欢牢牢地守住金矿。我们去帮助别人发财，别人发财了，我们才能发财，因为我们所需的并不多。

"马云财散人聚的能力不比我老牛差，我是阿里巴巴薪酬委员会的主席，我发现马云大手笔分钱的能力非常强。这就是他的分享能力，所以财散就能人聚。"这是在阿里巴巴上市的"满月酒会"上牛根生对马云所作出的评价。

2007年11月6日对马云来说是一个难以忘怀的日子，因为他的阿里巴巴公司终于在香港上市，这是自阿里巴巴在杭州成立以来的第8个年头，整整一个"八年抗战"。至此，阿里巴巴成为国内外媒体争相报道的"中国最赚钱的"互联网公司。

很多人都知道，马云是从50万元人民币开始起家的，直到阿里巴巴在香港上市这一天，已经拥有200亿美元的市值。那么，究竟是一种什么样的信念让马云坚持走到了今天呢？用他最朴实的原话来说就是："让天下没有难做的生意。"

阿里巴巴的B2B即是为中小企业实现电子商务交易而服务的模式，这种模式自一开始就受到权威人士的好评，并且与亚马逊B2C模式、雅虎门户网站模式和eBay的C2C模式并称为当今互联网的"四大模式"。其实这种B2B模式曾经在美国失败过，但马云在中国运用得很成功。从某种意义上来说，阿里巴巴所开创的时代是具有里程碑意义的。

此外，随着中国在2001年"入世"成功，马云推出了"中国供应商"服务以及"阿里巴巴推荐采购商"服务，并与通用电气、Sobond、沃尔玛以及Markant等合作，进行互联网跨国采购。

也是这一年，阿里巴巴推出了"诚信通"这种企业级互联网信用管理产品，领先于世界。美国学术界甚至为此掀起了一股研究阿里巴巴的热潮，阿里巴巴的管理模式也成了哈佛商学院的MBA案例之一。

数据显示，阿里巴巴在中国市场的占有率已超过50%，并且成为了全球最大的B2B电子商务网站。其注册用户人数截至2007年上半年达到了

2500万。

此外，阿里巴巴曾连续5年被《福布斯》评选为全球最佳B2B站点之一，并且荣获了国内外各项荣誉，被媒体赞为与eBay、Amazon、Yahoo和AOL同具实力的商务典范，是"真正的世界级品牌"。

阿里巴巴在香港上市的当天，其市值已经超过了200亿美元，马云当日的收盘身家也达到了140亿港元。最让人不可思议的是，阿里巴巴内部员工也普遍实现了"一夜暴富"，身家超过50万元的大有人在。

举个例子来说，有个叫卫哲的员工，他在阿里巴巴仅干了1年，在上市当日，他就拥有了14亿港元的身家，身家倍增。而卫哲的一夜暴富正是因为马云给了他1.06%的股份。这样的例子在阿里巴巴数不胜数，被大家称为中国互联网史上顶级的集体"造富"运动。

然而，这次由阿里巴巴上市引发的大规模致富运动却没能让阿里巴巴内部造出一名"首富"，这是因为马云手中的股份还不到5%。

对此，马云是这样认为的："从第一天开始，我就没想过用控股的方式控制，也不想自己一个人去控制别人。这个公司需要把股权分散，这样，其他股东和员工才更有信心和干劲。"

● 马云的人生哲学

俞敏洪在作演讲时，说到关于分享的一个话题："比如说现在你有6个苹果，你有两个选择：第一，你一口把它们全部吃掉；第二，你可以自己吃1个，给别人分5个。表面上你丢了5个苹果，实际上你一点也没丢，因为你获得了5个人的友谊。当你有困难的时候，他们就很愿意来帮助你。我吃了你1个苹果，当我有橘子的时候，无论如何我要分你1个橘子。你用这种方式收集了另外的5种水果。"

　　这是一个简单的道理，但很多企业家却看不到其重要性。在利润红利面前，很多人都想多拿多得，根本不想和别人分享。可独享的后果就是与伙伴斤斤计较，最后吵翻。

　　一位成功的企业家，在经历了十几年的奋斗后，终于让自己的公司上市了。

　　但在股权如何分配的问题上，他和他的合伙人产生了分歧。这个企业家认为自己的功劳最大，是自己把公司一手做起来的，理应拿75%的股份，剩下25%的股份给余下的5位合伙人分。

　　那5位合伙人认为企业家所占股份太多，不公平，应当重新分配股权。

　　本来公司上市后，应当继续将公司做大做好，可几个股东纠缠在股权分配的问题上，无心管理公司，公司的经营开始出现问题，企业家将责任推到了那几个合伙人身上。

　　几个人之间的裂隙越来越大，最后，与企业家一起打拼的5个合伙人离开了公司，又去开了一家新公司，还带走了公司很多客户，公司的业务一下子减少了。企业家着急救火，他许诺谁能拉到大客户，谁就能分到公司的股票，但他之前与合伙人之间的股权之争已经在公司传开了，大家都不相信他能够分享股权。最后，公司经营陷入困境。

　　这就是独享财富、不肯分享的结果。企业家不肯分享成果，最终他自己也没有享受到好成果。马云不独享公司的财富，将其分享给公司的员工，他明白只有帮助别人赚到钱，别人才能更好地帮助自己赚钱。

　　摒弃自私贪心的行为，与别人一起享用自己拥有的，看似是付出，其实也是得到，分享的过程中，能够找到更多我们需要的东西。

第十二章

生活哲学：
不要沉溺在所谓的成功里

　　人永远有后退的通道，我们来到这个世界，一定要
搞清楚。有人问我恐惧什么，我真没什么恐惧的。我觉
得人生是个经历，不管你多牛，你一辈子就36 000天的旅
程，到这个世界上不是做事业的，不是来成就宏图大业
的，你是来生活的。在生活中，你见了那么多同学、那么
多朋友、那么多同事，有父母、有太太、有孩子，这些是
人生中的经历。那些痛苦的经历也是经历，看清楚了就
那么回事，如果离开世界的时候，你没有后悔；如果社
会给了你很多机会可以做很多事情，Enjoy it。

人生在世是做人，不是做事

马云：我跟自己讲，我们到这个世界上不是来工作的，我们是来享受人生的，我们是来做人的，不是做事的。如果一辈子都做事的话，忘了做人，将来一定会后悔的。不管事业多么成功，多么伟大，多么了不起，记住我们到这个世界上就是经历这个人生的体验的，忙着做事，一定会后悔。

马云天生就有一副侠义心肠，从小就爱管闲事，喜欢为朋友两肋插刀，在所不辞。在马云上大学三年级的时候，他的一位同学因为犯了点错误，被取消了研究生的考试资格。这件事情被马云知道后，他热心地帮这位同学去向校领导求情，希望能够给这位同学一个机会。

后来，校领导在马云的求情下，仔细思量了一下，最终还是同意这位同学参加研究生考试。这位同学通过这次来之不易的机会，考上了研究生。

后来，那位考上研究生的同学，对马云的这次帮助并未表现出特别的感激之情，甚至在毕业之后，都不再与马云联系。

马云对这件事情也并未放在心上，他依然还是将朋友的事情当作自己的事情，而且遇到自己看不过眼的事情，就会挺身而出。

在1995年的时候，马云刚刚开始创业。一天晚上，已经8点多了，马云骑着自行车去公司的路上，看到前面有几个人在抬井盖。马云心里想这些人是在偷国家的财产吧，他向四周望望，想找几个路人和自己一起阻止那些偷井盖的人，可路上几个行人似乎并不想惹这个麻烦。

马云骑着自行车，来回绕了几圈，他看着前面几个人高马大的偷井盖的人，觉得不能就这样不管不顾地走掉，于是冲那几个人大喊一声："你们给我抬回去！"

这时，从旁边走出一个男人来和马云交谈。谈了几句之后，那个男人让马云回头看，马云才发现藏在不远处的摄像机。原来这是一个测试活动：就是想看看走过这条路的人，看到这种事情时，会作出什么反应。

马云的表现，自然是通过了测试。后来马云说自己当时也觉得害怕，毕竟对方是好几个人，如果逃不掉，很可能就会挨一顿臭揍；但看到他们在偷国家的财产，就这样视而不见地走开，实在是对不起自己的良心。

耿直的马云一直都是这样的脾性，即便是在他成为了知名企业家之后，也依然认为要先做人，再做事。马云说："做人远比做事重要得多。想要把企业做好，首先要学会做人，把基本的待人接物、敬业精神都学会，才能将事情做好。"

马云有一次去参加北京世界经济论坛会，那次会议一共有5个人上台演讲，但台下的听众很少有人在认真听，他们不是在聊天，就是在打电话，声音还特别大。马云当时在下面觉得十分丢人，他说："小企业家成功靠精明，中企业家成功靠管理，大企业家成功靠做人。"但是，在那次会议上，听讲座的企业家连起码的礼貌都不讲，还谈什么做大企业呢。

所以，马云一直在强调，无论是办企业，还是做其他事业，做人都应该摆在第一位。

● 马云的人生哲学

有一些取得一点小成绩就觉得自己了不起的人，常会在别人面前表现出趾高气扬的样子，觉得自己就是最厉害的。但他们自己并不知道在别人的眼中，自己其实是很可笑的。

社会上一些令人尊重的企业家、成功人士，人们之所以尊重他们，除了他们自身的经历有值得大众学习的地方之外，还因为他们做人方面也很值得人们尊重。

一位年轻的企业家和一位年老的企业家一起去参加一场宴会。那位年轻的企业家觉得自己是商界的后起之秀，十分跋扈，他在宴会上大声喧哗，对宾客讲自己的创业史，说自己在商海中如何厉害。

但令他不满意的是，大家对他都很冷淡，反倒是聚集在那位老企业家身边，与老企业家微笑交谈。

年轻的企业家心里很是不屑，他觉得老企业家的厂子效益很一般，一年的利润还比不上自己公司一个季度的利润。他也凑了过去，想看看这个老企业家有什么魅力，能够吸引大家都围到他身边。

年轻的企业家问身边一个人："这老头怎么有这么大的魅力，居然成为了宴会的焦点，他能赚很多钱吗？"

那个人摇摇头："这位老先生数十年如一日地坚持慈善事业，我们这里很多学校、医院都是他捐钱建立的。他还是一位博学多才的人，和他聊天十分舒服，还能增长见识，我们都喜欢他。"

年轻的企业家把做事、赚钱当作增强自身魅力的砝码，自然无法赢得旁人的尊重。一个企业家就算赚再多的钱，在做人方面很欠缺的话，别人也只会将你当作一个腰缠万贯的暴发户。

那位老企业家也许在经商方面成绩平平，但他在做人方面却是可以打满分的。他从事慈善事业，乐善好施，懂得与人分享，而且为人谦和，不会沉浸在自己的商业王国中自以为是，所以，人们都尊重他，喜欢他。

马云也是一个做人做得很成功的人，他不为个人的得失而愤愤不平，也不会对一些人情世故上的小事斤斤计较。在马云创业初期，有一天，忽然有一个人跑到深圳找到马云，这个人就是当年那个考上研究生的同学。他现在在一家外资公司工作，那位同学动情地对马云说："我听说了你的消息，特意来到深圳找你的。"

马云对此也很欣慰，他说："虽然有过被出卖和利用的伤痛，但我相信有一颗善良宽容的心，总是能交上几个真诚的朋友。"

马云一直保持着宽容平和的心态，所以，在商场的潮起潮落中，才一直能不断向前，他不会因为失败而放弃，也不会因为成功而迷失。对于马云来说，成功不过是外界对自己的一种评价，而他自己要做的事情太多，只要自己做到了，人生就是圆满的。

工作不要太较真，快乐就行

马云：工作不要太较真，快乐就行，因为只有快乐让你创新，认真只会有更多的KPI、更多的压力、更多的埋怨，真正把自己变成机器。我们不管多伟大、多勤奋、多痛苦，都要永远记住做一个实实在在、舒舒服服的人，因为这样的人才是最美的。

2001年，马云有时会在网上实名回答网友的提问，他说："生活是艰辛的。如果你做得不好，人家会笑话你，把你当垃圾。如果你做得好，人家就抄你、偷你，用各种理由告你……但是我还是喜欢把事情做好。"

马云认为做工作，干事业，应当选择令自己快乐的事情来做，这样做起事来才会热情高涨，有效率。阿里巴巴的宗旨就是"快乐工作，快乐生活"。阿里巴巴的每个员工都面带笑容，进入他们的工作环境，虽然十分忙碌，但总能让人感到心情愉悦。

这就是阿里巴巴的企业文化。马云希望阿里巴巴吸引人才不是靠高薪和挖墙脚，而是靠企业本身的"快乐文化"。阿里巴巴集团现任副总裁卫哲在刚进公司的时候，就被这种快乐情绪所感染，他说："这恐怕是中国笑脸最多的一个公司，而且执行能力超强，但我不知道为什么！"

马云不会为员工设置很多条条框框，他说："在阿里巴巴，员工可以穿旱冰鞋来上班，也可以随时来到我办公室，总之一定要让员工'爽'。"

马云也不会以一个威严老板的身份出现在员工面前，他永远都是和蔼可亲的。曾有一名员工称："马云和所有的人都是没有距离的，这是让人最吃惊的。"

马云的快乐文化吸引了很多人加入阿里巴巴，其中不乏优秀的人才。例如蔡崇新就是其中之一。蔡崇新有着名校毕业，在跨国公司担任重要职位的背景，却甘心在阿里巴巴还是小公司的时候加入其中。

对此，蔡崇新给出的答案是："这里有一些做事情的人，他们在做一件让我觉得很有意思的事情，所以我就决定来了。"

蔡崇新放弃了不菲的年薪，加入阿里巴巴从头再来，一方面是被马云的人格魅力所折服，另一方面也是被阿里巴巴快乐的文化所吸引。而这也正是马云一直倡导的，他说："员工第一，客户第二。没有他们，就没有这个网站。也只有他们开心了，我们的客户才会开心；而客户们那些鼓励的言语，又会让他们像发疯一样地去工作，这也使得我们的网站不断地发展。"

轻松的工作环境，更能让员工发挥自己的潜能，提高工作效率。马云在公司常常会带头搞这种轻松的氛围。他鼓励员工发展各种兴趣爱好，公司成立了十好几个兴趣小组，而需要的费用都由公司承担。

公司还会常常举办晚会，在又唱又跳的欢乐气氛中，马云更是不遗余力地为员工表演。他或是打扮成一个漂亮的姑娘，载歌载舞；或是装扮成童话中的白雪公主，让员工们诧异之余，开怀大笑。

有领导的积极倡导，公司的快乐文化自然维护得很好。阿里巴巴的员工都以轻松的心态工作，业绩怎么能够不提升。

● 马云的人生哲学

做企业就是要尽量考虑员工的利益，尤其要注重员工人性化方面的需要。在微软的网页上有这样一句话："你喜欢自由自在、手拿可乐边听音乐边工作的工作环境吗？"这不仅仅是一句广告语，更是一种轻松健康的企业文化。对于员工来说，工作氛围等因素是选择工作时很重要的一个方面，没有人会愿意只做一个赚钱的机器。

马云对此很有自己的心得："我希望我们每一个员工都能上班像疯子，下班笑眯眯，而不是把工作当成负担，每天像个苦行僧一样活着。没有笑脸的公司是痛苦的。判断一个人是不是优秀，不要看他是不是哈佛毕业，是不是斯坦福毕业，而要看这个人干活是不是发疯一样，看他每天下班是不是笑眯眯地回家。"

《赢在中国》里一位选手叫作李红梅，她的创业项目是医疗档案管理软件及相关数据业务服务。盈利模式包括软件的销售和相关数据服务收费，

是以中间商的形式提供两端的咨询服务，提取中间价，利润率可以达到50%
左右。

在现场，马云问："你的产品市场是针对国外，还是只针对北美？"

李红梅："现阶段是北美市场，美国市场是成熟的市场，其他市场不太
成熟。"

马云："你有两个核心竞争力：第一个是整合资源，国外没有资源，国
内也要摸索，如何整合？第二个是外包。外包是核心竞争力？那么美国公司
就做不到外包？"

李红梅："第一个核心竞争力就是把数据转化和数据输入这一部分的业
务，跟软件销售业务整合起来，这是我的一个核心竞争力。"

马云："你觉得这个竞争力很高？"

李红梅："因为美国的公司很少这样去整合。"

马云："你现在有多少员工了？"

李红梅："在北美我只有一些高端的设计人员，大概有4个。"

马云点评道："我觉得你的项目很难，相当难。我诚恳地建议，你最好
别创业。我见过创业很艰辛的人，他说他就愿意创业。我感觉是这样，从性
格各方面来讲，你不是很适合创业。我经常给朋友讲，有时候做一份喜欢的
工作就是很好的创业。你这个人很热情、很善良，这些性格可以让你成为一
个非常好的员工，非常好的义工，找一份自己喜欢的工作，完善自我，这可
能很好。但是对于创业，我很坦诚地说，你真不合适。"

赚更多的钱，还是从事自己喜欢的工作，哪个对自己更重要，这是很多
人纠结的问题。做毫无兴趣的工作，对自己而言是一种莫大的痛苦；从事自
己喜欢的工作，又未必能够赚到足够的钱。

很多人就在这两个选项中无法作决定。其实工作就像婚姻，如果选择的

是自己爱的人，就算再苦再难也会觉得可以忍受，也会有幸福的感觉；如果选择了不爱的人，就算生活得再幸福，也不会觉得快乐。

有一个有趣的实验：对1960年到1980年毕业的1500名商学院学生进行研究。这些毕业生被分为两组：第一组是先赚钱，后去做自己想做的事情；第二组是先追求兴趣爱好，再追求财富。

结果，20年后，第二组中产生了100位百万富翁，而第一组中只有一个百万富翁。这个试验的研究者在报告中总结道："绝大多数人致富都是因为心底深埋激情且不断行动的结果，他们所谓的'幸运'来自他们对自己所喜爱的领域的无限激情。"

不要把工作当作赚钱的任务，而是要将工作当作自己生活的一部分，快乐地工作，才能快乐地生活，享受到了工作的乐趣，远比赚更多钱更加珍贵。

记住别人的好，忘记别人的坏

马云：今后要永远把别人对你的批评记在心里，别人的表扬，就把它忘了。

当一个人回望走过的人生路时，无论他是20岁、30岁还是50岁，也无论路上是否布满了荆棘，他都会记得那些曾经帮助自己越过困苦的点滴恩情。卢梭曾说过："没有感恩就没有真正的美德。"因为一个不懂得感恩的人，往往也对他人的痛苦没有感知。

阿里妈妈是阿里巴巴旗下的网络营销平台，马云曾公开表示过，创建阿里妈妈的初衷并不是为了自己盈利，相反，他是为了表达自己对当初支持阿里巴巴和淘宝的中小网站感激的一种方式。

在众人的眼中，马云的阿里巴巴创造了令世界瞩目的成就，可是大家没有看到阿里巴巴在艰难时期，那些给予过马云支持的人。阿里巴巴创建起来的时间还不长，对一个已发展几十年甚至上百年的成熟企业来说，它还是一个稚嫩的孩童。假如没有投资者的信任和帮助，仅凭自身的力量，那这个孩童又如何一路成长起来呢？

淘宝网现在已是一个人尽皆知的大型交易平台，也是阿里巴巴的支柱产业。然而，在今日辉煌的背后，却是曾经的那些困难和风浪。那时候，国际巨头几乎将所有大型网站的广告都买断，这也就意味着淘宝网处于一个被软禁的境地，举步维艰。万般无奈之下，马云不得不找到众多中小型网站，并向这些网站请求帮助。

试想一下，如果当时那些中小网站没有及时地伸出援手，那么今天的阿里巴巴还会存在吗？当然不会。所以，马云今日的成功从某种程度上来说是那些中小网站所给予的。若不是它们，阿里巴巴也不会突破重围，在险恶的环境中成长起来。

这样的恩情，马云不会忘记。一直到成功之后，他依旧记得自己在困境中接受过的种种帮助，甚至于回报这些中小网站成为了马云的一个心结。在马云看来，中国的互联网想要健康持续地发展下去，就不能完全由几个大型网站垄断和控制，而是要由各种中小企业参与竞争，形成良好的网络生态环境。为了这个目的，也为了回报让他"起死回生"的众多中小网站，马云无论如何也要支持它们的发展。于是在这样的背景下，诞生了阿里妈妈。

马云明确地表示过，阿里妈妈能否为他带来盈利他无所谓，他所看重的是，阿里妈妈能否创建一种合理的盈利模式，能否让中小网站获利。而阿里妈妈创建后收获的一系列"数字"表明，马云再一次成功了。他那颗感恩的心也得到了释放。

"记得别人的好，忘记别人的坏。"这是马云一生都在坚守的座右铭，也是铸成他今日成就的品格之一。这样的人，又如何不被人们所追捧和钟爱呢？

● 马云的人生哲学

美国作家斯蒂芬斯说："每场悲剧都会在平凡的人中造就出英雄来。"生命的光芒会在苦难的磨砺中更加闪亮。马云在创业的路程中，经历的种种磨难，让他更懂得体会世间惺惺相惜的情感，更懂得珍惜人间真情。

马云因为受人恩惠，所以在自己有能力后，便要竭力回报，这是无可厚非的。同马云一样，还有人在历经苦难之后，依然心怀感恩之情，报答帮助过他的人。

世上有什么苦难比没有亲人更加令人痛苦呢？可这样的悲剧偏偏落到了他的头上。

5岁的时候，他被一户人家所收养，原本以为，虽然只是养父母，可这一生也总归有了亲人。可是偏偏到了8岁的时候，养父母生养了自己的亲生孩子，于是他受到了冷落。其实不只是冷落，因为养父母最终把他送给了别人。让一个只有8岁的孩子离开他心中的"家"，并且从此以后不再回来，这样的心灵创伤怎样能承受？他哭喊着不愿走，却遭到了养父母的毒打，最终还是被逐出了家门。

寄人篱下的日子虽然过得艰难，可时间流逝得倒也不慢。一晃5年又过去了，他长成了一个13岁的小少年。然而这时候，这对养父母又收养了一个亲戚的孩子。古话说："血浓于水。"对养父母来说，亲戚的孩子自然要比一个毫无血缘关系的人更加亲近。于是，他第二次被送走了。到了第三户人家中之后，他悲惨的命运并没有任何转变，养父母对他没有感情，仅仅住了一年，他又被赶了出去。

14岁的他尝尽了人间的冷暖，彻底变成了一个流浪的孤儿。他不再祈求能够走入一个新的家庭，他只想独自一人舔舐内心深深的伤痛。为了填饱肚子，他在垃圾桶里找寻食物；为了让自己不那么孤单，他加入了一个流浪孩童的队伍。睡大街，吃剩饭，他和这些孩子一起过了6年的讨饭生活。后来，他成了一个水泥工，工作非常卖力，因为相比要饭的日子，能够依靠自己的劳动换取食物，是对他作为一个人的价值的肯定。

在当水泥工的业余时间里，他上了夜校，无论白天工作再苦再累，晚上依旧不放弃学习。这样坚持了两年之后，他拿到了文凭。对他来说，那张文凭是22年的生涯中最具荣耀的一张纸。此后，他被一家公司录用，做起了推销员。

对于一个从小寄人篱下，三次被无情地赶出家门，并且要饭6年的年轻人来说，再艰苦的工作或许都是上天对他的一种恩赐。很快，他的业务成绩便在公司名列前茅，还升为了部门经理。又过了几年，他创办了自己的公司，并且拥有了令人称羡的物质生活。可只有他自己知道，这一路走来，内心里最缺乏的是什么。亲情！

为了填补这一空缺，他把之前养育过他的三对养父母都接到了自己的家里来住，还像小时候那样亲切地称他们为爸爸妈妈。把儿时对他如此残忍的6个人接到自己身边来享受荣华富贵，身边的人都认为他疯了，可是他却坚持认为，假如当初不是养父母给他一口饭吃，可能自己早就不在人世了。

这个人就是王永忠，从一个流浪儿到一家资产达千万元公司的老总，有了养父母们的陪伴，他觉得自己是这个世界上最幸福的人。

综观各个成功人士，懂得感恩似乎是他们共同的美德。无论是马云还是王永忠，无论当初别人对他们多么好或者多么差，他们都好像从放大镜中看到了对方的恩情一样，用一颗感恩的心回报一路走来让他们得以成功的人。正所谓滴水恩情，当涌泉相报。

在生活中，对于那些对不起自己的人，不必睚眦必报。所谓冤冤相报何时了，反倒不如一笑泯恩仇，原谅了别人，也让自己释怀了。忘记别人的过错是做大事者的必要素质，因为不计较一些负面的情绪，才能够在成功进取的道路上大踏步前行。

太多的钱会坏事

马云：我一直认为不管做任何事，脑子里不能有功利心。一个人脑子里想的是钱的时候，眼睛里全是人民币、港币、美元，全部从嘴巴里喷出来，人家一看就不愿意跟你合作。以前没钱的时候，每花一分钱我们都认认真真考虑，现在我们有钱了，还是像没钱的时候一样花钱，因为我们今天花的钱是风险资本的钱，我们必须为他们负责任。

有一句老话"人心不足蛇吞象"，讲的是这样一个典故：一个农夫救了一条蛇，这条蛇为了报答他，答应可以满足农夫提出的条件。于是，农夫提出不想再种田，想丰衣足食，蛇满足了他。过了一阵子，农夫又提出想当官，蛇就让他当了宰相。可农夫还想当皇帝，蛇看出人心实难满足，就将农夫吞到了肚子里。

贪心是一个魔咒，越贪心的人最后得到的越少，反倒是那些懂得自己真正要什么，能要什么的人，最终收获颇丰。马云向来不是贪心的人，关于他不贪心的一个例子，至今提起来还让人不可思议，津津乐道。

在马云与孙正义谈妥了3000万美元的投资后，马云回到杭州，在董事会上宣布了软银投资阿里巴巴的计划。大家经过一番激烈讨论后，认为软银要占30%的股份太多了，这样会造成股东结构不平衡，给阿里巴巴日后的发展埋下隐患。

马云冷静思考之后，也为在日本的决定感到后悔了，"我要那么多钱干什么呢？这真是太愚蠢了"。想清楚利弊关系后，马云立刻给孙正义的助手打电话，告诉对方自己不需要这么多钱，只要2000万美元就够了。孙正义的助手听完马云的话，差点跳起来，他还从来没有见过嫌钱多的人。

"这简直是一件不可思议的事情，我们投资的钱，你竟然嫌多，你这是在赌博，这是无法谈下去的。"

面对孙正义助手的质疑，马云如实答道："是的，我在赌博，但我只赌自己有把握的事。尽管我以前控制的团队不超过60人，掌握的钱最多只有2000万美元，但2000万美元我管得了，过多的钱就失去了价值，对企业是不利的，所以我不得不反悔……"

与孙正义的助手争执不下，马云只得给孙正义发了一封电子邮件，他说："……希望能与孙正义先生牵手共同闯荡互联网……如果没有缘分合作，那么还会是很好的朋友。"发出这封电邮没几分钟后，孙正义就给马云回复了："谢谢您给了我一个商业机会，我们一定会使阿里巴巴名扬世界的。"

最终，孙正义为阿里巴巴投资2000万美元，这件事情画上了句号。阿里巴巴的首席财政官蔡崇信说："这是孙正义投资经历中让步最多的一次。"这是一个离奇的故事，到手的几千万美元拱手还给别人，这也是一个简单的故事，花自己该花的钱，做自己该做的事。花最少的钱，做最有效的事情，就是马云一直以来坚守的理念。

● 马云的人生哲学

从人性的角度来分析，每个人都想要更多更好的东西。当一个看起来非常诱人的机会摆在眼前时，很少有人能够控制住自己的贪念。但作为一个真正聪明的人，他就能够在迅速冷静下来之后，分析这其中的利害。成功既不是全盘接受，也不是全盘放弃。做人不能太贪心，要懂得知足，也不能太谨慎，裹足不前。

很久以前，苏格拉底的几个学生向他请教人生的真谛。苏格拉底把学生们带到了麦田边，让他们去田地里摘一颗他们认为最饱满最好的麦穗。苏格拉底嘱咐学生："只能摘一颗，不能走回头路，不能作第二次选择。"

学生们都埋头认真挑选麦穗，他们穿过整个麦田，看到苏格拉底已经在对面等着他们了。苏格拉底问："你们都选好麦穗了吗？"

学生们一个个都低着头，一个学生开口道："老师，我一开始就摘到了一颗又大又饱满的麦穗，但走了没多远，又看到一个更大的，就把原来摘的扔了，就这样一路走一路扔，到最后发现还是第一颗最大最饱满。"

还有一个学生说："我想再往前走走，总能遇到更大更好的，就一直没有摘麦穗，结果等我走出了麦田，才发现自己两手空空。"

"老师，让我们都再选择一次吧！"其他学生一起请求。苏格拉底坚定地摇了摇头："孩子们，没有第二次选择，这是游戏规则。"

人生也是如此，一路向前，没有第二次的选择机会，但我们每每都会认为下一次一定会有更好的机会，就这样一次一次错过了机会，走到最后，什么也没有握在手里。人不可能什么都拥有，当你拥有一件东西的时候，就紧紧抓牢，不要朝三暮四，否则可能最终什么也得不到，竹篮打水一场空。

有一个小孩和妈妈去买东西，路过一个糖果店时，老板和小孩的妈妈是熟人，两人闲聊了几句。老板见小孩盯着糖果目不转睛，就慷慨地让小孩抓一把糖果吃，但小孩不肯，老板觉得小孩肯定是不好意思，就亲自抓了一把，放进了小孩的口袋里。

走出糖果店后，妈妈问："刚才你为什么不自己去抓糖果？"

小孩说："我的手这么小，叔叔的手那么大，如果我去抓糖果，抓不了几颗，叔叔一把可以抓好多。"这个小孩的聪明之处就在于不贪图眼前的小便宜，克制自己的贪欲，最后反而收获了更多。

很多人在看到利益的时候，常常会不多想就扑上去，想着拿得越多越好，但过度地追逐利益会使人迷失，凡事适可而止，才能走好人生的路。马云也说："上当不是别人太狡猾，而是自己太贪。"

有两个商人在回家的路上看到几只绵羊在吃草，他们将羊毛剪下，每人背了一筐羊毛回家。走了一段路后，在路边发现了别人丢掉的一些矿石，那些矿石可以拿去换钱，但两个人已经背了羊毛，背不动矿石了。

一个商人就把羊毛放在一边，捡了几块矿石放进筐里，另一个商人不舍得把羊毛扔掉，就背着羊毛和矿石继续走在回家的路上。途中要过一座独木桥，只捡了矿石的商人很轻松地过了桥，而那个背着羊毛和矿石的商人，因为背负的东西太重，一不小心掉入了河水中，等他爬上岸，羊毛和矿石都被河水冲走了。

那个背着矿石的商人将矿石卖了个好价钱，那个什么都想要的商人最终什么也没得到。贪婪的人总是什么都想要，但人世间的万物哪能都得到呢？

什么都想要，什么都去追，最后只会累死自己。

懂得什么该拿，什么该放，才是大智慧。

把机会让给年轻人

马云："马云"只是一件袈裟，披上它就变成了"马云"。"马云"是一个符号，一个有人爱也有人恨之入骨的人。做这样一个人，心理承受能力要很好。我希望的是，马云不要被"马云"绑架了，那样会累死自己。

2013年，马云郑重宣布自己要退休了。

马云在退休前说："真正的伟大是平凡的。我们要永远明白自己从哪里来，到哪里去。我就是一小混混。"

2013年5月10日，马云与李连杰一起为太极馆揭幕。在两年前，马云就和李连杰一起成立了太极禅国际发展公司。马云对太极的迷恋程度很深，他不但打太极锻炼身体，也常常从太极这项运动中获得哲学上的思考，比如阴阳两界、收放进退等。

退休这件事，就是马云从太极中得到的"放"的思考："有时候人会太在乎自己，太想得到一些东西。人要成功，一定要有永不放弃的精神，然而，当你学会放弃的时候，你才开始进步。"

按照马云的说法，为了辞去阿里巴巴的CEO，他思考了9年，计划了6年，实行了3年，他在2013年基本没有在公司待多长时间，都是在让团队处理事情，以此锻炼他们的能力。"互联网是4×100米接力赛，你再厉害，也只能跑一棒，应该把机会让给年轻人。"

在卸任之前，马云作了管理架构的调整及业务架构的调整。他将一切安排到最合理，然后潇洒地转身离去。在2013年5月10日的晚上，杭州黄龙体育中心，马云在淘宝网10周年的晚会上，与员工们说了再见。

当天下着雨，体育中心聚集了阿里集团来自全球的2.4万名员工，还有许多阿里巴巴集团的合作伙伴和媒体人，大家在雨中期待马云的出场，他们来到这里都是为了送别马云。

马云出场后，演唱了《朋友》这首歌曲，员工们欢呼："谢谢你，马总！"

马云在演唱结束后，作了自己身为阿里巴巴CEO的最后一次演讲。马云认为互联网时代是个瞬息万变的时代，只有年轻人才能拥抱这种变化，带领阿里集团继续前行。而他自己要去享受生活了，他要将机会留给年轻人。

● 马云的人生哲学

马云的人生被人们传说得神乎其神，从读书时期，到后来创业的一波三折，以及在电子商务的竞争中如何打垮劲敌，都被人们膜拜。但马云对此并不以为意，他在演讲时告诉年轻人："今天请大家不要抱怨，如果你们想成功，就要积极乐观地看待任何问题，这个时代还不是你的。我刚才就说了，现在你们有权利抱怨，但你们没有资格抱怨。等你们四五十岁的时候，你们有资格抱怨，但你们没有权利抱怨，你们必须把它干好。今天你们没有坐到那个位置，20年以后别让我们抱怨你们，你们当年吹得很牛，现在轮到你们干，你们试试看。所以准备20年以后成功的你们，中国是你们的。毛主席说，世界是年轻人的。我今天觉得他讲得太对了，世界一定是你们的！你们没坐到那个位子的时候，你们不知道坐那个位子有多么痛苦。"

一切成功的背后都有着深深的痛苦，马云这几十年的磨砺背后隐藏的痛苦是外人所不知的，不过马云对这些早已经看淡了。马云喜欢红酒，这是很多人知道的事情，他喜欢交朋友，也喜欢与朋友杯酒话江湖。

在马云的江湖世界中，所谓的成功，抵不上平淡的生活。他说："人生是一种经历，成功在于你克服了多少困难，经历了多少灾难，而不是取得了什么结果。我希望等到我七八十岁的时候，我跟我孙子说的是我这一辈子经历了多少，而不是取得了多少。"

有一个富翁，他的3个儿子都在他的公司里工作。富翁的身体不好，年纪大了以后，更是常常住院吃药，有人劝他说："把公司交给你儿子管理吧，你退休在家享享清福，养养身体多好。"

但是富翁觉得自己的儿子太年轻，难以管理那么大的公司，他依旧每天照常上班，有时比员工下班还要晚。

儿子给他提的工作上的建议，有一些他也不会接受，他觉得自己这么多年经历了很多风浪，这些年轻人怎么会比他还有经验。

富翁的年纪毕竟大了，在紧张的工作压力下，再一次生病住院。在住院的半个月里，他十分担心自己公司的经营管理状况，他觉得自己那3个年轻的儿子一定会把公司管理得乱七八糟。

所以，在医生宣布他能够出院时，他第一时间就赶到了公司。令他没想到的是，公司的事情进行得井井有条。他到儿子们的办公室，看到每个儿子都将手头的事情处理得很好很到位。

他问了公司其他的董事，董事们都说在他不在的这半个月里，公司不但照常运作，而且还做成了两笔之前没谈下的大买卖。富翁很惊奇，后来大家告诉他，他的3个儿子真的很优秀，这两笔大买卖就是他们做成的。

原来自己真的可以放手了。富翁心里既感慨又欣慰。之后，富翁卸去了他在公司担任的职务，将公司交给了他的儿子们，自己回家享受起了退休生活。公司离开他不但没有脱轨，反而运作得更好了。

很多人都和富翁一样，身上背负了很多东西：财富、责任等，与其说他们觉得自己无法放手，不如说是舍不得放手。但马云在这个问题上就表现得很果断，他说："10年前我很关心全世界，结果我的日子过得非常艰难；5年前我很关心中国的命运，我也过得很艰难；3年前我开始只关心公司，我的日子开始好起来。现在我只关心自己，越来越好。所以我说，关心自己，每个人把自己喜欢做的事情做好，这个世界就会好起来。"

人在人生的每个阶段要抓住的东西都不同，人不可能将所有东西抓到手之后都紧紧攥在手心里，总要有所取舍，才不至于被其所累。

附录

马云简历

中文名：马云

外文名：Jack

国籍：中国

民族：汉族

出生地：浙江省杭州市

出生时间：1964年

毕业院校：杭州师范学院、长江商学院

担任职务：

阿里巴巴集团主要创始人之一

阿里巴巴集团主席

阿里巴巴公司主席和非执行董事

软银集团董事

中国雅虎董事局主席

亚太经济合作组织下工商咨询委员会会员

杭州师范大学阿里巴巴商学院院长

华谊兄弟传媒集团董事

北京华夏管理学院特聘教授

菜鸟网络科技有限公司董事长

成就荣誉：

2000年10月，被"世界经济论坛"评为2001年全球100位"未来领袖"之一

2001年，被美国亚洲商业协会评选为2001年度"商业领袖"

2002年5月，获选为日本最大的财经杂志《日经》的封面人物

2004年12月，荣获十大年度经济人物奖

2008年3月，获选《巴隆金融周刊》2008年度全球30位最佳运行长

2008年7月，获得日本第十届企业家大奖（该奖项过去只颁发给日本国内的企业家）

2008年9月，获选美国《商业周刊》评出的25位互联网行业最具影响力的人物

2009年，个人净资产达80亿，位列胡润富豪榜第77位

2009年11月，获选《时代》2009年百大最具影响力人物

2009年11月，获选《商业周刊》2009中国最具影响力40人

2009年12月，获选CCTV中国经济年度人物十年商业领袖

2012年，《财富》中国最具影响力的50位商界领袖排行榜，马云排名第八

2012年，CCTV中国经济年度人物候选人

2013年，《新财富》中国富豪榜排名第17

······

阿里巴巴发展史

1998年12月：

马云和其他17位创建者在杭州发布了首个网上贸易市场，名为"阿里巴巴在线"。

1999年3月：

马云带领团队回杭州创业，阿里巴巴网站推出。

1999年7月：

阿里巴巴中国控股有限公司在香港成立。

1999年9月：

阿里巴巴（中国）网络技术有限公司在杭州成立。

1999年10月：

阿里巴巴引入500万美元风险投资基金。

2001年1月：

日本互联网投资公司软银对阿里巴巴注入2000万美元的投资资金。

2001年12月：

开始盈利，注册会员突破100万个，成为了全球首家超过百万会员的商务网站。

2002年10月：

全面进军日本市场。

2002年12月：

全面实现盈利。

2003年7月：

马云在北京宣布投资1亿资金发展淘宝网，开始打破国内C2C的市场格局。

2003年10月：

阿里巴巴创建独立的网上交易安全支付产品——支付宝。

2003年12月：

推出全面免费的国内在线C2C网站——淘宝网。

2004年2月：

获国内互联网史上额度最大的国际资本投资。

2004年4月：

淘宝网与中国最新锐的互联网娱乐综合门户网站21CN.com结盟签约。

2004年7月：

淘宝网在全球排名升至第18名。

2004年7月：

阿里巴巴宣布再次对淘宝网投资3.5亿元人民币。

2004年年底：

推出独立的支付宝公司。

2005年1月：

淘宝网正式进军香港电子商务市场，开通"香港街"。

2005年4月：

淘宝网和搜狐宣布成为战略联盟。淘宝网2005年第一季度的交易金额超过10亿元，居于国内个人电子商务网站第一位。

2005年7月：

支付宝开展"你敢用，我敢赔"的支付联盟计划，成为网站购物支付的首选工具，推动了中国网购的进一步发展。

2005年8月：

阿里巴巴获得雅虎中国10亿美元投资。

2005年年底：

阿里巴巴被选为"2005CCTV中国年度雇主调查"最佳雇主。

2006年6月：

美国权威财经杂志*Business2.0*公布全球50位最具影响力商界人士排行榜，马云成为中国大陆地区唯一入选的企业家。

2006年7月：

在开曼群岛注册成立日本投资控股有限公司。

2007年1月：

阿里巴巴集团在上海宣布阿里巴巴（中国）软件有限公司正式成立。

2007年6月：

"e贷通"贷款发放仪式在杭州举行。

2007年7月：

淘宝网2007年上半年总成交额突破157亿元人民币，与2006年同期相比，增长了近200%。

2007年8月：

支付宝全面拓展海外业务。

2007年10月：

中国工商银行与阿里巴巴联合推出的网商融资新产品"易融通"正式宣

布上线。

2007年11月：

阿里巴巴网络有限公司在香港联合交易所主板成功上市。

2008年3月：

阿里巴巴成为恒生综合指数及恒生流通指数成份股。

马云在杭州师范大学的演讲

我觉得你们特别有眼光，刚刚老师说了，杭师大是一个魅力很强的学校，具备未来的战略眼光。主要是因为我们有这么多有魅力的学生，而有眼光的年轻人都选择了杭师大。我深信不疑，杭师大是全世界最好的学校。

我没有必要拍大家的马屁，我也不想把自己抬得太高。但是我确实去过很多大学，哈佛也好，MIT（麻省理工学院）也好，或者北大、清华，不管怎样，我都以杭师大为骄傲。我一直说这是最好的学校。因为，好与不好，很多时候不是别人怎么看，而是你自己怎么想的。如果你觉得自己不好，你就没有好的机会；如果你觉得好，你就不断有好机会。

杭师大跟北大、清华比，在世俗眼光里是有距离，但是正因为有距离，才给了我们机会。假如我当年考进了北大，就不是现在的马云了。因为杭师大给了我这样的机会。

人生不是你获得了什么，而是你经历了什么。

我自己也想，今天这个开学典礼不是为了庆祝我们曾经出了多少校友，而是我们希望培养出更多更好的校友。而这些校友就来自这里，就坐在下面。因为你信，你才有机会；如果你不信，你一点机会都没有。

大家在学校里会学到很多知识，我相信学校里学到的那么多知识毕业后

244

真正所用不多。但学校的经历给了我们很多。人生不是你学到了什么，不是你获得了什么，而是你经历了什么。大学四年可能是我们人生中最美好的，但也是最痛苦的，因为每天忙着考试。

我前几年还做梦，梦见自己在考试。有时醒过来想，我今天终于不是学生了。很美好，但是一定带着痛苦。真正的幸福一定是和眼泪、欢笑、汗水结合在一起的。如果你在杭师大四年没有眼泪、没有欢笑、没有汗水，我相信你不会成功。

同时，我也在想，什么是成功？成功的"成"是成就自己，"功"是功德天下。你只有成就了自己，帮助了别人，才会有真正成功的感觉。所以大家想着自己的时候也想想将来，自己能给别人做些什么事。

有三件事情是我必须告诉儿子的。

你们大概和我的孩子年龄差不多，或是比我的孩子大一点。我儿子生日时，我给他写了一封E-mail。老爸给儿子写信总有点奇怪，但我觉得有三件事情必须要告诉他。

第一，永远用乐观的眼光看待这个世界。

在这个社会上，你一定会郁闷，一定会痛苦，一定会沮丧，一定会觉得这个不爽，那个不爽。不仅你们这么觉得，人类社会几千年以来，几乎每个人都郁闷过，每个人都痛苦过，每个人都难过过。但是人类社会永远是一代胜过一代。在座的，你们一定会胜过我们，一定会胜过所有的院长，这是我们所希望的。不管发生什么事情，要相信明天会更美好。

这世界上会有很多令人不满的事情、不爽的事情，你改变不了多少。改变自己，才能改变未来。

给大家讲个例子：前段时间日本地震，云南刚好也地震。我们公司决定捐给日本多少钱，云南多少钱。结果很多同事说我们干吗捐给日本，我们为什么不捐给自己的国家，很多人提出了抗议。我写了回信，我认为，你捐是对，不捐也是对的，但是你自己不捐也不让别人捐，那是错的。今天任何一个灾区不会因为你的捐款发生改变，但是你捐了钱是因为你发生了改变，这世界才会发生改变。不管外面多么麻烦，你改变了，世界才会改变。

第二，我希望大家永远用自己的脑袋思考。

脑袋是自己用的，不要甲说好就说甲，乙说好就说乙。永远用自己的脑袋独立思考，用自己的独立眼光去看待任何问题。任何人要去的时候，停一下，其实不差两秒钟；任何人反对时，也停一下，思考也不缺这两秒钟。永远用自己的脑袋思考，永远像今天一样，用一种新生所具备的充满好奇的眼光，看待这个世界，看待边上的人。

永远记得用欣赏的眼光看别人，用欣赏的眼光看自己。只有懂得用欣赏的眼光看待别人的人，才会有成就感。永远要用欣赏的眼光看自己。我一直给别人的建议是：假如你毕业于名校，请用欣赏的眼光看别人；假如你毕业于一个普通的学校，请用欣赏的眼光看自己。因为只有这样，我们才能渡过一个个难关。永远保持好奇心，到了80岁、90岁，你也觉得那女孩长得挺漂亮，那就对了。

第三，永远讲真话。

真话是最难讲也最容易讲的。真话永远听起来不爽，但是它又是最爽的。所以学弟学妹们，在四年的学习过程中，Enjoy your life（享受你的人生）。同时，乐观、独特，并且讲真话。我相信只有这么走，我们的人生才是丰满的。

最后，希望你们这四年开开心心。否则过了四年，你一定会后悔的，后悔当年为什么不那么开心。因为我现在走过篮球场时，在想那时候我怎么没练好篮球。很多东西，失去了才知道它的珍贵。让自己在校园的四年里，玩得最爽，读书读得最爽，朋友交得最爽，过好每一天。

马云在平安夜的演讲

各位在座的社区朋友们，大家好！我经常来社区里看帖子，但是没有注册马甲。这几天我在休息，我给自己放一周的假，但是哪儿也没去，就是看看书，聊聊天，休息休息。

2005年年底我刚刚宣布阿里巴巴处于高度危机时，我们公司很年轻。我们公司这几年越来越受到外界的关注，对于我们公司的年轻人来说，这不是件好事，包括我自己也是很难经受得住聚光灯的照射。我们公司要走的路很长，我们公司要走102年，现在还有96年，我们过早地被聚光灯照射，这么大的荣誉光环对于我们来说是件很危险的事情。

2005年是阿里巴巴非常受外界关注的一年。阿里巴巴今年为什么受到这么大的关注？我们收购雅虎中国，我们淘宝做得很好，支付宝也做得很好，阿里巴巴访问量也不错。2005年和2004年公司的发展状况可以说是突飞猛进。

我本来预计阿里巴巴网站要在2009年进入全世界前30名，没想到这两天我们已经稳居全球第19名，在全世界商业网站中排名第一。

我们在成立阿里巴巴公司的时候有三大愿景，第一个就是希望成为世界十大网站之一。提这个目标的时候，大家觉得还是有一点点不符合实际，怎么能想着成为世界十大网站之一呢？

目前世界十大网站，大部分都是门户网站，像雅虎、MSN、eBay。我们把自己定位为商务网站，以此进入全世界十大网站。我们自己提出的目标，实现它需要30年，我们现在的把握是越来越大。我们判断今后5年内我们将占据世界十大网站的3个席位：一个是雅虎中国，一个是淘宝网，一个是阿里巴巴。我们原先计划是30年内拿到1个席位，现在我们有可能10年以内拿到3个席位。

我们对中国局势的把握越来越大，作判断时的信心也是越来越足。整个中国的经济在高速成长，加上世界对亚太地区的高度关注，以及亚太地区互联网企业对世界作出的贡献，我估计未来的5年内这些将会对互联网产生很大的影响。

我是"2004年度中国经济十大人物"，我们今年再次获得"中国十大雇主公司"提名，我自己觉得对公司和我个人来讲不是好事，我会参与，但不会有过高的要求。我们希望3~5年之内成为"全球十大雇主公司"之一，我们希望3~5年以内成为年轻人最希望加入的公司。不过，今年获得这个奖的提名让我比较高兴，我们两年前提出这个目标的时候感觉路还很长，现在居然实现了。其实你提出了并付出努力，还是有机会的。

今天，全国各地的版主和论坛精英在这里聚会，我很羡慕大家，你们写作水平很高，而我最多写个"顶"字，我打二三十个字都要花很长的时间。作为一个好的版主，他会跟大家分享，他有胸怀。论坛就像一个社会，甚至比社会更复杂。

在淘宝上甚至也会出现各种各样的矛盾，我跟淘宝上的管理员说，我觉得论坛是一个小社会，你要包容它。这个世界总会有人不同意你的想法，而且不同意你的方式都各不相同，你不要烦躁，不然火气会越来越大，这样事情就更复杂。大家在论坛里要有一种胸怀，要有所投入，这样自己也会在无形中成长。

刚才朋友说管一个论坛好还是管两个论坛好，我觉得管一个论坛好，管两个论坛会很累的。我们收购了雅虎之后做了几个动作，先做减肥运动。整个雅虎本来有600名员工，产品有将近200个，一个部门60个人在100条线上打仗。当时我们问了几个问题，第一个问题是："请问今天什么是最重要最紧急的事情？什么是不紧急不重要的事情？什么是又紧急又重要的事情？"大家都说这个东西又重要又紧急，那我说好，就做这一件，其他的都排在后面。

我们把雅虎的首页彻底改变了，600个人在600个不同区域同时打仗，赢的概率很小，但600个人集中在一个区域打仗，胜利的希望会很大。如果做版主的脑子想的是赚钱，想的是拉帮结派，往往会在文字里显露出来。你心里有这样的想法时，你的语气、语态中都会显露出来。

今天我们依然坚持创业时的梦想，和过去唯一的区别是我们往前走了一步，离梦想近了一步。每个人初次创业的时候理想是好的，走着走着，会找不到这条路在哪里。你的第一个梦想是最美好的东西。

我们创业时有三十几家与我们竞争，我记得现在全部关门了，只有我们一家还活着。我们是坚持梦想的人，所以能走到今天。我们今天没有放弃第一天的梦想，我们还要走下去，我们还要走96年。从我们第一天说要把阿里巴巴持续发展102年起，我们就没有改变过。今天我们说要做持续发展102年的公司，成为世界最大的电子商务网站。

我们阿里巴巴前5年完成第一个目标，是"Meet at alibaba"，我们跟员工作了汇报。电子商务谁也说不清楚它是什么东西，专家太多了。我刚刚参加了教育部的电子商务教科书研讨会，据说全国有278所大学都开设了电子商务专业。电子商务专业的学生毕业以后很头痛，这些专家真的不知道从哪儿讲，我觉得真正要是讲电子商务，你们（论坛版主）去讲是最合适的。

对于电子商务最专业的人是第一批版主，是阿里巴巴和淘宝网的网络客服人员，而未必是技术人员，不管他们讲什么理论，你不信去网上卖点东西看看。如果我们在阿里巴巴上搞一次网上知识竞赛的话，我们的员工肯定不如你们懂的知识多。

实际上电子商务专业的教科书应从你们这里写起，实际上教科书就应讲怎么做生意，怎么交流。大家都是在同一个行业内，大家都沟通得这么好，没有网络这一切是很难做到的，但是我们今天做到了。网络给大家带来的是精神和物质上的财富，今天仅仅是刚刚开始。

实际上，20年以前计算机分三块：计算机主板、芯片还有操作系统，这三块完全可以由IBM自己担当的，IBM把软件交给微软，把芯片交给英特尔，IBM认为计算机主板最重要，结果IBM抓错了。

微软抓了操作系统，成就了它今天的位置。芯片交给英特尔，结果使英特尔大获利益。IBM分给别人的东西是最好的，它没有想到自己没选的东西是最好的。我们见过很多这样的企业，六七年间迅速成长的企业，这些企业就认为自己什么都好，以为自己的肌肉力量很大，它打人家，却被人家联手给消灭了。

我们阿里巴巴成立才6年，很多东西没有完善，另外我们清醒地意识到我们今天做的任何事情的影响力都非常大。不敢说我们肩负起中国电子商务的重任，但我们有使命感，我们阿里巴巴的方向往哪里去，会影响到电子商务的决策，我们在企业电子商务里面还是遥遥领先的，是世界第一位的。前几年别人还认为我们在吹牛，但是2005年，很多权威媒体和很多机构把阿里巴巴确定为B2B老大。

2005年，我们的淘宝网也打破了eBay易趣战车在全世界范围内战无不胜的神话。在中国，eBay易趣进入得比我们早，实力比我们强。当时我们淘宝是一个零，但是他们（eBay）已经有很多会员。任何事情都是在运动变化中的，我们淘宝也很努力，我们与eBay今年的距离也迅速拉开，我们抢占了市场。网上的交易量和整个会员数、活跃度使淘宝网成为亚洲最大的C2C网站！

我们刚才讲得很有信心，我们希望再经过5年的努力，淘宝网不仅在亚洲网站排名成为第一，也要成为全世界第一大C2C网站。我们越来越有信心。我刚刚从北京回来，在北京我们见了工行和招行的行长。这几年来，在中国，网站上的支付量排名我们是第一名，第二名到第八名的支付量加起来还不如我们第一名大，也就是说，我们的支付宝在市场上的占有率是很大的。

我们的电子商务一定要有五个要素：第一个要有诚信的体系。没有诚信体系，中国企业在做生意的过程中成本不仅不能降低，而且会越来越高。比如说突然告诉你一条信息，你说卖2元，他卖7元，你也搞不清楚。没有选择的时候你很快会作出决定，你反正只能拿一个，你想也不想。突然有七八个选择时，是最痛苦的，一旦你有七八条信息，你就傻在那里。诚信是非常关键的东西，在现实社会中建立诚信体系非常难，因为中国要成为世界上非常富有的国家，要用30年的时间，但是中国要变得懂得富有，懂得分享财富，这个文化体系的建立大概要50年，30年和50年之间有20年的缺口，这是非常危险的，弥补的办法就是教育。

所以我在公司里面讲到这点的时候，也是比较担心的。教育里面为什么会出现这样的情况？我们历来教育的价值观，道家哲学、儒家思想，在"文革"的时候全部被摧毁掉了。阿里巴巴之所以有今天的成就，就是因为我们阿里巴巴有坚定的使命感和价值观。中国以后要在全世界站起来，弘扬中国的文化和中国传统的东西，这（诚信）是大的问题。

想到这里，我希望阿里巴巴处于诚信体系里面，并可以在网上建立一套诚信体系。今天阿里巴巴有诚信的理念，我们是最早提出在网上可以建立诚信体系的，我们已经有了网络的诚信产品，尽管不完善，但是我们已经慢慢推出来了。"诚信通"现在会员已经近12万名了，有这样的理念，有这样的产品，但是还没有一个体系。明年开始公司将会全力进入到诚信体系的建设中，我们指定公司内部一个人，也是当年很多版主都知道的萧天，他明年会专注于诚信体系的建设。

第二个要素是电子市场，我们建立了B2B和C2C。第三个是搜索引擎，这是非常重要的工具。第四个是支付，我们推出支付宝。第五个，我们觉得中国电子商务接下来的发展一定少不了的是软件，所以我们很快会推出软件。今天是24日，我们定了今天下午要推出阿里巴巴第一款软件，叫"阿里软件"，本来这个名字蛮好，后来改叫"客户通"了，我觉得也蛮好，正好在耶稣诞生之日推出，可以持久发展。

我们这个软件很不错，可以帮助管理客户关系，我觉得中国企业里面能使用ERP还需要很长时间。用友和金碟如果没有匆匆忙忙进入的话，那会发展得很好。你早一步会掉进河里，晚一步将上不了船，所以上船的时间很重要。

我们要围绕中小型企业发展，我们在考虑中小型企业市场的需求时，要比他们（中小型企业）早半拍，不要早两拍，半拍就可以。我们今后的人事管理软件、财务管理软件都会慢慢推出，你们可以免费试用，你们用了觉得有用，觉得有效果，我们再考虑收费。做生意一定是公平的，我一定要给你帮助，你得到了帮助之后我们才会有收获，你觉得对你是有帮助的，那你就付钱，你觉着不好用就不要给钱。

我们的五个手指头就代表第一个是诚信，第二个是电子市场，第三个是搜索引擎，第四个是支付，第五个是软件，这五个缺一不可。

我觉得网络巨大的魅力所在就是社区。互联网的"互"就是互动，"联"就是联盟，互动是一个强大的社区。在中国互联网社区，我现在才搞清楚Web2.0是什么意思，一个好的互联网，就应是互动的，Web2.0的核心就是互动的。

任何一个网站都必须是互动的，互动社区是最好的表现形式。中国有三家公司互动社区做得很好，第一家是QQ，第二家是阿里巴巴，第三家是网易，其他都是缺乏一些互动的，而且很多网站上的帖子有谩骂的内容。阿里巴巴当年建立"以商会友"论坛的过程中，我们都坚持一点，这是商业的论坛，我们不允许谩骂，我们不允许在上面谈政治的事情。有很多帖子的后面评论都是谩骂，有人问我是不是现在论坛上有很多心理变态的人。你可以看到新浪、搜狐都有谩骂的内容，我觉得我们阿里巴巴确实还做得不错，真的不错。

我当时说，你谈论政治就离开阿里巴巴，谈论政治就离开淘宝，我们希望尽我们最大的努力把它弄得纯粹一些，让一些志同道合的人来沟通。

以前反日情绪非常激烈的时候，有人说软银跟我们有什么关系，我觉得没有关系，孙正义要是控制得了我，那我就不是马云了。很多人说自作聪明的人很多，其实孙正义股份是很少的，我们之间永远明白这个道理。我上次讲过这个理论，我是阿里巴巴的家长，投资者是娘舅，他只是给一点钱。可以说在阿里巴巴这个手术台上，我是医生，我自己开刀，所有的投资者都是护士，我要刀他给我刀，都是由我决定，任何人都是我的助手。

我们作任何决定都不会受任何人的影响，如果孙正义要"控制我们"，那他爱去哪里就去哪里，他不想做股东，那他可以走掉，很多投资公司会来投资。作为一名医生，作为一名CEO，你必须明白你的使命和你的职责是什么。

到现在为止，社区给我的感觉是，尽管里面充满了各种各样的矛盾，但这个世界没有哪个地方没有矛盾，更何况你们没有见过面呢。我跟我们在座的版主讲，我在2005年无形之中成为很多互联网公司巨大的竞争者，尽管我不希望与他们成为竞争对手。我朋友说"无敌者，无敌于天下"，你心中不要把别人当对手，只有这样你才能学习他、超越他。你不要恨他。所以我经常说你不要去恨日本，你欣赏、学习它，才能超越它，中国人要学习别人，努力奋斗。

2005年，很多公司无形中把我们当竞争对手，未来几年内很多媒体可能会攻击阿里巴巴。我已经发现很多媒体在写关于阿里巴巴的文章了，我们的对手开始说我们的坏话了，几年内我们有可能看到90%的文章都是批判阿里巴巴的。但是，我坚持我自己的理想，我在做正确的事情。

我们前面5年在积累，在坚定不移地创造价值，帮助客户成功。我们未来5～10年如果想走得不一样，那我们今天就要不断地把自己沉下去，沉得下去的人才能跳得高。在未来几年内一如既往地坚定我们的理想，坚持我们所要做的事情。4年前我讲过一句话，今天我还是这样讲，我们不会因为媒体，不会因为评论者，不会因为分析师和任何专家的评论而改变，我们只会因为客户的改变而改变。

话又说回来，昨天一个年轻人跟我讲："我在这里工作，老板是美国人，管得太细，什么东西都问。"几乎所有的中国人都说，老板太细，其实原因就是你自己做得不够细，你把事情都搞得乱七八糟，那怎么办？那肯定要管得细，所以插手就越来越多。CEO做的事情就是一定要把癌症挑出来，一定要把问题消灭在萌芽当中。

马云在斯坦福大学的演讲

大家好。我今天感到非常荣幸能来到这里和大家见面。大约几个月前，斯坦福邀请我来演讲。我没有预料到。很多人说因为所有关于雅虎、阿里巴巴，和许多其他的新闻，这个时间点来这里演讲是非常敏感的。但是既然我做了一个承诺，那我就得来。今天如果你有任何问题要问我，我都会一一回答。

今天是我来美国的第15天，而且我打算在这里待上一年。这个计划没有人知道，甚至我的公司也不知道。大家问我为什么要来这里，要做收购雅虎的准备吗？不，大家都太敏感了。我来这里是因为我累了，过去16年来太累了。我在1994年开创我的事业，发现了互联网，并为之疯狂，然后放弃了我的教师工作。那时候我觉得自己就像是蒙了眼睛骑在盲虎背上似的，一路摔摔打打，但依然奋斗着、生存着。在政府机关工作了16个月之后，1999年我建立了阿里巴巴。

我们还幸运地拥有着淘宝网、支付宝、阿里云和集团下其他的公司，所以，建立阿里巴巴12年后的今天，我决定休息一段时间。尤其今年的挑战实在是太艰辛了，这也是我没有预料到的。中国人说每12年是一个本命年，阿里巴巴今年在中国刚好是第12年，也遇上了许多棘手的问题，比如年初因为供应商欺诈事件导致首席执行官辞职，还有VIE的问题（虽然我到现在仍然不知道什么是VIE），以及把淘宝分成4个公司的决策。所以，忙完所有这些事情之后我累了。我告诉自己，为什么不花个一年时间好好休息？尤其明年是我个人的本命年，肯定会比今年更辛苦。我想要多花一点时间好好准备，迎接明年更艰苦更困难的挑战。我需要好好休息，才能为三四年后的挑战作好准备。这三四年如果事情出了错，大家可以批评淘宝、阿里巴巴或阿里云的首席执行官。但是三四年后，如果事情出了错，那就是我的错。所以我准备在美国花上一段时间好好思考和放松。前两天，我开始再次练习起高尔夫球，好好放松。所以，来美国的目的真的不像是大家揣测的这么复杂。

　　我们是一家非常幸运的公司。我没有任何背景，没有富裕的父亲，也没有很有权势的叔伯们，根本不用想能够有成功的机会。我记得1999年来到硅谷寻找资金，跟很多风投、资本家接洽，也去了Menlo Park一带开会。但是没人有兴趣投资阿里巴巴，我被一一回拒。回到了中国，一点资本都没拿到。但是，我充满了信心，我看到了美国梦。我看到硅谷的快速成长，我看到许多公司的停车场不管是白天或黑夜，周一到周日，都停满了车。我相信那种快速的成长也会发生在中国。接着我创立阿里巴巴，12年过去了，到今天取得了很多成绩。但在那之前，没有人相信B2B能够在中国发展。当时美国有名的B2B公司包括Ariba.com、BroadVision和Commerce One，这些公司的主要客户都是大公司的买家们。没有人觉得中国近期内会有大公司出现，而大公司也不会有电子商务的需求，因为所有大公司都是归于政府，他们只需要配合政府的政策就可以。但我的信念是，我们必须专注于小型企业，因为未来是私营企业的天下，所以我们必须把重点放在小型企业。

　　还有，美国大公司的B2B是非常专注于买家的，美国的买家们需要许多建议来帮忙节省成本开销和时间。但是我相信中小企业们不需要这方面的帮忙，他们比我们还厉害，懂得还多。我们应该专注于帮他们赚钱，把产品外销出去。当时我们也遇到很多挑战，但是12年过去了，今天全球有58万小型企业都使用阿里巴巴来做生意。我们的生意模式跟腾讯或百度相比可能并不是十分吸引人，我们也并不靠网络游戏赚钱，但是我们晚上可以睡得安稳，因为我们知道我们赚的钱并不是从网络游戏上来的，我们的收入是靠帮助小企业们成长来的，这点我感到十分骄傲。直到今天我都没有为阿里巴巴赚了多少钱而骄傲过，我为我们影响和帮助了其他人，尤其是小企业主而骄傲！

　　在互联网之前，没有人可以帮助超过5000万的中小企业。但是今天，我们正在努力这么做。人们会跟我说："马云，如果你能把阿里巴巴搞好，那相当于你将好几吨羊运到了喜马拉雅山顶上。"我说："是的，我们还会把它们运下来。而且我们做到了。"第二个公司是淘宝。大家都跟我说："天哪，你是在跟eBay竞争啊！"我说："为什么不？"中国需要一个电子商务网站，创建一个中国的网络交易市场需要时间跟精力。所以，那个时候人们告诉我在中国做这个没戏。我说，如果你总是不尝试，你怎么知道没戏？所以我们就尝试了。我说如果eBay是大海里的鲨鱼，那我们就是长江里的扬子鳄。咱们不在大海里打架，我们在长江里练练。一开始很困难，但是很有乐趣，而且我们最后活下来了。一开始eBay占据了中国C2C市场的90%。但是到了今天，我们拥有中国C2C市场90%的份额。我们很幸运，真的只是幸运。很多事情以后我们还可以再讨论。

今天，大家总是在写关于阿里巴巴的成功故事。但是我并不真的认为我们有多么聪明，我们犯了很多错误，当时我们还是很愚蠢的，所以我在想，如果哪天我要写关于阿里巴巴的书，我会写阿里巴巴的1001个错误。这才是大家应该记住的事情，应该学习的事情。如果你想知道其他人是怎么成功的，这是非常难的，因为成功有很多幸运的因素；但是如果你想学习别人是怎么失败的，你就会受益很多。我总喜欢看那些探讨人如何失败的书。因为，当你仔细去分析的时候，任何失败的公司，他们失败的原因总是不尽相同，而这才是最重要的。淘宝成功了，接下来我们做了支付宝。因为大家都说中国没有信用体系，银行很糟糕，物流很糟糕，你为什么还要做电子商务？今天，我不是来这里跟大家说我的生意经的，我没有准备PPT，因为我没有股票要卖给大家。但是我想正因为中国落后的物流、信用体系和银行，我们才需要有创业精神。这就是我们需要创建自己的蓝图。所以我相信这个事情我先做了，然后慢慢地就成了中国的标准。我记得6年前当我来美国的时候，我说我相信5年以后，中国的网民数量会超过美国。人们说，不会的。然后我说，你们的人口才3亿，中国有13亿人口不是吗？如果你们有4亿人口，没有人死亡，人们还要不停地生孩子，你们需要50年的时间。我们只需要5年时间，所以这只是一个时间问题，不是吗？我们走着瞧。今天，中国网络用户的人数超过了美国。然后人们说，为什么你们的购买力这么低？我们5年后再说。今天，每月人均消费大概只有200元人民币；5年以后，这些人会消费2000元。而且我们很有耐心，我们还很年轻。我是老了，但是我们员工的平均年龄才26岁。他们还很年轻，所以让我们期待未来。

当时做支付宝的时候，大家说这是一个很傻的担保服务。张三要从李四那里买点东西，但是张三不肯把钱汇给李四，李四也不肯把货给张三。所以我们就开了一个账户，跟张三说："把钱先汇给我，如果你对货物满意，那么我付钱；如果你不满意，你退货，我退钱给李四。"人们说，你的这个模式怎么这么傻啊？我们不关心这个模式是不是傻，我们关心的是客户是不是需要这样的服务，我们是不是满足了客户的需求。如果这东西很傻的话，今天中国就有超过6亿的注册用户在用这个傻东西。所以傻的东西，如果你每天都改善它一点，那么它就会变得非常聪明。所以今天支付宝很好，我们还在成长。支付宝跟PayPal很像，但是从交易量来说，我们比Paypal更大。

最后，也是最重要的，是我们的阿里云计算，这个公司跟其他谈论云计算的公司不同。那些公司是想把他们的软件和硬件卖给你，但是我们没什么可以卖的，我们通过云技术对自己的数据进行计算，来自中小企业的数据，来自淘宝消费者的数据，以及来自支付宝的数据。我们相信未来，未来的世界将是信息处理的世界。如何很好地与他人分享数据，这将是未来商业的核心。这个公司目前还不是很好，但是盈利能力很强。

　　整个公司都很健康。一开始人家说这个公司不可能成的，但是我们活下来了。我们很有耐心。我们总在问自己一个问题："为什么我们还要这么辛勤地工作？"有一天，我问我的同事，他告诉我："Jack，第一，我从来不知道我这辈子还能做这么多事情。第二，我从来不知道我现在做的事情对社会这么有意义。第三，我从来不知道生活是这么艰辛的。"我们没日没夜地工作，甚至现在也是这样。我变得更瘦了，而且长相更奇怪了。我知道生活不是件容易的事。我们很骄傲，我们在改变中国，而不是赚了很多钱。

　　10年前，当我走在街上，有人跑过来感谢我，因为阿里巴巴帮他们得到了国外的订单、国外的生意。今天，当我走在街上，有人过来感谢我，说他和妻子在淘宝上开了个小店，以此为生，并且收入不错。这对我来说，意义重大。我们将诚信变得有价值（你的诚信是可以变成钱的）。许多年前，如果你有很好的信誉记录、交易记录，你可能还并不富有。今天，如果你在淘宝上有很好的信誉记录、交易记录，你将会非常富有，因为人们都愿意跟信誉好的店家做生意。我们教育消费者要聪明。有人来跟我说："马云，我在淘宝上买了个东西，非常非常便宜，你说这是假货吗？"是的，我们淘宝上有假货，假货在现实生活中无处不在，但是我们作了非常多的努力，用大量的人力物力来解决这个问题。在淘宝，有50%的工作人员每天的工作是筛查侵权、伪冒商品。如果有一瓶红酒，在线下的商场里买要300美金，而在淘宝上只要9美金，为什么会这样？因为渠道、广告费用。为什么消费者要为这么多其他费用买单？我们帮消费者省了。所以我们跟消费者说，如果你在淘宝上买一件15块钱的T恤，而它在商场里要卖150块钱，那不是因为淘宝卖得太便宜了，而是因为商场里卖得太贵了。我们应该帮助消费者变得更聪明。

　　我们看见在中国有很多工厂，尤其是在广东，他们其实是公司，并不仅仅是加工厂。他们仅仅是做代工，这些代工的产品生产之后就在淘宝上卖。他们不知道谁是他们的销售渠道，也不了解最终购买他们产品的客户。这种代工厂，在有问题发生的时候（比如金融危机），会马上陷入困境。所以我们应该告诉这些生产者，必须直接跟自己的客户沟通，应该自己去做销售，自己提供服务，这才是真正的做生意。否则，它就只是个工厂。我们正在改变这些工厂，扭转这种局面，我感到非常自豪。这与财富无关。如果你有100万元，你是个富有的人。但如果你有1000万元，那你可能就有麻烦了，你会担心通货膨胀，于是你开始投资，接着你就可能遇到困难。如果你有10亿元，那这就不是你个人的财富了，而是社会的财富。你的股东、投资者认为你应该比政府更加有效地使用这些钱，于是他们给你信任。那你要如何运用好这笔钱，才能对得起他们的信任呢？我觉得这是我们所面临的挑战。阿里巴巴的产品，其实并不是服务，是人，是我们的员工。

我们员工的平均年龄是26岁。我们正面临着许许多多的挑战，这些是我曾经所没有意识到的。曾有一位某国政府高层人员来公司访问，他说："马云，如果你们淘宝有3亿用户，那就已经比我管理的国家还要大了。"我说是的，这个管理的难度非常大。不管我们制定出什么新的政策，都会让我们遇到各种压力。当用户有抱怨的时候，就好像是对制定政策的政府不满似的。就是这些平均年龄26岁的员工，在制定着淘宝的"游戏规则"，我们从未有过这样的经历。如果我们改变一下，比如说做搜索引擎，传统的搜索引擎，会让卖得好、最便宜的排在前面，但我想，我们会让最有信用和信誉的排在最前面。之后，会有很多人去验证。有200个人来到我们公司，跟我说，我们会为改变游戏规则而付出代价。

我的回答是，如果这个改变是正确的，我们就要做下去。眼前的这个世界，也是我们改造出来的。我们不需要不能服务于人的项目，我们需要社会学家、经济学家，让这些人来制定我们的政策规则。所以我们还面临着许许多多的考验，但我们仍觉得骄傲。我相信在21世纪，如果你想做一家成功的公司，你需要学会的是如何解决社会上存在的某个问题，而不仅仅是如何抓住几个机会。抓住机会是非常容易的，我不是吹牛。我觉得今天，在阿里巴巴成立12年后，赚钱非常容易，但是要稳定地赚钱，并且对社会负起责任，推动社会的发展，非常难。这也是我们正在努力为之奋斗的。我相信中国因为有了互联网，在未来的3年内会有很大的发展。今年，人们说很多中国的股票因为VIE掉了很多。我相信，如果你看看其他地区的经济，比如美国目前正面临巨大考验，欧洲可能已经无所适从，那中国会怎么样？所有发生在美国和欧洲的情况，三四年后也会发生在中国。三四年后，中国的经济将面临巨大的挑战。如果你预感到了将会有糟糕的事情发生，那就从现在开始为之做准备，而不是到时候抱怨和哀号。作为互联网公司，我们必须承担起我们的责任。我不是政治家，我只为自己说话，为我的客户——5000万中小企业主和800万淘宝卖家说话。他们在3年后要如何生存下去？这也是我此次来到美国想要学习的。跟奥巴马学习，他将如何增加就业，他会怎么做，从错误中整理经验，然后在3年后，用我们的方法，帮助我们自己。这就是为什么我会来这里。

马云在宁波的演讲

很高兴再次来到宁波，今天（2002年6月11日）不是礼拜天，大家来这儿我非常高兴，而且我想代表阿里巴巴全球120万的会员和500名员工向大家致以夏日的问候。这一趟是阿里巴巴在全国各地以商会友的第六场。我们第一场是在绍兴，然后去了无锡、顺德、深圳、厦门，这个礼拜是在宁波。我们在全国开会员见面大会，每一次都会让我们非常感动。我记得在无锡那一场，我们请了250名会员，那一天是下午2点钟开始，1点半下了很大的雨，我们想下午可能不会有那么多人，结果来了550多名会员。

搞一次电子商务"干帮"大会

商人需要不断地交流，电子商务要不断地沟通和交流才能发挥作用。我们正在筹划，以往我们在杭州搞西湖论剑。也许我们在今年或者明年会搞一次电子商务"干帮"大会，"干"是实干的干，"帮"是互相帮助的帮。大家都是商人谈电子商务，而不是让IT界人谈电子商务，既不是投资者，也不是互联网人士，而是实实在在的商人来谈电子商务。在我看来，电子商务，商人觉得有用的，就是有用。如果商人觉得没有用，再好也没有用。

我看了今天的名片，都是一些企业家、厂长、经理，都是年纪较大的人。我今天的演讲分三块，第一块跟大家交流一下阿里巴巴的昨天和今天，给阿里巴巴作一个分析。我们公司很小，只有三年。这三年来我们经历了各种痛苦、折磨，我想做成一个案例跟大家分析。第二块是我在全世界跑了很多国家，跟世界一流的企业家进行探讨，我想把这些探讨的经验跟大家分享一下。第三块是我想和大家分享一下，什么是电子商务，今天的电子商务能给我们带来什么。

宁波的企业家一直以非常聪明、大度，具有良好的战略眼光而闻名。我前几天参加浙江省对外贸易招商洽谈会，在招商会上，有人说宁波企业家特精明，香港十大企业家里面，有三个人祖籍在宁波。今天，我在这儿跟大家交流自己做企业的经验，一定会有收获。

宁波是全国电子商务水平最高的地区

衡量一个城市的电子商务水平的高低，不能以城市里有多少电子商务公司来衡量，不能以有多少IT企业来衡量。前几天我们在会上探讨，有人说，宁波的电子商务发展得不是很好，说IT企业有七八家，已经关掉了四五家，现在有名的成功的不多，IT水平很差。我不这样认为。我前天早上在这里公布一个信息：宁波是现在全国各地电子商务水平最高的地区。因为一个城市电子商务水平的高低，不应以拥有多少电子商务公司来衡量，而应该看这个城市企业运用电子商务的指数有多高。我们认为宁波企业用电子商务的指数最高。阿里巴巴到宁波一年多了，而宁波地区的续签率高达95%，只有两家企业今年不能再做下去了。宁波的情况在全国、全世界都罕见，所以我觉得宁波的电子商务水平是很高的。

我今天主要讲阿里巴巴的昨天和今天。我们曾两次被哈佛选为全球的MBA教学案例，他们会派一个人到我们公司，至少要待5天。他在这5天对我们所有的经理、部分员工以及刚刚加入的新员工和客户做仔细的调查，然后花两个月写这个案例。我每次拿到他们的案例第一稿的时候，都觉得这不是在写阿里巴巴。很多人对阿里巴巴的看法很怪，有各种各样媒体的评论，对于媒体的报道我不全看，但是很多会员对阿里巴巴的评论我一定看。

阿里巴巴到底是什么？它怎么过来的？

我觉得技术，就应该是傻瓜式服务。技术应该为人服务，人不能为技术服务。阿里巴巴能够发展得这么好，主要是CEO不懂技术。大批懂技术的人跟不懂技术的人工作，蛮开心的。我也觉得很骄傲，因为有85%的商人跟我一样不懂技术。我要求阿里巴巴的技术非常简单，使用时不需要看说明书，一点就能找到想要的东西，这个就是好东西。

大家知道我们在创办阿里巴巴网站时在北京的外经贸部，1999年我们决定回杭州创业。在离开北京的前一个礼拜，我带着六七个人爬了一次长城。去长城那一天特别悲壮，感觉像是壮士一去不复返。我们一定要做成功，开

263

一个让中国人感到骄傲的公司。我们在长城上找到了灵感。在长城上看到每一个砖头上都有"张三到此一游，李四到此留念"，我觉得很有意思。如果说我要建公司的话，我第一步就是从BBS开始。

回到杭州我收到一个邀请，新加坡政府请我去新加坡作一个亚洲电子商务大会的发言。我很奇怪，我也没什么名，中国大陆就请了我一个人，是不是请错了？他说往返的机票都给报销。

中国是中国，美国是美国

新加坡电子商务大会档次很高，200多人，电子商务大会发言的人80%是美国人，85%的听众是欧美人。所有的题目都是关于雅虎等公司的，100%是美国的例子，但名字是亚洲电子商务大会。我临时换了一个主题，中国有自己的特点，亚洲是亚洲，中国是中国，美国是美国，美国的模式在中国未必就行。那次研讨会在亚洲影响很大。

后来在《经济学家》杂志上登了一篇文章，讲我和亚马逊的老板，说美国有个人叫贝索斯，中国有个人叫马云。我们同时从1995年开始，他在西雅图开始，但是在美国亚马逊发展得那么好，在中国我们变得这么小，这是一个很大的区别。亚洲以什么为主？亚洲以中小型企业为主。全世界85%以上的企业都是中小型企业。比尔·盖茨只有一个。只有帮助中小型企业才是最大的希望。

中小型企业的电子商务更有希望

亚洲是最大的出口基地，我们以出口为目标，帮助中国企业出口。帮助全国中小型企业出口是我们的方向，我们必须围绕企业对企业的电子商务。无论是在中国黄页还是在外经贸部做客户宣传的时候，会见一个国有企业的领导要谈13次才能说服他，而在浙江一带去三趟就可以了。这让我相信，中小型企业的电子商务更有希望，更好做。我从新加坡回来时就决定，电子商务要为中国中小型企业服务。这是阿里巴巴最早的想法。

把自己口袋里的钱放在桌子上

1999年2月21日，在杭州我们开了一个非常重要的会议。这个会议到今天还在影响着阿里巴巴。当时18个创业者参加这个会。我们提出"东方的智慧，西方的运作，全世界的大市场"的目标，我们要创建让中国人感到骄傲的公司，能够持续80年发展的公司，只要是商人，一定要用阿里巴巴。别人不会理解，我们暂时不对别人讲，我们也不见任何媒体。总而言之，认真踏实地创建一个公司。我们把自己口袋里的钱放在桌子上，凑了50万块钱。到了第6个月我们就熬不过去了，风险投资找我们时，我们的口袋里已经没钱了。

我们没日没夜地干，就这样熬过来了。到9月份，我们接到了第一笔500万美金的投资。美国的高盛牵头。当时互联网很热，很多人都想要钱。我对投资人说我们不要钱，他们都很认真地听我说。

第一个找我的是浙江的企业，他说："我们可不可以合作一下。我给你100万元，明年你再给我们110万元。"我说他比银行还黑。9月28日拿到钱，9月30日我碰到日本软银的CEO孙正义，大家谈得很好，当时我们就拍板，融了2000万美金。我只跟他解释了6分钟，他就听懂了什么是阿里巴巴。

我们第一次见媒体是1999年的8月份。美国《商业周刊》杂志不知通过什么途径，找到了阿里巴巴。他们要来采访，我们拒绝了，后来他们通过外交部，再通过浙江省外办，一定要让我们接受采访。我们当时没有电话，也没有传真，只有一个美国的E-mail地址。我们不想告诉别人我们是中国公司，那样在全球化拓展过程中，大家会认定我们是三流企业。

把他们带到居民区，他们很怀疑。门一打开，二三十个人，在四居室的房间里面，干什么的都有。他们感觉阿里巴巴这时候有2万会员了，名气很大的，应该是很大的公司。最后我们拒绝发表这个文章。

1999年之前，阿里巴巴就是这样。到1999年香港阿里巴巴成立的时候，有一个土耳其的记者说："马先生，阿里巴巴应该属于土耳其的，怎么跑到中国来了？"这句话，至少有二十几个国家说过：阿里巴巴是属于我们的，怎么属于中国呢？我们当时把总部定在香港，因为我们想这是中国人创办的公司，我们希望办一个中国人自己的公司，让全世界骄傲的公司。香港是特别国际化的，我们在美国设了研究基地，在伦敦设了分公司，然后在杭州建立了我们中国的基地。

1999年、2000年阿里巴巴的战略很明确，迅速进入全球化，成为全球电子商务市场。我们要打开国际电子商务市场，培育中国国内电子商务市场。我们的口号是避免国内甲A联赛，直接进入世界杯。这几年很多人认为阿里巴巴在国外的名气比在国内大，这跟我们1999年、2000年、2001年全面的战略有关，我们迅速地打入了海外。现在很多企业说，我们很快进入全球化了，但是全球化绝不意味着请外国打工仔或者你在海外建一个厂。我们在全球化的战略上做过很多事。

我第一次在德国作演讲时阿里巴巴的会员有4万多，而1000多人的会场里面只有3个听众。第二次再去德国，里面坐得满满的。还有从英国飞过来的会员，一起进行交流。

我们怕国外企业，他们同样怕我们

中国进入WTO，国内所有的企业几乎都在问这个问题，我们该怎么办？国外企业管理比我们好，钱比我们多，怎么能打赢？去年我跑了20多个国家，参加了50场研讨会，所有的研讨会都谈到这个问题。我们怕国外企业，他们同样怕我们。去年我参加的研讨会，题目竟然是"中国是威胁"。

我第一次到伦敦，我的公关经理告诉我，下午6点15分，BBC电视台要采访，是录播，不是直播的，让我准备一下这5个题目。我从来不准备，我说没关系我不看。下午3点BBC又发来一个传真，"请马先生一定要仔细地看"。6点进了BBC，还是拿出那5个题目，一定要我仔细准备。那我就准备一下。等到上了演播台，主持人说现在是BBC总部全球直播，有3亿人看哪！他把镜头切过来问我问题，跟我准备的那5个问题一点儿关系都没有。他问："你是中国的公司，你在英国创建公司，你会成功吗？你想当百万富翁吗？你认为你可以当百万富翁吗？你当得了百万富翁吗？"一下就把我问蒙了。我当时很紧张，但还是微笑地跟他讲。结束之后我说，我们会证明我们会活下去，而且活得还很不错。后来BBC又对我采访了几次，其中有一次他们派了报道组到国内，一个是采访当时的上海市市长徐匡迪，另一个是采访我。那是BBC最热门的节目，叫《热点谈话》，节目播出时间有25分钟。

在互联网最艰难的时候，阿里巴巴回到中国，把总部从上海撤回了杭州，实实在在地做事，放弃国内其他的市场，非常非常艰难。那是阿里巴巴第一次裁员，我跟会员很郑重地说，在2000年，把一些美国的工程师灭了，如果我们晚半年，可能公司也没了。不是我们聪明，而是没有办法。我们在实施"回到中国"策略的时候，对外没有说。我们一直说阿里巴巴在开拓海外市场，结果有一些竞争对手跟我们去打海外市场，去了就关门了，没能回来。

是什么让阿里巴巴活下来？是什么让阿里巴巴走到现在？我们把回来做的第一件大事比作毛泽东经过长征来到了延安，一是要做延安整风运动，第二是建立抗日军政大学，第三是南泥湾开荒。

整风是因为变化

我们整风是因为互联网发生了巨大的变化。每一个人对互联网的看法不一样，对阿里巴巴的看法不一样。如果说有50个傻瓜为你工作，是一件很开心的事情。困难的是每个人都认为自己聪明。当时美国有很多知名企业管理者到我们公司做副总裁，各抒己见，50个人方向不一致肯定会不行的。所以当年觉得这是最大的痛。那时候简直像动物园一样，有些人特别能说，有些人不爱讲话。我们公司这样，所以我们觉得整风运动最重要的是确定阿里巴巴的共同目标，确定我们的价值观。

我问在座的企业家，你们企业所有的员工是不是有共同的目标？在今年春节的时候，90%的杭州企业没有一个告诉我们他们内部有一个共同的目标。公司所有的员工是不是跟你一样？我们在1999年提出阿里巴巴的目标："要做80年的企业，要成为世界十大网站之一，只要是商人，一定要用阿里巴巴。"这是我们的目标。全公司所有的员工，如果你不认同这个目标，请你离开；如果你认为不可能实现，你也离开。

克林顿说："是使命感。"

两个月之前，我到纽约参加世界经济论坛，我听世界500强CEO谈得最多的是使命感和价值观。中国企业很少谈使命感和价值观，如果你谈，他们认为你太虚了，不要跟你谈。今天我们的企业缺乏这些，所以我们的企业老不会变大。那天早上克林顿夫妇请我们吃早餐，克林顿讲到一点，说美国在很多方面是领导者，有时领导者不知道该往哪儿走，没有什么引导他们，他们没有榜样可以效仿。这个时候，是什么让他作出决定，克林顿说："是使命感。"

让天下没有难做的生意是我们的使命感。现在名气最大的企业是GE，是通用电气。他们100年前最早是做电灯泡的，他们的使命是让全天下亮起来，这使GE成为全球最大的电器公司。另外一家公司是迪士尼乐园，他们的使命是让全天下的人开心起来。这样的使命使得迪士尼拍的电影都是喜剧片。

阿里巴巴作这个决定的时候，使命是让天下没有难做的生意。所有制造出来的软件都是要帮助我们的客户把生意做得简单。

阿里巴巴最值钱的东西

公司要有一个统一的价值观。我们有来自11个国家和地区的员工，有着不同的文化，是价值观让我们可以团结在一起，奋斗到明天。我们请来的CEO，他53岁了，是传统企业的老经理人，非常出色，在GE工作了16年。我们总结了9条精神，是它让我们一起奋斗了4年。我们告诉所有的员工，要坚持这9条：第一条就是团队精神，第二条是教学相长，然后是质量、简易、激情、开放、创新、专注、服务与尊重。这9个价值观是阿里巴巴最值钱的东西。

我们在2000年制定了共同的使命、共同的目标、共同的价值观。新员工只有经过学习才能加入阿里巴巴。今天我想跟大家讲，使命、价值观、目标是任何一个企业、任何一个组织机构一定要有的东西。如果没有这三样东西，你走不长，走不远，长不大。

90%的中国企业家不认同我这个观点

我做过这样的调查，90%的企业家不认同我这个观点。世界500强企业都在讲这个，讲来讲去就是这两点：价值和使命。宋朝的梁山好汉108个，如果他们没有价值观，在梁山上打起来还真麻烦。他们有一个共同的价值观，就是江湖义气，无论发生什么事都是兄弟。这样的价值观让他们团结在一起。108将的使命就是替天行道。但是他们没有一个共同的目标，导致宋江认为自己应该投降，李逵认为打打杀杀挺好的，还有些人认为衙门不抓他们就很好了，到后来崩溃掉了。所以一定要重视目标、使命和价值观。这是阿里巴巴2001年做的整风运动。

另外是干部队伍的培养。干部队伍的培养，我想跟所有的企业分享一下。如何培养干部？阿里巴巴怎么做？怎么渡过这个难关？

靠游击队不行

如果阿里巴巴想成为全世界十大网站之一，靠游击队不行。毛泽东靠游击队是不可能打下江山的。最后是三大战役决定的胜利，要有一大批将领才能带动起来。所有企业都会担心：我真怕他走掉，如果这个人走掉了，业务就没有了。你天天都让这个人很开心，结果成了恶性循环，公司垮掉了。有时候经理比总经理还大，因为他掌握了很多业务，所以当干部之前你一定要让他学习。中国很多干部，第一种是义气干部，上面的领导压下来，都是他顶着；下面的企业，他帮你扛着。还有一种是劳模干部，这人平时干10个小时，然后你让他当了经理，他觉得领导喜欢他当经理，本来干10个小时，后来干了12个小时。再一种是专家当经理，因为这个人刀法非常好，然后你让他当经理，肯定不行。本来4个人工作很快乐，突然他当官了，他很得意。他应该意识到另外3个人中一定有人的心态出问题了。你会发现很多经理一上台之后，把老员工全换掉了，招了一批新员工。

NBA篮球打得好，是因为板凳上还坐着12个人

我训练干部管理团队，在问题发生之前就要处理掉。你做的任何决定是公司3~6个月之后发生的事情。如果没有人能取代你，你永远不会升职。只有下面人超过你，你才是一个领导。我不用你去打，要下面人去打。出去6个月你还找不到替代自己的人，说明你招人有问题，说明你不会用人。领导要把人身上最好的东西发掘出来。你要找这个人的优点，找到的优点这个人自己都不知道，这是你的厉害之处。如果有一只老虎在后面追你，你的奔跑速度自己都不可想象。为什么跑这么快？有老虎追你。每个人都有潜力，关键是领导要找出这个潜力。我们是怎么想到这一招的？美国NBA打篮球，为什么越打越好，是因为板凳上坐了12个人，下面的人很想上去，都认为自己打得也不差。场上的人压力很大。你要有一套制度，要用制度保证你的公司，不要用人。所以我们在培养干部队伍方面，制定了学习制度。

1999年阿里巴巴希望有8万会员，当时我们提出这个口号的时候，还只

有3000会员，但是那一年我们拥有了8.9万会员。2000年阿里巴巴提出要有25万会员，结果我们拥有了50万会员。2001年我们希望有100万会员，但2001年互联网不景气，好像是不可能实现的。但在2001年12月27日真的实现了，我们当月实现了收支平衡。现在阿里巴巴的营业额一直在增长，而且越做越好。

很多人认为，现在互联网讨论最多的是投资者和管理者有矛盾。我们不这么认为。只有管理者去欺骗投资者，投资者不太可能欺骗管理者。投资者给你钱的时候，你记住有一天一定要还他。这是做人的品质。有一点我们感到骄傲，刚刚创业的时候，我们几乎不打出租车。有一次我们必须打车，一辆桑塔纳过来，所有人都把头转过去了，一看夏利过来，马上把手伸出去，因为桑塔纳比夏利贵1块多钱。我们今天所花的钱都是投资者的钱，如果有一天花自己的钱的时候，可以大胆地花，所以这两年，我们以小气感到骄傲。

零预算与口碑相传

自2000年起我们在国内外的广告预算为零。尽管是零预算，但是我们的会员已达到120万，越做越大。就是口碑相传。前两天有一个研讨会，有人说宁波市场不好，我说宁波市场非常好，我们在宁波赚了很多钱，所以整个收支平衡。从2001年12月，我们公司进入非常良好的状态。现在非常奇怪，你越有钱，人越想投资你。现在互联网投资很难拿到风险投资，但我们很容易就能得到投资。我们现在是钱很多，但是我们用得很少。我们还要不断地在海外发动很大的市场战略。

现在，我们的干部也成熟了起来，员工扩大到了500名。现在互联网是在裁员发展，我们是扩大发展。我们的目标是在全年发展中赚1块钱，也就是说，如果我们整年投资800万美金，我们要赚8 000 001美金。事实上，到现在为止，我们的确运转得非常良好，员工从前年的100多名，到去年的200多名，到今年的500多名，我们还要不断地招。

把钱投在员工身上

有人说为什么阿里巴巴还要招员工？我们认为员工是公司最好的财富。有共同价值观和企业文化的员工是最大的财富。今天银行利息是2个百分点，如果把这个钱投在员工身上，让他们得到培训，那么员工创造的财富远远不止这2个百分点。我们去年在广告上没有花钱，但在培训上花了几百万元。我们觉得这是最大的回报。阿里巴巴现在有了120万会员，而且连续两次被哈佛评为全球最佳案例，连续两次被福布斯评为最佳B2B网站。在网络电子商务领域，我们的会员数跃居全世界第一位。

世界互联网的五个典型

我到哥伦比亚大学，教授讲：当前世界互联网的五个典型企业，跨媒体多平台以AOL为典型，B2C以亚马逊为典型，C2C以eBay为典型，门户以雅虎为典型，B2B以阿里巴巴为典型。亚洲人做出了一个为亚洲企业服务的电子商务典型，并为世界IT界所认同。

天外有天，人外有人

我们最近跑了一些地方，特别是我在中央电视台《对话》节目里面看到中国的知名企业家讲了这句话，让我觉得很不以为然。他说："我这个企业很难管理，哪怕通用前任CEO杰克·韦尔奇在我这里管理，最多只能待3天。"第一，杰克·韦尔奇不会待3天；第二，他来了一定会改变你的企业。可怕的不是距离，而是不知道有距离。我在网站上也讲过这句话。我先讲一个例子，我有一个朋友，在浙江省散打队当教练，他给我讲了一个故事：武当山下面有一个小伙子非常厉害，他把所有的人都打败了。他认为天下无敌，就跑到北京，找到北京散打集训队教练，说要跟他的队员打一场。

教练说他不能打，越不让他打，他越要打。最后说让他打一下吧，5分钟不到就被打下来了。教练跟他说："小伙子，你每天练2个小时，把每天练半个小时的人打败了。我这些队员每天练10个小时，你怎么可能跟他们打？而且我们队员还没有真打。"天外有天，人外有人。

企业之间有很大的区别。去年我们已经步入了收支平衡，会员达到了100万。到了这个地步，不知道往哪儿走了。我跟TCL的李东生和日本索尼的老总在香港开了一个会议。交流过程中，让我大为折服，做CEO做到这种地步很厉害。他们把管理看成道，有非常清晰的管理理念。我不知道怎么走，一下子觉得原来路在这里。后来参加世界经济论坛纽约的论坛，我跟波音的老总、比尔·盖茨、微软的总裁交流，吃了饭。让我大为折服，那是没办法比的，一比你才发现原来距离很大。

波音老总讲公司发展战略时说，每一个企业都会问自己一个问题，我这个决定到底是错还是对？在座的也是这样。这个时候往往缺少一个东西，就是公司的发展战略。如果没有明确的发展战略，是不行的。他说他当波音CEO的时候，波音公司的重心都放在民用航空上面，没有放在军事航空上面。如果发生军事危机的话，波音一定会发生很大的危机。所以"9·11"事件之后，波音没有很大的灾难。相对于一些产业，就是工业企业，我没有感谢"9·11"事件的意思，但这就是战略的提升。我想跟大家讲，这个距离是很远的，我们中国企业家距离很远。我上个月在北京参加世界经济论坛北京分会，可能有人在网上看见我和北大教授吵了一场架，他把中国的MBA说得天花乱坠，我说中国MBA根本就没有用。

不要先学做事，先学做人

那天我是有感而发。我那时刚从纽约回来一个礼拜，就赶到北京，参加中国企业家论坛会。我从来没那么丢脸，那次丢得真是一塌糊涂。我们那次会议，台上四五个人在讲，下面有一半的人在听，另外一半不是打电话，就是抽烟、聊天，上面谈上面的，下面谈下面的。我觉得特别尴尬，为什么中国企业会出现这样的问题？有一个国家的部长请了12个中国企业家进行交流座谈，这个部长讲话只有15分钟，这15分钟内你知道发生了什么事？我们大半的企业家在打电话。部长的脸色特别尴尬，我看了都不知道该怎么说。这不是文化的差异，是礼貌，是尊重。如果中国企业家是这样的话，谁还跟中国企业交流，谁还愿意跟中国企业做生意。我说MBA不要先学做事，先学做人，这样才能改变我们。

所以那天我有感而发。后来去了哈佛、斯坦福、麻省理工，还有印度大学，他们都骂我。我觉得MBA不是没有用，而是有很多东西你们应该学过。我收过很多E-mail，是MBA学生来的信，说我骂他们是因为爱他们。做任何企业，其实要做三件事。企业家做人也是做三件事情。这是我跟金庸探讨《笑傲江湖》的时候，我们探讨出来的一些观点。何为笑，何为傲？什么人能笑，什么人能傲？你做企业家你想笑，你想笑得透彻，有眼光、有胸怀的人才能笑得爽朗透彻。你想傲，你一定要有实力。人家一个巴掌过去，你滚出5米之外，再傲也没有用。所以要想笑傲江湖，就要做到眼光犀利、胸怀开阔。我认为眼光是读万卷书不如行万里路，多看，多跟高手交流。虽然你会觉得距离蛮远的，但这样你的眼界就会打开。很多企业家是这样，觉得自己在某某城市排行第一，你到外面看一下，差得很远。

距离不可怕，可怕的是你不知道距离

我非常敬佩邓小平，改革开放是非常有眼光的。他去欧洲、美国一看是这样的，中国和它们差距这么远，他才知道差距。我们在座每一个企业家都要了解，距离不可怕，可怕的是你不知道距离。跟克林顿吃早饭那一天，他将中国那些部长的名字都能说出来，中东的一些部长的名字也都能说出来，你会感觉他是实实在在的人，他是平凡的人，所以他伟大。要不断地去走，不断地去跑，不断地去看。

胸怀是靠冤枉撑大的

胸怀是非常重要的，一个人有眼光没胸怀是很倒霉的。《三国演义》中的周瑜就是眼光很厉害，胸怀很小，所以被诸葛亮气死了。宰相肚里面能撑船，说明宰相怨气太多了。像周总理，每天抱怨他的人肯定很多，他不可能每天跟人解释，只能干，用胸怀跟人解释。每个人的胸怀是靠冤枉撑大的。

实力是失败堆积起来的

再就是实力，我觉得实力是失败堆积起来的，一点点的失败是一个人的实力、企业的实力。如果我年纪大了，我希望我跟我孙子吹牛，我做成这么大的事情，一点儿都不牛。孙子说："刚好是互联网大潮来了，有人给你投资。"当我讲当年有这个事情时，犯了很严重的错误，他会很崇拜地看着我。真的，这个我倒不一定吃得消。一个人成功的背后是有太多惨痛的经历的。

成功必定是团队带来的

我一直倡导在中国，企业要讲究团队精神，阿里巴巴就做得非常不错。我是我们公司的说客，我是光说不练的人。我为我的团队感到非常骄傲，公司有4个"0"的团队，我把我们公司做的事情跟大家分享一下。

关明生是我们的COO，在GE、BTR等全球500强公司做了25年的经理人，英国籍香港人；我们的CFO蔡崇信，欧洲Invest AB公司做投资的，他是法学博士，加拿大籍台湾人；我们的CTO吴炯，雅虎搜索引擎发明人，美国籍上海人；我是中国国籍，杭州户口。我们4个人各守一方，现在合作得非常好。合作都是团队做出来的。别人把你当英雄的时候，你千万不能把自己当英雄，如果自己把自己当英雄，必然要走下坡路。

中国最好的团队是唐僧西天取经的团队

中国人认为最好的团队是刘、关、张、诸葛、赵团队。关公武功那么高，又那么忠诚，刘备和张飞也有各自的任务，碰到诸葛亮，还有赵子龙，这样的团队是千年等一回，很难找。我认为中国最好的团队就是唐僧西天取经的团队。像唐僧这样的领导，什么都不要多说，我就是要取经。这样的领导没有什么魅力，也没有什么能力。悟空武功高强，品德也不错，但唯一遗憾的是脾气暴躁，单位有这样的人。猪八戒是狡猾，没有他，生活少了很多情趣。沙和尚，你不要跟他讲人生观、价值观，他觉得"这是我的工作"，半小时干完了活就睡觉去了。这样的人单位里面有很多很多。就是这样4个人，千辛万苦，取得了真经。这种团队是最好的团队，这样的企业才会成功。

今天的阿里巴巴，我们不希望用精英团队。如果只是精英们在一起，肯定做不好事情。我们都是平凡的人，平凡的人在一起做一些不平凡的事，这就是团队精神。我们每个人都欣赏团队，这样才行。

电子商务就是一个工具

接下来我讲什么是电子商务。这两年电子商务被说得越来越神奇。说实话我不太愿意参加IT的论坛。人家一说马云是IT业内人士，我就慌了。阿里巴巴不是一家IT企业，而是一家服务公司，我们以网络为手段帮助我们的客户，把客户变成电子商务公司。如果明天发现有一样东西比互联网更好，我们就会用那种东西。我们不要成为高科技公司，那是为了拿优惠政策。跟客户讲的时候，你越低越好。你跟客户说你有高科技，客户会崇拜地看着你，不会买你的产品，因为高科技太远了。我们讲高科技是说给别人听的，自己都相信了，那就麻烦了。所以我们说我们不是高科技，不是IT企业，而是商务服务公司。互联网不是什么高深的东西，而是一个工具。电子商务就是一个工具。

　　这两年做工具的人，把自己的榔头说得天花乱坠，把真正买榔头的人弄糊涂了，所以很多工厂停下来都去生产榔头了。说我们公司给你一个电子商务的解决方案，电子商务不是解决方案，而只是一个工具，你拿回去之后，用这个工具解决自己的问题，这才是真正的电子商务。电子商务这个工具，跟传真、电话没什么区别，它只不过是把传真、电话、网络、电脑、电视、报纸结合在一起的工具，用起来还是不错的。所以我想跟大家讲，我们不要把电子商务看得太神秘。宁波有多少企业在做？很多企业在做，用电子商务做物流、配送等，说得天花乱坠。电子商务有三个流：信息流、资金流、物流。今天电子商务只能做信息流，而企业只能用电子商务做信息流。如果有人告诉你我能帮你做信息流，而且还能做资金流和物流，我觉得他是在说谎。现在没有一家公司能够把信息流、资金流、物流结合在一起。不是技术做不到，而是很多东西没有准备好。比如资金流，谁做得最好？银行做得最好。

　　阿里巴巴不做资金流。2001年12月份我到达沃斯参加一个会议，在会议上我看到一个客户，他是欧洲人，他说：“阿里巴巴做得真不错，我就用阿里巴巴。我的卖家就是在阿里巴巴找的，但我不会在网上交易。我现在可以把我银行里的钱汇到任何一个账号，24小时一定能够收到，我为什么要在网上付钱？”我觉得很有道理。我作了一个调查，99%的阿里巴巴会员告诉我，愿意在网上支付的金额在5000美元之下。

电子商务不是救命稻草

　　美国东海岸的羊和西海岸的羊有很大区别，羊种是一模一样的，东海岸的羊心脏功能很好，体格发达，西海岸的羊心脏很肥大。原因是什么呢？东海岸有狼，羊经常跑；西海岸没有狼，羊的寿命不是很长。同样是羊，听见狼来了的时候，瘦的羊就跑掉了。这怕什么？狼过来的时候我自然会跑，我现在身体状况很好，而狼自然先吃掉你。大型企业一定会被那些国外企业消灭掉，小企业掉头快，逃跑很快。宁波的企业，温州企业这两年发展快，因为他们小，船小掉头快，形势不对马上就跑。这个不是赌博，是投资。曾经有一个企业领导跟我们说，他们不做电子商务不会死，做了电子商务会让他们很快死掉。他说他们就怕这个，我说这种情况并不多，不能把所有的钱压在那儿。所有的商业投资要看有没有效果，有效果投一点，没有效果就不要多投，它不是救命稻草。公司要成长，有很多事情要做，不光是电子商务。电子商务能够帮助你的就是找到国内外的买家，至于买卖能不能做成，还有很多企业内部经营管理的问题，所以我觉得要把电子商务当作投资。就像学外语一样，你如果不学，等到要用的时候，已经来不及了。

嘴上说网络不一定有用，但是付钱比谁都快

千万不要相信我们很多小企业家对电子商务的看法，中国商人特精明，谁都不愿意告诉别人自己成功的经验。我小时候读书不好，是因为很多同学都玩，我也玩，天天玩，他们说玩有好处，然后就玩，结果考不过他们。后来到人家家里才发现，他们在家里会认真学习，而我还在玩。这个例子告诉大家，我们中国的中小型企业，电子商务做得非常好，但是他们不会告诉你们经验。我很高兴，刚才有一个客户跟我们分享经验。这种事例非常少。他在网站上卖雨伞，这个雨伞非常好卖。他说："不要让我做采访，不要让我分享经验，这种事情我不会干的。分享经验是不行的，我这样做，大家都卖雨伞怎么办？"这种心态我非常理解。江浙企业非常有意思，嘴上说网络不一定有用，但是付钱比谁都快，他们怕别人追上来。

有时候要相信自己，用自己的眼光去看待电子商务才是很有意思的。不管是用我们的网站，还是用别人的网站，只要是网站，大胆走出第一步，这一步下去，你肯定会尝到甜头。但是也不要奢望今天上网三天内有效果。

有的企业家告诉我，他们早就电子商务了。我说："你们怎么个电子商务法？"他说："我们租了很多网站，花了很多钱。"我说："你们网站的名字呢？""名字我不记得了。小赵，名字是什么？"小赵也不知道，这个也要查查看。这个也叫电子商务？做一个网页的目的，就是买一套软件。做了一个网站，只是刚刚开始。买了一个扳头回来，往家里面一放，就算做好了？

对客户也要271战略

刚刚提出电子商务是一个过程，是以商务为目的，以电子为工具或手段，去经营你的企业，而不是说买一套软件就可以了。我们现在实行内部271战略，20%是优秀员工，70%是不错的员工，10%的员工是必须淘汰掉的。我对客户也要实行271战略，每年有10%的客户一定要淘汰掉。比如说我是医生，你是病人，你来看病，你不晓得电子商务，我开了一个药方，你把药买回去往家里面一放，不吃药，我也没有办法。

我经常在企业跟员工讲一个故事，这是我对企业的了解。杭州有一个很有名的饭店——在杭州、上海、南京、北京，很多饭店都需要提前甚至是提早一个礼拜预订座位——6年前我到这个饭店去，这个饭店还没有几张桌子，我点好菜后在那儿等。过了5分钟，经理来了说："先生，你的菜再重新点吧。"我说："怎么了？"他说："你的菜点错了，你点了四个汤一个菜。回去的时候一定说饭店不好，菜不好，实际上是你菜点得不好。我们有很多好菜，应该点四个菜一个汤。"我觉得这个饭店很有意思，为客人着想，不会像有的饭店看见有客人来，就说龙虾怎么样，甲鱼也不错。他会对你讲没必要这样，两个人这样就行了，不够再点。你感觉他为客户着想，客户成功了，他才会成功。如果客户不成功，他也不会成功。

客户永远是对的，但是大部分时间他们是错的

有的时候我们公司奉行"客户永远是对的"，但是大部分时间他们是错的，他们不知道我们在干什么。我们是企业家，明白自己在干什么。他们永远是对的，但是有时候不对。电子商务这个东西要配合，而阿里巴巴是一个商务服务公司，帮助大家在网上做成合作。所以我对电子商务的交易就是这么一句话：它是一个工具，不是炸弹，拿这个工具用一下，它会帮你把你的产品推到全国甚至全世界；它能帮你在网站收集其他人的情报；它能帮你加强内部的管理和调节。

我今天就讲到这儿，大家有什么问题可以提问，共同交流。

马云卸任CEO演讲：明天起生活将是我的工作

大家晚上好！谢谢各位！谢谢大家从全国各地来，我知道也有从美国、英国和印度来的同事，感谢大家来到杭州，感谢大家参加淘宝的10周年庆典！

今天是一个非常特别的日子，当然对我来讲，我期待这一天很长时间了。最近一直在想，在这个会上，跟所有的同事、朋友、网商，所有的合作伙伴，我应该说些什么？大家很奇怪，就像姑娘盼着结婚，新娘子到了结婚这一天，除了会傻笑，真的不知道该干什么。

我们是非常幸运的人。我其实在想10年前的今天，是非典在中国最危险的时候，所有人都没有信心，大家都不看好未来，可阿里人相信10年以后的中国会更好，10年以后电子商务会在中国受到更多人的关注，很多人会用。

但我真没想到，10年以后，我们变成了今天这个样子。这10年无数人为此付出了巨大的代价，为了一个理想，为了一个坚持，走了10年。我一直在想，即使把今年阿里巴巴集团99%的东西拿掉，我们还是值得的，今生无悔。更何况我们今天有了那么多朋友，那么多相信的人，那么多坚持的人。

其实自己在想是什么东西让我们有了今天，是什么让马云有了今天。我是没有理由成功的，阿里也没有理由成功，淘宝更没有理由成功，但我们居然走了这么多年，依旧对未来充满信心。其实我在想是一种信任，在所有人不相信这个世界，不相信未来，不相信别人的时候，我们选择了相信，我们选择了信任。我们选择相信10年以后的中国会更好，相信同事会做得比自己更好，相信中国的年轻人会做得比我们更好。

20年以前也好，10年以前也好，我从没想过，我连自己都不一定相信，我特别感谢我的同事信任我。当CEO很难，但是当CEO的下属更难。我从没想过在中国，在大家都认为这是一个缺乏信任的时代，能够买一个你可能从来没见过的东西，付钱给对方，经过上千上百公里路程，通过一个你不认识的人，到了你手上。今天的中国，拥有相信，每天2400万笔淘宝的交易，意味着在中国有2400万个信任在流转着。

在座的所有阿里人，淘宝、小微金融的人，我特别为大家骄傲。今生跟大家做同事，下辈子我们还是同事！因为是你们，让这个时代看到了希望。在座的你们就像中国所有的80后、90后那样，在建立一种新的信任，这种信任能让世界更开放、更透明，让人更懂得分享，更能承担责任。我为你们感到骄傲。

今天的世界，是一个变化的世界。30年以前，我们谁都没想到今天会这样，谁都没想到中国会成为制造大国，谁都没想到电脑会深入人心，谁都没想到互联网在中国会发展得这么好，谁都没有想到淘宝会起来，谁都没想到雅虎会有今天。这是一个变化的世界，我们谁都没想到，我们今天可以聚在这里，继续畅想未来。

我们大家都认为电脑够快，互联网更快，我们很多人还没搞清楚什么是PC互联网，移动互联就来了；我们在没搞清楚移动互联的时候，大数据时代又来了……变化的时代，是年轻人的时代。今天还有不少年轻人觉得无数像谷歌、百度、腾讯、阿里这样的公司拿掉了所有的机会。

10年以前，当我们看到无数伟大的公司时，我们也曾经迷惘过，我们还有机会吗？但是10年的坚持、执着，我们走到了今天。假如不是一个变化的时代，在座的所有年轻人，轮不到你们。工业时代是论资排辈，永远需要有一个rich father，但是今天我们没有，我们拥有的就是坚持和理想。很多人讨厌变化，但是正因为我们把握住了所有的变化，才看到了未来。未来30年，这个世界，这个中国，将会有更多的变化，这种变化对每一个人来说都是一个机会，应该抓住这次机会。我们很多人埋怨昨天，甚至30年以前的事情。中国发展到今天，谁都没有经验；世界发展到今天，谁都没有经验。我们没有办法改变昨天，但是30年以后的今天，是今天我们这帮人决定的。改变自己，从点滴做起。坚持10年，这是每一个人的梦想。

我感谢这个变化的时代，我感谢无数人的抱怨，因为在别人抱怨的时候，你才有机会。只有在变化的时代，每一个人才能看清自己有什么，要什么，该放弃什么。

参与建设阿里巴巴的14年里，我很荣幸我是一个商人。今天人类已经进入了商业社会，但是很遗憾，商人在这个世界没有得到他们应该得到的尊重，商人在这个时代已经不是唯利是图的代名词。我想我们跟任何一个艺术家、教育家、政治家一样，我们在尽自己最大的努力，去完善这个社会。14年的从商经历，让我懂得了人生，让我懂得了什么是艰苦，什么是坚持，什么是责任，什么是别人成功了，才是自己的成功。我们最期待的是员工的微笑。

　　从今天晚上12点以后，我将不是CEO。（掌声）从明天开始，商业就是我的票友。我为自己从商14年深感骄傲！

　　看到你们，看到中国的年轻人，我不希望有一天我们这些人再来一个致我们逝去的中年。这世界谁也没有把握能红5年，谁也没有把握自己不会败，不会老，不会糊涂。让你不败、不老、不糊涂的唯一办法就是相信年轻人！因为相信他们，就是相信未来。所以我将不会回到阿里巴巴做CEO。

　　要我回我也不会回来，因为回来也没有用，你们会做得更好！

　　做公司，到这个规模，小小的自尊，我很骄傲，但是对社会的贡献，我们这个公司才刚刚开始。所有的阿里人，我们都很兴奋、很勤奋、很努力，但我们很平凡，认真生活，快乐工作。我们今天得到的远远超过了我们的付出。这个社会在这个世纪希望我们这家公司走远走久，那就是让我们去解决社会的问题。今天社会上有那么多问题，这些问题就是在座的各位的机会。如果没有问题，就不需要在座的各位。

　　阿里人坚持为小企业服务，因为小企业是中国梦想最多的地方。这里，14年前，我们提出了"让天下没有难做的生意，帮助小企业成长"。今天这个使命落到了你们身上。我还想再为小企业讲，人们说电子商务、互联网制造了不公平，但是照我的理解，互联网制造了真正的公平。请问，全国各省、各市、各地区，有哪个地方为小企业、初创企业提供税收优惠？而互联网给了小企业这个机会。有些企业三五年内享受了五六亿用户，他们呼唤跟小企业共同追求平等。小企业需要的就是500块钱的税收优惠，请所有阿里人支持他们，他们一定会成为中国将来最大的纳税者。

　　感谢各位，我将会从事一些自己感兴趣的事儿，比如教育、环保。刚才那首歌*Heal the world*，这世界有很多事，我们做不了。这世界奥巴马就一个，但是太多的人把自己当奥巴马看。这世界每个人做好自己那份工作，做好自己感兴趣的那份工作，已经很了不起。我们一起努力，除了工作以外，改善中国的环境，让水清澈，让天空湛蓝，让粮食安全！我拜托大家！（马云单膝下跪）

我特别荣幸地介绍阿里的团队，他们和我一起工作了很多年，他们比我更了解自己。陆兆禧工作了13年，在阿里巴巴内部换了很多岗位，经历了很多磨难，应该讲13年的眼泪和欢笑是一样多的，接马云这个位置是非常难的。我能走到今天，是大家的信任。因为信任，所以简单！

我相信，我也恳请所有的人像支持我一样，支持新的团队，支持陆兆禧；像信任我一样信任新团队，信任陆兆禧！谢谢大家！明天开始，我将有我自己新的生活。我是幸运的，在我48岁，我就可以离开我的工作岗位。在座的每个人也会有这一天。48岁之前工作是我的生活，明天开始，生活将是我的工作。欢迎陆兆禧！